近現代 韓國知性史大系 叢書 4

사회주의와 맑스주의 원전 번역

박종린 지음

이 저서는 2013년 대한민국 교육부와 한국학중앙연구원(한국학진흥사업단)의 한국학 분야 토대연구지원사업의 지원을 받아 수행된 연구임(AKS-2013-KFR-1230002).

■ 박종린

연세대학교 사학과를 졸업하고, 같은 대학교 대학원에서 『日帝下 社會主義思想의 受容에 關한 硏究』로 문학 박사학위를 받았다. 한국근현대 사회주의 사상사 연구에 주력하고 있으며, 반자본주의사상과 한국근현대 학술사 등으로 연구의 폭을 확장하고 있다. 성균관대학교 동아시아학술원 연구교수와 이화여자대학교 교육대학원 특임교수를 역임하였고, 현재는 한남대학교 사범대학 역사교육과 부교수로 재직 중이다. 또한 역사문제연구소 상임연구위원과 한국사연구회 편집이사, 한국사학회 편집이사 등으로 활동하고 있다.

『한국 근현대 인문학의 제도화: 1910~1959』(혜안, 2014), 『미래를 여는 한국의 역사』 5(웅진지식하우스, 2011), 『한국 근현대 정치와 일본』 1(선인, 2010), 『반전으로 본 동아시아 - 사상·운동·문화적 실천』(혜안, 2008), 『역사 속의 미래 사회주의』(현장에서 미래를, 2004) 등의 공저를 집필하였다.

近現代 韓國知性史大系 叢書 4

사회주의와 맑스주의 원전 번역

2018년 8월 27일 초판 1쇄 인쇄
2018년 8월 30일 초판 1쇄 발행

지은이 ■ 박종린
펴낸이 ■ 정용국
펴낸곳 ■ (주)신서원
주소 : 서울시 서대문구 냉천동 260 동부센트레빌 아파트 상가동 202호
전화 : (02)739-0222 · 3 팩스 : (02)739-0224
신서원 블로그 : http://blog.naver.com/sinseowon
등록 : 제300-2011-123호(2011.7.4)
ISBN 978-89-7940-293-3 94910
ISBN 978-89-7940-289-6 94910(세트)
값 21,000원

신서원은 부모의 서가에서 자녀의 책꽂이로
'대물림'할 수 있기를 바라며 책을 만들고 있습니다.
잘못된 책은 연락주세요.

近現代 韓國知性史大系 叢書 4

사회주의와 맑스주의 원전 번역

박종린 지음

『근현대 한국지성사대계 총서』를 출간하며

 총 8권으로 구성된 『근현대 한국지성사대계 총서』는 한국학중앙연구원의 지원을 받아 2013년 9월 1일부터 3년에 걸쳐 수행된 한국학분야 토대연구지원사업의 성과로서 출간된 것이다. ≪근현대 한국지성사대계: 자주적 근대화의 사상과 행동≫이라는 주제에 따라 진행된 본 연구사업은 개항 후 20세기 후반에 이르기까지 전개된 한국사회의 자주적 근대화가 급변하는 역사적 환경의 압력에 대응해 국가적·민족적 정체성을 확보할 수 있는 방안을 모색하기 위한 지적 성찰에 힘입은 바 크다는 전제 하에, 이러한 성찰을 주도한 정치지성들의 이념적·실천적 시각과 현실인식을 추적한 연구결과를 총서의 형태로 발간하려는 목표를 상정하였다. 그리고 이와 같은 목표를 달성하기 위해 ① 민주주의와 민주화, ② 민족주의와 변혁이념, ③ 사회주의, ④ 근대 지식사와 실학 담론, ⑤ 동양과 아시아, ⑥ 사대와 자주 ⑦ 비극의 서사 등 총 7개 영역으로 구획된 대주제(大主題)를 설정하고, 개화기, 일제 강점기, 현대 한국으로 구획된 역사적 단계에 따라 각 대주제에 상응하는 세부주제들을 선택해 연구를 진행하였다. 연구방법으로는 고유한 역사사회적 지형 위에서 형성된 정치지성들의 시각과 견해를 다양한 측면에서 규명하기 위해 중층적 담론분석·경험과학적 내용분석·역사정치학적 맥락분석·이야기 기법 등, 각 연구자가 전공분야에 따라 견지하고 있는 분석구도를 복합적으로 동원한 다중방법론적 접근방식(multimethodological approach)을 채택했다. 연구결과로서 출간된 여덟 권의 책은 아래와 같다.

- 총서 1. 『민주주의와 민주화 I : 자주적 근대화와 저항의 담론』
- 총서 2. 『민주주의와 민주화 II : 민주주의 담론의 경험과학적 내용분석』
- 총서 3. 『한국 근대 민족주의와 변혁이념, 민주공화주의』
- 총서 4. 『사회주의와 맑스주의 원전 번역』
- 총서 5. 『다산(茶山)의 초상: 한국 근대 실학 담론의 형성과 전개』
- 총서 6. 『함께 움직이는 거울, '아시아': 근현대 한국의 '아시아' 인식의 궤적』
- 총서 7. 『한국근현대사에서 민족자주론과 사대주의: 19세기 말~1950년대』
- 총서 8. 『비극의 서사: 근현대 한국 지성의 삶과 사상』

본 『근현대 한국지성사대계 총서』가 비단 위에서 밝힌 7개 주제에 관한 한국지성사 연구뿐만 아니라, 근현대 한국의 정치적·사회문화적 변동 양상에 관한 역사학·정치학·사회학·국문학 등 광범위한 인문사회과학 연구의 기반자료로 널리 활용될 수 있기를 기대한다. 이와 더불어 여덟 권의 책 모두 대학 및 대학원을 포함한 교육기관의 한국학 관련강좌의 교재

로서, 혹은 국내외 한국학 연구의 활성화에 일조할 수 있는 학술자료로서의 역할을 제대로 수행할 수 있기를 간절히 바란다.

 한국학 발전에 있어서 지극히 중요한 주제를 지정해 주시고 연구의 전 과정에 걸쳐 적극적 지원을 아끼지 않으신 한국학중앙연구원과 연구주관기관 한국외국어대학교 연구산학협력단에 깊은 사의를 표한다. 또한 3년이라는 비교적 긴 시간 동안 결코 쉽지 않은 연구와 원고작성에 매진해 주신 공동연구원 선생님들, 연구사업의 조정·관리업무를 담당해 주신 전임연구인력 선생님들, 그리고 연구보조원 모두에게 감사의 말씀을 전하지 않을 수 없다.

2018년 6월
연구책임자
한국외국어대학교 정치외교학과 교수 김웅진

머리글

　이 책은 남북분단의 내적 요인을 고찰하기 위한 일환으로, 사회주의체제의 기원과 형성의 문제를 사상적으로 해명하고자 한 작업이다. 사회주의사상이 본격적으로 수용되던 1910년대 중반부터 한반도에 두 개의 체제가 현실화된 1948년까지의 시기를 대상으로, 식민지 조선과 한국에 수용된 사회주의사상의 내용과 그 특징을 검토하고자 하였다. 이는 한국근현대사에서 사회주의사상이 갖는 역사적 의미는 무엇이며, 사회주의사상 수용의 한국적 특징은 무엇인가 하는 문제의식에서 출발한 것이다.
　이를 위해 사회주의자들의 맑스주의 인식을 '주체'와 '텍스트'의 관계 속에서 검토하였다. 각 단계별 경향성을 대표하는 공산주의그룹과 그들이 공간한 맑스주의 원전 번역물에 주목하였는데, 맑스주의 원전의 번역은 단순한 텍스트의 번역이 아니라 현실 운동과의 관계 속에서 공산주의그룹이 행한 주체적인 움직임이기 때문이다.
　'현실 사회주의'가 붕괴된 이후부터 21세기까지 필자가 받은 가장 많은 질문 가운데 하나는 아직도 사회주의 연구를 하고 있느냐는 것이었다. 일견 의아함 반, 걱정 반의 감정이 뒤섞인 질문이었다. 그럼에도 필자는 좌고우면하지 않고『日帝下 社會主義思想의 受容에 關한 硏究』로 박사학위를 받았고, 이후 사회주의 사상사 연구에 주력하였다. 그리고 그 과정에서 사회주의사상의 수용 문제를 다루는『공상에서 과학으로』(가제)라는 첫 저서를 준비하였다. 그러나 게으름 탓으로 차일피일 미루다보니 필자의 첫 저서는 이 책,『사회주의와 맑스주의 원전 번역』이 되었다.

이 책은 ≪근현대 한국지성사대계: 자주적 근대화의 사상과 행동≫이라는 주제로 진행된『근현대 한국지성사대계 총서』의 결과물 가운데 하나이다. 필자가 담당한 주제는 '사회주의'였는데, 이 책의 내용이 주제를 잘 담아내고 있는지는 전적으로 독자들의 판단에 맡겨야겠다.

보잘 것 없는 책이지만 그나마 이렇게 꼴을 갖추게 된 것은 그동안 필자를 지도해주시고 격려해주신 은사님들 덕분이다. 역사에 대한 체계적인 인식과 연구자로서의 자세를 몸소 보여주시고, 엄격함과 자상함으로 지도해주신 松巖 金容燮 선생님께 감사드린다. 선생님의 가르침에 조금이나마 부응하고 있는지, 늘 죄송한 마음뿐이다. 또한 연구자로서의 철저함과 선배이자 지도교수로서의 애정과 격려를 함께 보여주셨던 故 德谷 方基中 선생님께도 감사드린다. 이젠 함께 할 수 없음에 그리움만 더 할 뿐이다. 감사드려야 할 분들은 많지만 다음 저서에서 감사의 마음을 표현함을 양해해 주셨으면 한다.

연구자의 길을 걸으면서 몸담아 지금까지 활동하고 있는 한국역사연구회와 역사문제연구소는 필자의 또 다른 학문적 토양이다. 그곳에서 만나 함께 했던 선후배들과의 교류와 토론이 필자가 학문적으로 성장하는데 많은 도움이 되었음을 감사하게 생각한다.

필자가 재직 중인 한남대학교 역사교육과 선생님들께도 감사드린다.

인간적인 애정과 학문적 열정으로 품어 주셔서, 낯선 대전에서 외롭지 않게 생활하면서 연구에 매진할 수 있었던 것 같다.

주제의 특성상 자료 수집에 많은 애로가 있었다. 그 과정에서 도움을 주신 한국의 국립중앙도서관, 국회도서관, 연세대학교 학술정보원, 아단문고와 일본의 國立國會圖書館, 東京大學 圖書館, 早稻田大學 圖書館, 明治大學 圖書館, 法政大學 大原社會問題硏究所, 京都大學 圖書館, 同志社大學 圖書館 관계자 여러분들께 감사드린다. 또한 이름을 밝히기 꺼려하신 한국과 일본의 개인 소장가들께도 감사드린다.

언제나 변치 않는 믿음으로 지켜봐주시고 응원해주시는 부모님의 사랑에 감사드리며, 항상 격려와 지지를 보내주는 아내 鄭素然과 이젠 사회문제를 함께 논하게 된 든든한 아들 志洙의 사랑에도 감사의 마음을 전한다. 변변하지는 못하지만 필자의 첫 저서를 네 분께 바치며, 이 책이 네 분의 사랑과 애정에 조그마한 보답이라도 되었으면 하는 바람이다.

끝으로 요즘 같은 불경기에 상업성 없는 이 책을 위해 뜨거웠던 올 여름을 바친 신서원의 정용국 대표 이하 편집부 여러분들의 노고에 깊이 감사드린다.

2018년 혹서의 뒷자락, 서리풀 우거에서
박종린

차 례

『근현대 한국지성사대계 총서』를 출간하며　5

머리글　9

서론　17

제1부
사회주의사상의 수용과 '사회주의 필연성'의 강조　29

제1장　공산주의그룹과 '사회주의 필연성' 강조 ·································· 31
　1. 공산주의그룹의 형성 ·· 31
　2. 『정치경제학비판을 위하여』 서문 '유물사관요령기'와
　　 '사회주의 필연성' 강조 ·· 37
제2장　반자본주의사상과 '대중시보사그룹' ·································· 49
　1. '대중시보사그룹'의 활동 ·· 49
　2. 『대중시보』와 '반자본주의' ·· 64

제2부

자본주의 메커니즘의 분석과 계급투쟁의 강조 75

제1장 신생활사그룹의 맑스주의 인식과 계급투쟁 강조 ·········· 77
  1. 신생활사그룹과『신생활』·· 77
  2. 자본주의 체제 비판 ·· 89
  3. 계급투쟁의 강조 ··· 101
제2장 민중사의 맑스주의 인식과 자본주의 메커니즘 분석 ········· 108
  1. 민중사의 조직 ··· 108
  2.『임금 노동과 자본』과 자본주의 메커니즘의 분석 ············ 112
  3.『社會主義學說大要』와 계급투쟁 강조 ·························· 124

제3부

맑스주의 인식의 심화와 레닌주의 141

제1장 일월회의 맑스주의 인식과 레닌주의 ·························· 143
  1. 일월회와 출판물을 통한 맑스주의 선전 ······················· 143
  2. 맑스주의 원전의 번역과
    『유토피아에서 과학으로의 사회주의의 발전』················ 157
     1)『유토피아에서 과학으로의 사회주의의 발전』과 일역본 ········ 157
     2) 권독사의『과학적 사회주의』························· 168
제2장 사회과학연구사의 맑스주의 인식과 유물사관 강조 ············ 183
  1. 사회과학연구사와 출판물을 통한 맑스주의 선전 ··············· 183
  2. 맑스주의 원전의 번역과『임금·가격·이윤』················ 200

  1) 『임금 · 가격 · 이윤』과 일역본 ·· 200
  2) 사회과학연구사의 『價値 · 價格及利潤』 ···································· 206

제4부
해방 후 맑스주의 원전 번역과 그 특징   213

제1장 좌익서적의 출판과 조선좌익서적출판협의회 ····················· 215
제2장 맑스주의 원전 번역의 양상과 특징들 ······························· 229

결론   239

참고문헌 254

색인 266

서론

1876년 세계 자본주의체제에 편입된 조선은 제국주의 열강의 침략에 대항하면서, 자주적인 근대국가를 수립해야하는 문제에 직면하였다. 자주적 근대화의 방향을 둘러싸고 토지개혁 없는 부르주아혁명을 시도한 지주층의 개혁노선과 반제·반봉건적 성격을 갖는 농민층의 변혁노선이 첨예하게 대립하였다. 그 과정에서 조선 정부는 농민층의 변혁노선을 무력으로 진압하고 지주층의 개혁노선에 입각하여 근대화를 추구하였다. 그러나 조선 정부의 그러한 시도는 실패하였고, 조선은 일본제국주의의 식민지로 전락하였다.

　식민지 조선에 대한 일제의 수탈이 점차 강화되는 가운데, 민족모순과 계급모순은 더욱 심화되었다. 여기에 1917년 러시아혁명을 통해 지구상에 최초로 사회주의체제가 현실화되고, 삼일운동을 통해 민중이 역사의 전면에 등장하였다. 그 과정에서 식민지 조선의 청년과 지식인들은 민족해방을 위한 새로운 지도이념으로 사회주의사상을 급속하게 수용하였다. 사회주의사상에 기반 한 사회주의운동은 필연적으로 일제 및 부르주아 민족주의세력과의 투쟁을 동반하였다. 그리고 그 과정을 통해 사회주의운동은 1920년대 이후 민족해방운동의 중심적 경향의 하나로 자리 잡게 되었다. 이들은 일제에 대항하고 부르주아 민족주의세력과 경쟁하면서 '민족해방'과 '신국가건설'이라는 목표를 위해 간단없는 투쟁을 전개하였다.

해방 후 한반도는 일본군의 무장 해제라는 명목으로 38도선을 경계로 주둔한 미국과 소련이 자신들의 국가 이익을 관철시키기 위해 대립하는 가운데, 일제강점기 이래 전개되었던 '자본주의 국가건설'과 '사회주의 국가건설'이라는 두 지향성의 상호 대립에 의해 분단되었다. 남과 북에는 자본주의와 사회주의라는 상이한 두 개의 체제가 현실태로 존재하게 된 것이다.

이러한 남북분단의 내적 요인을 검토하기 위해서는 자본주의체제와 사회주의체제의 기원과 형성의 문제에 대한 고찰이 무엇보다 선행되어야 할 것이다. 이에 본 연구는 그 가운데 사회주의체제의 기원과 형성의 문제를 사상적으로 해명하는 것을 목적으로, 식민지 조선에서 민족해방과 사회주의 국가건설을 지향했던 사회주의운동의 이념적 기반인 사회주의사상에 주목하고자 한다. 그리고 이를 위해 사회주의사상이 본격적으로 수용되던 1910년대 중반부터 한반도에 두 개의 체제가 현실화된 1948년까지의 시기를 연구 대상으로 설정하였다. 또한 이 시기 수용된 사회주의사상의 내용과 특징에 대한 검토를 통해 한국근현대사에서 사회주의사상이 갖는 역사적 의미와 사회주의사상 수용의 한국적 특징이 무엇인가 하는 점을 고찰하고자 한다. 이는 이 시기 전개된 사회주의운동의 '발생'과 '전개'의 내적 논리를 밝히는 작업이자, 한국 사회주의사상사의 전개 과정에서 이 시기가 갖는 위상을 정리하는 작업이기도 하다.

사회주의사상의 수용이라는 관점에서 보면 이 시기는 전체적으로 '사상의 수용기'로 규정할 수 있다. 다양한 사회주의사상의 제조류가 소개되고 수용된다는 점, 민족해방운동의 급격한 성장과 함께 사회주의사상의 주류가 짧은 기간 안에 맑스주의로 급속하게 전일화(專一化) 된다는 점, 그리고 식민지적 특성으로 인해 사회주의사상이 하나의 체계적인 사상이나 이론으로 수용되기 보다는 '해방의 이데올로기'로 수용된 면이 강하다는 점 등을 그 특징으로 하고 있기 때문이다. 그러나 사회주의운동의 성장에 따라 과학적 이론에 대한 요구가 점증하고, 맑스주의를 식민지 조선의 현실에 적용하려는 노력이 지속 되면서 사회주의사상, 특히 맑스주의에 대한 이해도 점차 진일보한 시기이기도 하다.[1]

본 연구의 검토 시기인 1910년대 중반부터 1948년까지의 시기를 대상으로 한 사회주의사상에 관한 연구는 매우 소략한 편이다. 이는 사회주의 관련 연구가 이데올로기적 제약이라는 '현실적' 문제와 관련 자료의 절대적인 부족이라는 현실의 이중적 제약을 받았기 때문이다. 또한 대부분의 사회주의 관련 연구가 사회주의사상보다는 사회주의운동의 문제에 치우쳐 있었기 때문이기도 하였다.

분단 이후 한국은 친미반공정권의 영향으로 극단적인 반공이데올로기가 점차 공고화되어 갔다. 한국 역사학계 역시 그러한 영향에서 자유로울 수 없었다. 당대 학계를 주도했던 이들은 자신들의 성향으로 인해 그러한 상황에 안주하거나 오히려 반공이데올로기를 확대 재생산하는 연구를 진행시켰다. 1970년대까지 사회주의에 대한 연구는 기본적으로 남북 간의 체제경쟁과도 맞물려 철저한 반공이데올로기에 입각하여 진행되었다. 따라서 기본적인 사실에 대한 복원조차 불온시 되는 상황이었다.

---

[1] 자세한 것은 박종린, 2007, 『日帝下 社會主義思想의 受容에 關한 硏究』, 延世大學校 大學院 博士學位論文 참조.

일제강점기 이후 전개된 사회주의운동에 대한 개략적인 흐름은 한국 사회주의운동사 전반을 다룬 연구서들을 통해 정리되었다.2) 이들 연구는 한국 사회주의운동에 대한 본격적인 연구라는 점과 일제가 편찬한 방대한 각종 자료와 사회주의운동에 직접 참가했던 운동주체들의 증언 자료를 폭넓게 활용했다는 점에서 연구사적 의의를 가지고 있다. 그러나 일제강점기에 전개된 사회주의운동을 파벌투쟁적 입장에서 해석하였고, 그 연장선에서 민족주의운동과 사회주의운동의 관계를 대립적으로 파악하여 민족해방운동의 외연을 제한한 한계를 가지고 있다.

1980년 광주민중항쟁을 계기로 제국주의에 대한 인식이 심화되면서 성역불가침의 영역으로 사고되던 '반공'이라는 이데올로기적 장막도 서서히 걷히기 시작하였다. 이러한 영향은 사회주의 연구에서도 가시화되었다. 이 시기 연구자들은 일제강점기에 전개된 사회주의운동을 민족해방운동의 한 중요한 흐름으로 복원시키기 위한 노력을 경주하였다. 그리고 그 과정에서 1920년대 말부터 전개된 조선공산당 재건운동이 연구의 중심적 주제가 되었다.3)

1980년대 이후 사회주의운동에 대한 연구가 일정하게 축적됨에 따라 1990년대 이후 사회주의 연구의 중심 주제는 조선공산당 재건운동에서

---

2) 대표적인 연구는 ① 坪江汕二, 1966, 『改訂增補 韓國民族獨立運動秘史』, 巖南堂書店 ② Dae-Sook Suh, 1967, *The Korean Communist Movement: 1918~1945*, Priceton University Press ③ Robert A. Scalapino & Chong-Sik Lee, 1972, *Communism in Korea I ~II*, University of Califonia Press ④ 李起夏, 1976, 『韓國共産主義運動史』 1~3, 國土統一院 ⑤ 金俊燁·金昌順, 1986, 『韓國共産主義運動史』 1~5, 淸溪硏究所 참조.
3) 이러한 연구 경향을 대표하는 연구 성과로는 ① 한국역사연구회 1930년대 연구반, 1991, 『일제하 사회주의운동사』, 한길사 ② 한국근현대사회연구회 편, 1991, 『일제말 조선사회와 민족해방운동』, 일송정 ③ 지수걸, 1993, 『일제하 농민조합운동 연구』, 역사비평사 ④ 이준식, 1994, 『농촌사회변동과 농민운동: 일제침략기 함경남도의 경우』, 민영사 참조.

1920년대 조선공산당의 활동과 조선공산당 창당 이전 '공산주의그룹'[4]의 활동으로 확대되었다. 그리고 이러한 연구의 주제 및 시기의 확대는 러시아의 구(舊)코민테른 문서보관소(현 러시아국립사회정치사 문서보관소)에 소장되어 있던 운동 주체 측의 자료가 입수되면서 더욱 가속화되었다.

1980년대 이래 새로운 역사 인식을 기반으로 운동 주체 측의 자료를 이용하여 1920년대에 활동한 상해파·이르쿠츠크파·서울파·북풍파·화요파·엠엘파·서상파 등 공산주의그룹과 고려공산당·고려공산동맹·조선공산당 등 전위당에 대한 활동, 그리고 그들의 운동론을 고찰한 연구 성과들이 속속 출현하였다. 해외에서 전개된 상해파 고려공산당과 이르쿠츠크파 고려공산당의 경쟁을 중심으로 한국 사회주의운동의 기원을 고찰한 임경석의 연구나 임시정부 수립운동을 매개로 국내 상해파와 서울파의 기원과 통일전선운동을 고찰하고 있는 이현주의 연구, 서울파의 노선과 활동을 중심으로 그와 관련된 공산주의그룹들을 구명한 전명혁의 연구, 그리고 공산주의그룹과 사상단체를 한 시야에 넣고 그 발생과 활동 및 해체를 고찰하고 있는 박철하의 연구가 대표적이다.[5] 이러한 사회주의운동 연구를 통해 이 시기 전개된 사회주의운동의 전모는 상당 부분 밝혀졌다. 또한 그 과정에서 사회주의운동과 관련된 사회주의자들의 운동론, 즉 통일전선론이나 국가건설론 등에 대한 천착도 이루어졌다.[6]

---

4) '공산주의그룹'이란 일정한 조직적·정치적 공통성에 입각해서 형성된 비밀결사로, 자체의 중앙기관과 세포단체를 갖고 있으며 독자의 조직적 규율을 갖춘 하나의 조직체로 규정된다(임경석, 1998, "총론: 공산주의 운동사 연구의 의의와 과제", 『역사와 현실』 28, 23).
5) ① 임경석, 2003, 『한국 사회주의의 기원』, 역사비평사 ② 이현주, 2003, 『한국 사회주의세력의 형성: 1919-1923』, 일조각 ③ 전명혁, 2006, 『1920년대 한국사회주의운동연구』, 선인 ④ 朴哲河, 2003, 『1920年代 社會主義 思想團體 硏究』, 崇實大學校 大學院 博士學位論文.
6) 대표적인 연구로는 ① 임경석, 1992, "일제하 공산주의자들의 국가건설론", 『大東文化硏究』 27 ② 이애숙, 1998, "1922~1924년 국내의 민족통一戰線운동", 『역사와 현실』 28 참조.

사회주의운동에 대한 검토를 통해 이 시기의 사회주의를 고찰하는 연구 경향과는 다르게, 사회주의 지식인의 학적 배경과 학문관 및 현실인식론 등의 분석을 통해 이 시기 수용된 사회주의사상의 특징을 분석한 사상사적 연구도 진행되었다. 사회주의 지식인 가운데 맑스주의 이론에 관한 가장 깊이 있는 지적 수준과 가장 방대한 학문적 성과를 생산했던 백남운을 검토한 방기중의 연구와 화요파와 엠엘파의 대표적인 이론가였던 배성룡과 안광천을 검토한 김기승의 연구가 대표적이다.[7] 또한 조선공산당에 참가한 좌파 지식인들의 사회적 성격과 혁명론 분석을 통해 한국 좌파 지식인의 특성과 유형을 고찰한 전상숙의 연구가[8] 있어 이 시기 수용된 사회주의사상의 특징을 이해하는데 도움이 된다.

이러한 선행 연구들을 통해 본 연구가 검토하고자 하는 시기에 전개된 사회주의자들의 '움직임'과 그와 관련된 운동론은 상당 부분 해명되었다. 그러나 사회주의운동의 이념적 기반이었던 사회주의사상과 사회주의자들이 인식하고 있던 맑스주의 그 자체에 대한 구체적인 모습은 잘 드러나지 않는다. 이에 본 연구는 선행 연구를 바탕으로 먼저 식민지 조선에 수용된 사회주의사상이 언제, 누구에 의해, 왜 수용되었는가 하는 문제와 그 수용 과정에서 강조된 것이 무엇이었는가에 주목하고자 한다. 즉 사회주의사상을 수용한 주체와 수용 이유, 그리고 사회주의사상 수용의 한국적 특징에 대한 검토인 것이다.

이를 위해 각 단계별로 경향성을 대표하는 공산주의그룹과 그들이 발

---

7) ① 방기중, 1992, 『韓國近現代思想史硏究』, 역사비평사 ② 김기승, 1991, "1920년대 안광천의 방향전환론과 민족해방운동론", 『역사와 현실』 6 ③ 金基承, 1994, 『韓國近現代社會思想史硏究』, 신서원 참조.
8) 전상숙, 2004, 『일제시기 한국 사회주의 지식인 연구』, 지식산업사.

행한 기관지와 서적 등의 출판물을 분석한 후, 출판물의 내용과 출판 배경 그리고 저자 및 번역자의 성격에 대한 분석도 병행하고자 한다. 이러한 분석에서 특히 각 공산주의그룹이 '공간(公刊)'[9]한 맑스주의 원전 번역물에 주목하였다.

식민지 조선에 사회주의가 수용되는 과정은 사회주의를 해설한 다양한 논저들의 번역과 함께 진행되었다. '운동'과 '사상' 모두에서 맑스주의가 사회주의의 현실적 주류로 등장하는 과정 또한 맑스주의 관련 논저의 번역이 동반되었다. 특히 사회주의운동이 급속하게 성장하면서 그를 이론적으로 뒷받침할 필요성이 제기되었고, 그 과정에서 공산주의그룹들이 주목한 것이 바로 맑스주의 원전이었다. 운동의 발전은 사상의 정치화(精緻化)를 동반하고, 사상의 정치화는 그 사상의 바탕이 되는 원전에 대한 요구로 나아가기 때문이다.

식민지 조선에서도 사회주의운동의 발전 단계에 따라 번역된 맑스주의 원전은 상이하였는데, 이는 사회주의운동의 발전 단계에 필요한 맑스주의 원전이 선택적으로 번역되었기 때문이다. 즉 맑스주의 원전 번역은 단순한 텍스트의 번역이 아니라 현실 운동과의 관계 속에서 공산주의그룹들이 적극적으로 행한 주체적인 움직임인 것이다. 따라서 사회주의운동의 발전 과정에서 번역된 맑스주의 원전에 대한 검토는 사회주의운동과 사회주의자들의 맑스주의 인식의 상호관계를 파악하는 작업의 일환이다. 사회주의자들의 맑스주의 인식을 '주체'와 '텍스트'의 관계 속에서 살펴보고자 하는 이러한 작업은 종래 텍스트 분석에 기반 한 운동론 중심의 사상사 연구를

---

[9] 출판물의 '公刊'과 사회주의운동의 흐름은 일정한 시차를 두고 전개될 수밖에 없는 것이 현실이다. 그러나 공간한 출판물에 주목하는 것은 현실에서 주요한 출판물의 공간과 사회주의운동의 전체적인 흐름이나 사회주의사상의 심화 정도가 밀접하게 관련되기 때문이다.

지양하기 위한 것이다. 또한 맑스주의 원전 번역을 통해 사회주의 운동사와 사상사를 정리하는 이러한 시도는 한국지성사에서 사회주의가 갖는 의의를 고찰하는 작업에 다름 아니라 할 것이다.

이상의 문제의식을 가지고 전술한 문제들을 해명하기 위해 본서는 다음과 같은 내용으로 구성하였다. 1부는 다양한 사회주의사상이 수용되던 1910년대 중반부터 민족해방운동과 관련하여 맑스주의가 급속하게 주류적 위치로 자리하던 1920년대 초까지의 시기를 검토 대상으로 한다. 이를 위해 삼일운동 이후 출현한 공산주의그룹들의 사회주의에 대한 선전활동과 『정치경제학비판을 위하여』 서문의 '유물사관요령기'에 대한 번역 상황 및 그 특징을 검토한다. 이를 통해 이 시기 공산주의그룹들의 사회주의사상 수용 방식과 『정치경제학비판을 위하여』 서문의 '유물사관요령기'의 번역이 한국 사회주의사상사에서 차지하는 의의를 밝힐 수 있을 것이다. 또한 맑스주의로의 전일화가 빠르게 전개되던 식민지 조선에서 맑스주의자와 아나키스트가 '반자본주의'를 매개로 함께 활동하다 분화한 '대중시보사그룹'의 활동에 대한 검토를 통해, 타자와의 관계 정립 과정에서 자기 정체성을 확인해 가는 이 시기 맑스주의의 특징을 고찰하고자 한다.

2부는 다양한 사회주의사상이 급속히 맑스주의로 전일화하면서 맑스주의에 대한 인식의 편차로 인해 공산주의그룹들 사이에 맑스주의에 대한 이해 차이를 둘러싸고 논쟁이 전개되던 시기를 검토 대상으로 한다. 이를 위해 맑스주의 대중화에 주력한 신생활사그룹 및 민중사의 활동과 맑스주의 인식을 검토한다. 이를 통해 이 시기 공산주의그룹들의 맑스주의 인식의 내용과 공산주의그룹 사이의 맑스주의에 대한 인식의 편차가 무엇이었는지를 밝힐 수 있을 것이다.

3부는 맑스주의 인식이 심화되면서 레닌주의를 수용하는 시기를 검토 대상으로 한다. 이를 위해 일월회와 사회과학연구사가 발행한 출판물에 나타나는 맑스주의에 대한 인식을 고찰하고, 그 과정에서 이들이 제국주의시대의 맑스주의로 규정한 레닌주의에 대한 인식에 대해서도 검토한다. 이를 통해 맑스주의 원전 번역과 레닌주의에 대한 인식이 한국 사회주의사상사에서 차지하는 의의도 밝힐 수 있을 것이다.

4부는 맑스주의 원전 번역의 문제와 사회주의 건설의 문제가 현실에서 직접적으로 연관되어 전개된 해방 3년의 시기를 검토 대상으로 한다. 이를 위해 해방 후부터 1948년까지 번역·출판된 맑스주의 원전의 전체적인 리스트를 작성한다. 그리고 정리한 리스트에 대한 검토를 통해 이 시기 맑스주의 원전 번역의 주체와 번역의 특징을 고찰하고자 한다. 이를 통해 이 시기 맑스주의 인식에 대한 특징과 함께 한국 사회주의사상사에서 해방 후 맑스주의 원전 번역이 갖는 의미와 위상을 밝힐 수 있을 것이다.

사회주의사상사 연구에서 부딪치는 가장 큰 문제점 가운데 하나는 일본이나 중국에 비해 당대 사회주의자들의 인식을 분석할 수 있는 자료가 절대적으로 부족하다는 것이다. 이는 일제의 사상통제가 강력하게 진행되던 식민지라는 상황으로 인해 사회주의와 관련된 논저의 집필이 제약되었던 현실적인 상황과 당대 사회주의자들 대부분이 중등교육 이상을 받은 지식인들로 일어 독해가 가능했기 때문에 맑스주의 관련 논저의 번역에 적극적이지 않았다는 점과 매우 밀접하게 관련되어 있다.

본 연구에서는 기존의 관련 자료에 대한 정치한 독해 및 검토와 더불어 몇 가지의 새로운 자료들을 발굴하여 분석함으로써 이러한 한계를 일정하게 극복하고자 하였다. 새로 발굴한 대표적인 자료는 민중사와 일월회 권독사, 그리고 사회과학연구사 등에서 발행한 팜플렛 형태의 출판물과 해방 후 발행된 좌익서적들이다. 이들 출판물은 대체로 맑스주의 원전과 맑스주의 관련 서적의 번역서가 주종을 이룬다. 또한 이들 번역 출판물의 저본이 되었던 맑스주의 원전과 일역본, 그리고 이 시기 출판된 사회주의 관련 서적들도 새롭게 발굴하여 함께 활용하였다.

제 1부

사회주의사상의 수용과 '사회주의 필연성'의 강조

제 1 장
공산주의그룹과
'사회주의 필연성' 강조

1. 공산주의그룹의 형성

삼일운동의 소용돌이가 점차 가라앉고 일제의 '문화정치'로 인해 제한된 범위에서나마 식민지 조선에 언론, 출판, 결사의 자유가 허용되었다. 이른바 '열린 공간'이 생기면서 조선의 사상계와 대중운동은 이전과는 상이한 지형으로 재편되기 시작하였다. 1920년부터 조선노동공제회나 조선청년회연합회와 같은 전국적 규모의 대중운동 단체들이 속속 그 모습을 드러냈다. 이들은 대중조직의 확대와 함께 기관지인 『공제(共濟)』와 『아성(我聲)』의 발행을 통해 대중에게 '신사상'을 선전하는데 주력하였다.

이들 대중운동 단체의 이면에는 몇 개의 공산주의그룹이 비밀결사의 형태로 활동하고 있었다. 각 공산주의그룹은 그 규모와 운동경험의 상이성으로 인해 분산적으로 존재하면서 독자적인 활동을 전개하였는데, 사회주의사상 특히 맑스주의의 수용과 관련하여 직간접적으로 중요한 역할을 담당하였다. 삼일운동 이후부터 1921년까지 기간에 '서울공산단체', '조선공산당', 사회혁명당, '맑스주의 크루조크[小組]' 등 4개 정도의 주요한 공산주의그룹이 서울에 존재하였다.

삼일운동 이후 가장 먼저 조직된 것으로 확인되는 공산주의그룹은 '서울공산단체'이다. 이 단체는 1919년 10월 20여명의 구성원으로 조직되었는데, 정식 명칭은 알 수 없다. 산하의 여러 부서 가운데 출판부를 두고, 조선노동공제회의 편집부를 통해 『공제』의 발행에 주도적으로 참여하였다.[1] 1921년 5월에는 이르쿠츠크에서 개최된 이르쿠츠크파 고려공산당 창립대회에 서천민(徐天民) 등 2명을 대표로 파견하였고, 이후 이르쿠츠크파 고려공산당의 국내 뷰로로 활동하게 된다.

'조선공산당'은 1920년 3월 15일 서울에서 15명의 사회주의자들에 의해 조직되었다. 그러나 조직 후 일본 경찰의 감시로 인해 일시 휴지기에 들어갔다가, 1921년 5월 1일 메이데이를 기념하여 활동을 재개하였다.[2] 이들은 합법기관으로 무산자동맹회를 조직하였는데, 이를 통해 노동계급의 단결과 계급적 자각을 위한 활동에 주력하였다. '조선공산당'을 주도한 이들은 신백우(申伯雨), 원우관(元友觀), 김한(金翰), 윤덕병(尹德炳), 정재달(鄭在達), 김사국(金思國), 이영(李英), 김달현(金達鉉) 등이었다.[3]

'조선공산당'이 주력한 활동의 하나가 출판 활동을 통한 '신사상의 선전'이었다. '조선공산당'의 출판 활동은 크게 두 부분으로 구성되었다. 하나는 『공제』나 『아성』과 같은 합법적인 매체에 자신들의 견해를 적극적으로 발표한 것이다. 이 시기 합법적인 매체를 통해 가장 활발하게 자신의 견해를 밝힌 이는 신백우였다. 그는 주로 『공제』를 통해 현실운동론에 대

---

1) 임경석, 2003, 『한국 사회주의의 기원』, 역사비평사, 117-119쪽.
2) Доклад делагата ТЕНУ, 「История и деятельность нейтральной КоркомпарТии」(대표자 전우의 보고, 「중립 조선공산당의 역사와 활동」), 1쪽, #495-135-64.
3) Доклад делагата ТЕНУ, 3쪽, #495-135-64; 「서울청년회에 對한 報告」, 2쪽, #495-135-198.

한 글이나 맑스주의와 크로포트킨의 학설 등 '신사상'을 선전하는데 주력하였다.[4]

또 하나는 비밀리에 격문이나 팜플렛을 발행하여 배포한 것이다. 이와 관련하여 특히 주목되는 것은 1921년 9월 국내에서는 최초로 『공산당선언』을 번역하여 발행한 것이다. 일제의 탄압을 피하기 위해 비밀출판물의 형태로 85부만 발행하였지만,[5] 맑스주의의 가장 중요한 원전 가운데 하나인 『공산당선언』을 번역하여 출판하였다는 점에서 맑스주의를 수용한 공산주의그룹의 지향성을 보여 주는 매우 상징적인 사건이라고 할 수 있다.[6]

1920년 5월 조선노동공제회 안에 7명으로 구성된 맑스주의 써클인 '맑스주의 크루조크'가 조직되었다. 구성원은 김약수(金若水), 정태신(鄭泰信), 정운해(鄭雲海) 등이었다.[7] 이들은 활동의 중심을 맑스주의의 연구와

---

[4] 申伯雨의 주요한 글은 다음과 같다. ① 1920. 10,「小作人組合論」,『共濟』2 ② 1921. 4,「唯物史觀槪要」,『共濟』7 ③ 1921. 4,「蜂과 蜂의 相互扶助」,『共濟』7 ④ 1921. 6,「階級社會의 史的考察」,『共濟』8.

[5] 「ИЗДАТЕЛЬСКАЯ ДЕЯТЕЛЬНОСТЬ ЧО СЕН КОНГ САН ДАНГ/Корейской коммун-истической Партии/(조선공산당의 출판활동), 1쪽, #495-135-70.

[6] 1921년 9월 '조선공산당'에 의해 번역된 『공산당선언』은 幸德秋水와 堺利彦이 1904년 11월 『平民新聞』1주년 기념호에 동아시아에서 최초로 번역하여 게재했던 일역본을 저본으로 번역된 듯하다. 『공산당선언』은 같은 해 상하이와 이르쿠츠크에서도 출판되었다. 상하이에서는 韓國共産黨의 呂運亨이 영역본을 저본으로 번역하여 출간하였고, 이르쿠츠크에서는 이르쿠츠크파 고려공산당이 로역본을 번역하여 발행하였다. 『공산당선언』의 한국어 번역이 최초로 공개 출판된 것은 1925년 3월 一月會 기관지 『思想運動』1권 1호를 통해서였다. 그러나 이 글은 완역이 아니고, 제3장인 「社會主義와 共産主義 文獻」만을 「社會主義者의 社會主義評: 社會主義及共産主義文書」라는 제목으로 번역한 것이었다. 이 번역은 一月會의 思想運動社 勸讀部 책임자였던 宋彦弼에 의해 이루어졌다. 이에 대한 자세한 것은 본서 제3부 제1장 참조. 완역된 형태의 한국어 번역본이 최초로 공개 출간된 것은 해방 직후인 1945년 8월이다. 勞動戰線 편집부의 번역으로 발행된 勞動戰線社版이 그것이다. 이는 독어 원문을 번역한 것이 아니고, 영역본을 저본으로 일역본을 참조한 중역본이다. 자세한 것은 본서 제4부 제2장 참조.

[7] K.H.黨(北風會內 共産主義 秘密結社) 代表 辛鐵·金泳雨, 1926. 2. 11,「國際共産黨執行委

선전에 두었다. 실제로 조선노동공제회의 주요 임원이자 『공제』의 편집위원으로, 『공제』 1호와 2호의 편집·발행과8) 『조선노동공제회보(朝鮮勞動共濟會報)』의 발행을 주도하였다.9) 이들은 『공제』를 통해 주로 노동문제에 대한 글이나 서구의 노동운동사에 대한 글을 소개하였다.10)

1921년 봄 본거지를 일본으로 이동하였는데, 이는 맑스주의 연구와 출판활동에 관한 환경이 조선보다 일본이 유리할 것이라는 판단에서였다. 이들은 도쿄에서 맑스주의에 대한 선전과 조직 활동을 전개하였고, 그 해 5월 7일 '재일본조선인공산단체'라는 비밀결사를 조직하였다.11) 그리고 조선인 노동자와 청년들에게 맑스주의를 보급할 목적으로 대중시보사(大衆時報社)를 조직하고 기관지『대중시보(大衆時報)』를 발행하였다.12)

사회혁명당(社會革命黨)은 1920년 6월 서울에서 비밀리에 개최된 신아동맹당(新亞同盟黨) 제5차 대회를 통해 명칭을 변경하면서 조직되었다. 대회에서는 '계급타파'와 '사유제도타파' 그리고 '무산계급 전제(專制)정치'를 요지로 하는 「선언서」가 발표되었다.13) 이들은 이러한 선언서의 내용

員會貴中」, 2쪽.
8) 1921. 4, 「編輯室에서」, 『共濟』 7, 93쪽.
9) 『朝鮮勞動共濟會報』 창간호는 1920년 8월 1일 발행되었다(1920. 8. 1, 『朝鮮勞動共濟會報』 1, 「판권」 참조; 「勞動共濟會報 發行」, 『東亞日報』 1920. 8. 6). 『朝鮮勞動共濟會報』 창간호에는 '맑스주의 크루조크' 구성원 외에 羅景錫, 黃錫禹, 朴重華, 吳祥根, 李泰能, 南廷晳 등의 글이 실려 있다(1920. 8. 1, 『朝鮮勞動共濟會報』 1 참조).
10) '맑스주의 크루조크' 구성원들의 주요한 글은 다음과 같다. ① 金若水, 1920. 10, 「前後 世界大勢와 朝鮮勞動問題」, 『共濟』 2 ② 鄭泰信, 1920. 9·1920. 10, 「歐米勞動運動史」, 『共濟』 1·2 ③ 南相協, 1920. 10, 「勞動問題 尙早論者에게」, 『共濟』 2 ④ 趙誠惇, 1920. 9, 「勞動萬能論」, 『共濟』 1.
11) 박철하, 1998, "북풍파 공산주의 그룹의 형성", 『역사와 현실』 28, 66쪽.
12) '맑스주의 크루조크'가 大衆時報社와 『大衆時報』를 매개로 전개한 일본에서의 활동과 맑스주의에 대한 인식에 대해서는 본서 제1부 제2장 참조.
13) 1921. 12. 24, 「두 공산당의 련합」, 『붉은 군사』 2, 고려혁명군정치부, 5면.

을 실행하기 위해 먼저 조선에서 일본 제국주의를 구축(驅逐)해야 하며, 그를 위해서는 부르주아 민족운동자들과 함께 손을 잡아야 한다고 주장하였다.[14]

사회혁명당의 조직은 일본에서 활동하던 신아동맹당의 중심이 국내로 이전하면서 본격적인 활동을 전개했다는 점과 종래 사회주의자와 비사회주의자로 구성되었던 신아동맹당을 "사회주의자들만의 조직"[15]으로 변경시켰다는 점에서 형식과 내용 모두 중요한 의미를 갖는다.

구성원으로는 '김철수그룹'[16]의 김철수(金錣洙) · 장덕수(張德洙)와 김명식(金明植), 홍도(洪濤), 최팔용(崔八鏞), 이봉수(李鳳洙), 주종건(朱鍾健), 이증림(李增林), 도용호(都容浩), 김종철(金鍾喆), 최혁(崔爀), 엄주천(嚴柱天), 김일수(金一洙), 도관호(都寬浩), 유진희(兪鎭熙), 윤자영(尹滋瑛), 정노식(鄭魯湜) 등이 참여하였다.[17] 이들 대부분은 일본유학생 출신이거나 국내에서 삼일운동에 적극 참여했던 중등 이상의 근대교육을 이수한 신지식층이었다.[18]

사회혁명당이 조직된 후 구성원들이 주력한 활동의 하나가 '신사상의 선전'이었다. 그리고 이를 위해 이들은 정기적으로 모여 독서와 토론을 통해 새로운 이론과 현실문제에 대한 견해를 나누었다. 다음 김철수의 회고는 사회혁명당의 이러한 모습을 잘 보여 주고 있다.

---

14) 한국정신문화연구원 현대사연구소 편, 1999, 『遲耘 金錣洙』, 한국정신문화연구원 현대사연구소, 8쪽.
15) 한국정신문화연구원 현대사연구소 편, 1999, 45쪽.
16) '김철수그룹'에 대해서는 박종린, 2008, "1910년대 재일유학생의 사회주의사상 수용과 '김철수그룹'", 『史林』 30 참조.
17) 한국정신문화연구원 현대사연구소 편, 1999, 8 · 45 · 59 · 197 · 210쪽. 金錣洙의 회고를 취합하여 정리하였다. 회고마다 참가자 명단에 약간의 차이가 있다.
18) 임경석, 2003, 『한국 사회주의의 기원』, 역사비평사, 125쪽.

우리가 '사회혁명당'을 만들었단 말이여. 만들어 가지고 그 때에 별 것은 아니지만 '우리가 사회주의운동을 허자!' '헌디 첫 번에 독서회 모냥으루 책이 생기면 서로 나누어 보고 우리가 정기적으로 모아서 그렇게 허자!'19)

처음에 20년에, 20년 가을에, 우리가 사회혁명당했네. 우리헌 것이. 이것이 우리나라에는 처음 사회단체여. 왜 이것이 그 때, 사회혁명당이라고 한 것이 마치 독서회 모냥으로 서로 책을 나눠서 보고 토론도 허고, 시국에 대한 얘기도 허고, 그렇게 일어나온 것이.20)

이러한 독서와 토론을 기반으로 사회혁명당의 몇몇 이론가들은 선전활동의 일환으로 맑스주의에 대한 이론이나 현실문제와 관련된 견해를 자신들이 활동하고 있던 단체의 기관지인 『공제』와 『아성』을 통해 발표하였다. 이 시기 활발하게 자신의 견해를 밝힌 대표적인 이는 유진희와 윤자영 그리고 김명식 등이었다.21) 이들은 주로 『공제』가 표방했던 '노동문제 연구'와 '신사상 선전',22) 그리고 『아성』이 표방했던 '시대사상의 선구'23)라는 슬로건에 걸맞게 노동문제에 대한 글이나 맑스주의(유물사관요령기

---

19) 한국정신문화연구원 현대사연구소 편, 1999, 45쪽.
20) 한국정신문화연구원 현대사연구소 편, 1999, 305쪽.
21) 이들이 이 시기 『共濟』와 『我聲』에 발표한 노동문제와 '신사상'에 관련된 주요한 글은 다음과 같다. ① 兪鎭熙 ㉠ 無我生, 1920. 9, 「勞動者의 文明은 如斯하다」, 『共濟』 1 ㉡ 1920. 10, 「勞動運動의 社會主義的 考察」, 『共濟』 2 ㉢ Y生, 1921. 4, 「勞動價値說研究」, 『共濟』 7 ㉣ 크로포트킨, 無我生 譯, 1921. 4·1921. 6, 「靑年에게 訴함」, 『共濟』 7·8 ㉤ 無我生, 1921. 6, 「勞動問題의 要諦」, 『共濟』 8 ② 尹滋瑛 ㉠ 1921. 3, 「唯物史觀要領記」, 『我聲』 1 ㉡ 1921. 7·1921. 9, 「相互扶助論」, 『我聲』 3·4 ③ 金明植 ㉠ 1920. 9, 「勞動問題는 社會의 根本問題이라」, 『共濟』 1 ㉡ 1921. 9, 「現代思想의 研究」, 『我聲』 4.
22) 『共濟』는 7호부터 계속 표지에 이 슬로건을 제시하고 있다(1921. 4, 『共濟』 7, 「표지」).
23) 『我聲』은 2호부터 계속 표지에 '朝鮮靑年의 元氣'라는 슬로건과 함께 이 슬로건을 제시하고 있다(1921. 5, 『我聲』 2, 「표지」).

등)와 크로포트킨의 학설(상호부조론 등) 등 '신사상'의 소개와 선전에 주력하였다.

사회혁명당은 1921년 5월 상해에서 개최된 상해파 고려공산당 창립대회에 김철수, 주종건, 이봉수, 홍도 등 8명의 대표단을 파견하였다. 사회혁명당 구성원들은 대부분 상해파 고려공산당의 국내 간부에 임명되었다. 특히 윤자영과 유진희 그리고 김명식과 주종건 등 사회혁명당 출신의 이론가들은 기관지를 주관하게 되었다.[24] 이제 사회혁명당은 상해파 고려공산당의 국내 조직으로 위상을 전환하게 된 것이다. 1920년대 초반 식민지 조선 사회주의운동의 우이(牛耳)를 잡았던 국내 상해파의 탄생이었다.

2. 『정치경제학비판을 위하여』 서문 '유물사관요령기'와 '사회주의 필연성' 강조

1910년대부터 본격적으로 소개되기 시작한 사회주의사상은 단지 맑스주의뿐만 아니라 아나키즘이나 길드 사회주의, 기독교사회주의, 페비안니즘 등과 같은 매우 다양한 조류들을 포괄하고 있는 복잡한 것이었다. 그러나 러시아혁명과 삼일운동을 거치면서 식민지 조선에서 사회주의운동의 지도이념은 다양한 사회주의사상 가운데 맑스주의가 점차 주도적인 위치를 점하기 시작하였다. 그것은 식민지 피압박 민족에 대한 소비에트 러시아와 코민테른의 지원이라는 현실적인 문제와 '겨울의 시대'를 극복하면서 발전한 일본 사회주의운동의 영향과 밀접히 연관되었다.

---

[24] 한국정신문화연구원 현대사연구소 편, 1999, 9-10쪽. 국내 간부는 金明植, 尹滋瑛, 俞鎭熙, 鄭魯湜, 韓偉健, (兼)張德洙, 李鳳洙, 崔八鏞, 李增林 등 모두 9명이었다.

1920년대 초반은 맑스주의가 식민지 조선에서 운동과 사상의 두 측면 모두 사회주의의 현실적 주류로 등장한 시기였다. 그러나 사회주의운동의 급속한 양적 팽창과 비교해, '해방운동의 무기'로 수용된 측면이 강했던 식민지 조선의 맑스주의는 그 자체에 대한 이론적 논구(論究)는 상대적으로 미약한 것이 현실이었다. 이러한 운동과 사상의 불균형을 타개하고 급속히 발전하는 사회주의운동을 이론적으로 뒷받침하기 위해, 식민지 조선의 사회주의자들은 맑스주의 관련 논저를 적극적으로 소개하고 연구하였다. 또한 이를 대중에게 선전하기 위해 맑스주의 관련 논저에 대한 번역을 시도하기 시작하였다.

공개 출판물을 통해 다양한 맑스주의 관련 논저의 번역이 진행되었지만, 맑스주의 원전에 대한 번역과 소개는 미비하였다. 같은 시기 맑스주의 원전이 대부분 번역되고 『맑스·엥겔스전집』이 출간되고 있던 제국주의 일본의 상황은 물론이고,[25] 반식민지 중국에서의 맑스주의 원전 번역 상황과 비교해도 식민지 조선에서 번역된 맑스주의 원전은 매우 소략한 것이었다.[26]

이처럼 맑스주의 관련 논저의 적극적인 번역이 부진했던 것은 식민지 조선이 일본 제국주의의 강력한 사상통제가 행해지고 있던 식민지였다는 점과 무관하지 않다. 또한 중등 이상의 근대교육을 이수한 신지식층이 대부분이었던 이 시기 사회주의자들이 일본어를 독해할 수 있었다는 점도 크게 작용하였다. 그럼에도 불구하고 맑스주의 수용 과정에서 맑스주의

---

[25] 1920년대까지 일본에서 번역된 맑스주의 원전의 리스트는 內藤赳夫 編, 1930, 『アルヒーフ』 3, 大原社會問題硏究所 참조.
[26] 중국에서의 맑스주의 원전 번역 상황은 中共中央馬克思恩格斯列寧斯大林著作編譯局馬恩室編, 1983, 『馬克思恩格斯著作在中國的傳播』, 人民出版社, 「馬克思恩格斯著作中譯本(文)第一版書目」 참조.

관련 논저의 번역·출판을 통해 대중에게 맑스주의를 적극적으로 선전, 보급하려는 활동이 지속적으로 전개되었다.

『정치경제학비판을 위하여』 서문의 번역은 이 시기 식민지 조선에서 맑스주의 수용의 특징을 잘 보여 주는 것이다. 맑스주의 원전 가운데 가장 먼저 번역·출판된 『정치경제학비판을 위하여』 서문은 식민지 조선에서 공개적인 출판물의 형태로 발행된 최초의 맑스주의 원전 번역물이다.

1859년 출간된 『정치경제학비판을 위하여』는 맑스주의 정치경제학의 형성에 매우 중요한 한 단계를 이루는 저작이다. 이 저작에서 맑스는 처음으로 상품, 화폐, 가치 등에 대한 자신의 견해를 표명하였고, 이를 통해 자본주의적 착취에 대한 과학적 분석의 초석을 놓을 수 있었기 때문이다.

그리고 이 저작이 출판될 때 맑스는 유물론적 역사 파악의 기본사상을 간결하고 체계적인 형태로 정리한 「서문」을 첨가하였다. 『정치경제학비판을 위하여』 서문에는 맑스 자신이 "내 연구의 길잡이가 되었던 일반적 결론"[27]이라고 언급한 15개 문장으로 이루어진 '유물사관요령기'가 포함되어 있다. '유물사관요령기'는 생산력과 생산관계, 토대와 상부구조, 존재와 의식, 경제적 사회구성체의 계기적 발전과 사회주의사회의 필연적 도래의 문제와 같은 맑스주의의 핵심적 내용들로 구성되어 있다. 이로 인해 '유물사관요령기'는 맑스주의 역사에서 그 자체로 독자적이며 과학적인 의의를 갖는 문건으로 평가된다.

'유물사관요령기'는 이러한 위상으로 인해 각국어로 번역되어 맑스주의 수용 과정에서 커다란 역할을 하였다. 동아시아에서 '유물사관요령기'는

---

[27] 칼 맑스, "정치 경제학의 비판을 위하여"; 최인호 외 역, 1992, 『칼 맑스 프리드리히 엥겔스 저작 선집』 2, 박종철출판사, 477쪽.

1912년 일본에서 처음 번역·출판되었다. 다음의 〈표 1〉은 식민지 조선에서 '유물사관요령기'가 번역된 1921년까지 일본에서 번역된 '유물사관요령기' 일역본의 리스트를 정리한 것이다.

〈표 1〉 1921년까지 번역된 '유물사관요령기' 일역본 리스트

	출판시기	게재지	제목	번역자	비고
1	1912. 1. 15	『國民雜誌』	唯物的歷史觀	堺利彦	
2	1912. 5	『賣文集』, 161-164쪽	唯物的歷史觀	堺利彦	1 전재
3	1913. 1	『社會主義倫理學』, 269-272쪽	唯物的歷史觀要領記	堺利彦	2 전재
4	1919. 1	『經濟論叢』 8-1, 43-45쪽	生産政策としての 社會主義	河上肇	
5	1919. 3	『社會問題硏究』 3, 20-22쪽	マルクスの社會主義の理論的體系	河上肇	4 일부 수정
6	1919. 4	『社會主義硏究』 1, 14-16쪽	唯物史觀槪要	堺利彦	3 일부 수정
7	1920. 4	『近世經濟思想史論』, 岩波書店, 184-187쪽	唯物史觀	河上肇	5 전재
8	1921. 8	『唯物史觀硏究』, 弘文堂, 6-9쪽	唯物史觀 公式の 全文	河上肇	5 재수정

'유물사관요령기'의 일역과 관련하여 주목되는 인물은 일본의 사회주의자 사카이 도시히코[堺利彦: 1870-1933]와 가와카미 하지메[河上肇: 1879-1946]이다. 윤자영과 신백우의 '유물사관요령기' 번역문이 『아성』과 『공제』에 게재된 1921년 4월까지 일본에서 '유물사관요령기'에 대한 번역은 사카이와 가와카미에 의해 이루어졌기 때문이다.

〈표 1〉에서 살펴 볼 수 있는 바와 같이 사카이의 '유물사관요령기' 초역은 대역사건으로 인해 사회주의운동이 탄압받던 '겨울의 시대'에 유물사관의 이해를 둘러싸고 야마지 아이잔[山路愛山: 1864-1917]과 논쟁을 벌이던 과정에서 이루어졌다.28) 즉 1912년 1월 15일 『國民雜志』 지상에 발표한 「唯物的歷史觀」이라는 글의 일부로 '유물사관요령기'를 초역한 것이다. 사카이는 그 글을 그 해 5월 간행한 자신의 저서 『賣文集』에 전재하였다. 그리고 이어 1913년 카우츠키의 저서인 『윤리와 유물사관』을 『社會主意倫理學』이라는 제명으로 번역하면서 그 부록으로 '유물사관요령기'를 첨부하였다.29)

이후 '겨울의 시대'가 끝나자 사카이는 1919년 4월 야마카와 히토시[山川均: 1880-1958]와 함께 주도하던 잡지 『社會主義研究』 창간호에 종래의 번역문을 수정한 새로운 번역문을 게재하였다.30) 이 번역문에 대해 사카이는 자신의 종래 번역문과 1919년 발표된 가와카미의 번역문을 비교하여, 정확하고 명료하며 평이한 일역본을 게재한다고 밝히고 있다.31) 사카이의 이러한 몇 차례의 번역시도는 모두 영역본을 저본으로 한 중역(重譯)이었다.

이에 비해 가와카미의 경우는 1919년 1월 『經濟論叢』에 '유물사관요령

---

28) 川口武彦, 1983, 『日本マルクス主義の源流; 堺利彦と山川均』, ありえす書房 참조.
29) 사카이는 譯者序를 통해 『社會主義倫理學』의 원서에는 없던 '唯物史觀要領記'를 「附錄」으로 첨부하는 이유를, 맑스의 유물사관에 입각하여 저술된 카우츠키의 저서를 이해하기 위해서는 먼저 유물사관이 무엇인지 알아야 하기 때문이라고 하고 있다(Karl Kautsky, 堺利彦 譯, 1913, 「譯者の序」, 『社會主義倫理學』, 丙午出版社, 3쪽).
30) 『社會主義研究』의 본문에는 번역자가 명기되어 있지 않다. 그러나 1922년 7월 건설자동맹출판부에서 출간된 사카이의 저서 『社會主義學說の大要』에 수록된 '유물사관요령기'의 일역문과 대조해 보면 동일한 번역임을 확인할 수 있다.
31) 1919. 4, 「唯物史觀槪要」, 『社會主義研究』 1, 16쪽.

기'의 초역을 게재하였다.32) 그리고 그 해 3월 개역(改譯)을 개인잡지인『社會問題研究』3호에 게재하였는데,33) 그 글을 1920년 4월 간행한 자신의 저서『近世經濟思想史論』에 전재하였다.34) 그리고 1921년 8월 간행한 그의 저서『唯物史觀硏究』에 재수정한 번역문을 수록하였다.35) 그런데 가와카미의 경우는 사카이와는 달리 독어 원본을 저본으로 한 번역이었다.

그렇다면 사카이와 가와카미의 일역본은 어떤 차이가 있을까? 〈표 2〉는 사카이와 가와카미의 일역본에 나타나는 주요한 개념의 번역어를 비교한 것이다.

〈표 2〉 사카이 도시히코와 가와카미 하지메 일역본의 주요 개념 번역어 비교

	생산력	생산관계	상부구조	생산양식	경제적 사회구성
『매문집』	생산력	생산관계	상건축	생산방식	사회의 경제적 진화
『사회주의윤리학』	생산력	생산관계	상건축	생산방법	사회의 경제적 진화
『사회주의연구』 1	생산력	생산관계	상부구조	생산방법	사회의 경제적 진화
『경제논총』 8-1	생산력	생산관계	상건축	생산방법	사회의 경제적조직의 진보
『사회문제연구』 3	생산력	생산관계	상층구조	생산방법	사회의 경제적조직의 진보
『유물사관연구』	생산력	생산관계	상층구조	생산방법	경제적 사회구성의 진보

* 출진:『매문집』,『사회주의윤리학』,『사회주의연구』1,『경제논총』8-1,『사회문제연구』3,『유물사관연구』

사카이와 가와카미의 번역본을 비교해보면 번역이 원문의 내용을 심각하게 훼손하는 정도는 아니지만 핵심개념의 번역어 사용에 상당한 차이를

---

32) 河上肇, 1919. 1,「生産政策としての 社會主義」,『經濟論叢』8-1.
33) 河上肇, 1919. 3,「マルクスの社會主義の理論的體系」,『社會問題研究』3.
34) 河上肇, 1920,『近世經濟思想史論』, 岩波書店.
35) 河上肇, 1921,『唯物史觀硏究』, 弘文堂書房.

보이고 있다. 〈표 2〉에서 보는 바와 같이 '생산력'과 '생산관계'의 경우는 양자 모두 '생산력'과 '생산관계'로 번역하고 있다. 또한 '생산양식'의 경우에도 모두 '생산방법'으로 번역하고 있다. 그러나 '상부구조'와 '경제적 사회구성체'의 경우는 상이한 용어를 사용하고 있다. 사카이는 '상부구조'를 처음에는 '상건축(上建築)'으로 번역했지만 1919년 4월 『사회주의연구』부터는 '상부구조'로 번역하고 있다. 이에 비해 가와카미는 처음에는 사카이와 같이 '상건축'이란 동일한 용어를 사용하였으나, 1919년 3월 『사회문제연구』부터는 '상층구조(上層構造)'라고 번역하고 있다. 또한 '경제적 사회구성'의 경우에도 사카이가 '사회의 경제적 진화'라는 번역을 고수하고 있는데 비해, 가와카미는 처음에는 '사회의 경제적 조직'으로 번역하다가 1921년 8월 발간된 『유물사관연구』부터는 '경제적 사회구성'으로 번역하고 있는 것이 대표적이다.

그렇다면 식민지 조선에서 『정치경제학비판을 위하여』 서문은 언제 번역·출판되었는가? 식민지 조선에서 『정치경제학비판을 위하여』 서문이 번역·출판된 것은 1921년이다. 그러나 『정치경제학비판을 위하여』 서문의 한국어 번역본은 서문 전체를 완역한 것은 아니었다. 서문 가운데 "인간들은 자신들의 생활을 사회적으로 생산하는 가운데, 자신들의 의지로부터 독립되어 있는 일정한 필연적 관계들, 즉 자신들의 물질적 생산력들의 일정한 발전 단계에 조응하는 생산 관계들에 들어선다"로 시작해서 "이 사회 구성체와 더불어 인간 사회의 전사(前史)는 끝을 맺는다"[36]로 마무리되는 서문의 유명한 일부만이 '유물사관요령기'라는 이름으로 소개되었다.

---

36) 칼 맑스, "정치 경제학의 비판을 위하여"; 최인호 외 역, 1992, 477-478쪽. 이하 맑스주의 원전의 현대어 번역은 『칼 맑스 프리드리히 엥겔스 저작 선집』에 수록된 경우 이를 따랐다.

'유물사관요령기'는 1921년 3월 윤자영의 번역으로 「유물사관요령기」라는 제목으로 『아성』 1호에 처음 게재되었다.37) 이는 '국내'에서 공간된 최초의 맑스주의 원전에 대한 번역으로 '유물사관요령기'의 전문만을 완역한 것이다.38) 그리고 같은 해 4월에는 신백우의 번역으로 『공제』 7호에 「유물사관개요」라는 제목으로 소개되었는데,39) '유물사관요령기'와 그에 대한 해설이 함께 번역되어 있다. 그러나 신백우의 번역은 무슨 이유에서인지 "그러나 부르주아 사회의 태내에서 발전하는 생산력들은 동시에 이러한 적대의 해결을 위한 물질적 조건들을 창출한다. 이 사회 구성체와 더불어 인간 사회의 전사는 끝을 맺는다"40)라는 '유물사관요령기'의 마지막 부분이 생략되어 있다.

그렇다면 이들 번역문의 저본은 무엇인가? 두 글 모두 명시적으로 번역의 출처를 밝히고 있지 않지만, 글의 내용을 비교해 보면 유물사관을 설명하기 위해 '유물사관요령기'가 포함된 동일한 글을 축차적으로 번역한 것임을 쉽게 알 수 있다. 이와 관련하여 주목되는 인물이 사카이 도시히코와 가와카미 하지메이다. 전술한 바와 같이 윤자영과 신백우의 번역문이 『아성』과 『공제』에 게재된 1921년 4월까지 일본에서의 '유물사관요령기'에 대한 번역이 사카이와 가와카미 두 사람에 의해 이루어졌기 때문이다.

식민지 조선에서 윤자영과 신백우에 의해 번역된 두 가지 번역문을 사

---

37) 尹滋瑛, 1921. 3,「唯物史觀要領記」,『我聲』1.
38) 국외의 경우 1920년 5월 29일부터 6월 10일까지 상하이 『獨立新聞』에 「社會主義硏究」라는 제목으로 4회에 걸쳐 게재된 연재물 가운데 3회분(1920. 6. 5)에 '유물사관요령기'가 수록되어 있다. 孫斗煥이 번역한 이 글은 『社會問題硏究』 3호에 실린 가와카미 하지메의 일역본을 중역한 것이다.
39) 申伯雨, 1921. 4,「唯物史觀槪要」,『共濟』7.
40) 칼 맑스, "정치 경제학의 비판을 위하여"; 최인호 외 역, 1992, 478쪽.

카이와 가와카미의 일역문과 대조해 보면, 모두 사카이의 번역문을 저본으로 충실하게 중역된 것임을 알 수 있다. 특히 그 저본은 사카이가 1919년 4월 종래의 번역문을 수정하여 『사회주의연구』에 수록한 글인 「唯物史觀槪要」이다.[41] 따라서 사카이와 가와카미 번역본의 차이였던 '상부구조'와 '경제적 사회구성'을 사카이의 번역에 따라 '상부구조'와 '사회의 경제적 진화'로 번역하고 있다.

'유물사관요령기'의 번역자인 윤자영과 신백우는 전술한 바와 같이 각각 공산주의그룹인 사회혁명당과 '조선공산당'의 주요 이론가였다. 사회혁명당과 '조선공산당' 등 공산주의그룹은 독서와 토론을 통해 맑스주의를 학습하고 연구했고, 바로 이러한 과정을 통해 사카이의 번역을 매개로 맑스주의의 개념을 이해하고 발전시킬 수 있었다. 따라서 '유물사관요령기'의 번역은 이들의 개인적인 작업이라기보다는 이 시기 공산주의그룹의 맑스주의에 대한 연구와 선전 활동에 대한 관심의 결과가 가시화된 것이다.

그렇다면 왜 두 가지 일역본 가운데 사카이의 일역본을 저본으로 선택한 것인가? '유물사관요령기'의 번역이 단순한 내용의 소개라기보다는 맑스주의의 선전이라는 공산주의그룹의 목적의식적 행위였다는 점에서 이 문제는

---

[41] 사카이의 「唯物史觀槪要」는 '유물사관요령기'와 그에 대한 해설로 구성되어 있는데 모두 사카이가 번역한 것이다. 사카이는 「唯物史觀槪要」의 말미에 Louis Boudin의 저서인 The Theoretical System of Karl Marx 에 의거한다고 밝히고 있다(1919. 4, 「唯物史觀槪要」, 『社會主義硏究』 1, 19쪽). 사카이가 거론한 이 책은 1907년 출간된 The Theoretical System of Karl Marx in the Light of Recent Criticism으로, 1921년 야마카와 히토시에 의해 『マルクス主義体系』라는 제목으로 일역된다. 신백우의 '유물사관요령기'와 그에 대한 해설은 결국 사카이가 번역한 Louis Boudin의 글을 중역한 것이다. 이 글은 중국에서도 1919년 7월 「馬氏唯物史觀槪要」라는 제목으로 『晨報副刊』에 번역 게재되었다. 자세한 것은 박종린, 2009, "1920년대 초 정태신의 마르크스주의 수용과 '개조'", 『역사문제연구』 21 참조.

사카이와 가와카미가 당대 일본 사회주의운동과 사상계에서 어떠한 위상과 성향을 갖고 있었는가 하는 문제와 매우 밀접하게 관련되어 있다.

이 시기 가와카미는 교토제국대학의 경제학부 교수로 재직하고 있었는데, 맑스주의와 관련하여 유물사관을 단순한 경제학설로 통속화시켜 해석한 셀리그만의 이해에서 벗어나지 못하고 있었다.42) 이에 비해 사카이는 일본 사회주의운동의 여명기부터 평민사(平民社)와 일본사회당 등에서 지도적 역할을 담당한 인물이었고, 이 시기에도 일본사회주의동맹을 지도하는 등 일본 사회주의운동의 대표적인 지도자로 활동하고 있는 상황이었다.43) 또한 사카이는 일본 사회주의자들 가운데서도 맑스주의, 특히 유물사관 연구와 관련하여 권위를 인정받고 있던 인물이었다.44) 따라서 일본 사회주의운동의 상황에 주의를 기울이며 교류하고 있던 식민지 조선의 사회주의자들로서는 가와카미보다는 사카이의 일역본을 저본으로 선택한 것은 매우 자연스러운 것이었다.

그렇다면 왜 맑스주의 원전 가운데 유독 '유물사관요령기'만이 여러 차례 번역되어 여러 매체를 통해 집중적으로 소개되고 있는가?45) 그것은 맑

---

42) 河上肇는 1903년 출간된 Edwin Seligman의 저서 *The Economic Interpretation of History* 를 1905년 昌平堂・川岡書店에서『歷史之經濟的說明 新史觀』이란 제목으로 간행하였다.『歷史之經濟的說明 新史觀』의 제일 앞에는 河上肇와 Seligman의 관계를 보여 주는 Seligman의 친서와 서명이 수록되어 있다. 이 시기 河上肇의 맑스주의에 대한 이해에 대해서는 홍성찬, 1996, "한국 근현대 이순탁의 정치사상연구",『역사문제연구』1 참조. 河上肇에 대해서는 ① 大內兵衛, 1966,『河上肇』, 筑摩書房 ② 小林漢二, 1994,『河上肇』, 法律文化社 참조.
43) 堺利彦은 1922년 7월 15일 조직된 일본공산당의 대표자이기도 했다. 堺利彦에 대해서는 林尚男, 1987,『評傳『堺利彦』』, オリジン 참조.
44) 堺利彦의 唯物史觀研究에 대해서는 川口武彦, 1983, 제1편 참조.
45) '유물사관요령기'는 1922년 12월에는 侍天敎 잡지인『今至』에도 번역되어 게재되었다. 또한 1924년 1월 9일부터 11일까지 3회에 걸쳐 日唐의 번역으로「唯物史觀要領記」란 제목으로『朝鮮日報』에 연재되었다. 이는 堺利彦이 1922년 7월 建設者同盟出版部에서 발

스주의를 수용했던 이 시기 사회주의자들의 문제의식과 매우 밀접한 관련이 있다.

> 아시아적, 고대적, 봉건적, 그리고 현대 부르주아적 생산 양식들을 경제적 사회구성체의 순차적인 시기들이라고 할 수 있다. **부르주아적 생산관계들은 사회적 생산 과정의 마지막 적대적 형태인데**(강조는 인용자), 여기서 적대적이라고 말하는 것은 개인적 적대라는 의미에서가 아니라 개인들의 사회적 생활 조건들로부터 싹터 온 적대라는 의미에서이다. 그러나 부르주아 사회의 태내에서 발전하는 생산력들은 동시에 이러한 적대의 해결을 위한 물질적 조건들을 창출한다. **이 사회 구성체와 더불어 인간 사회의 前史는 끝을 맺는다**(강조는 인용자).[46]

'유물사관요령기'에 대한 위의 언급은 맑스주의를 해방을 위한 무기로 적극적으로 수용하기 시작한 식민지 조선의 사회주의자들에게 매우 매력적인 것이었다. 즉 이들이 '유물사관요령기'를 역사는 발전하는 것이며, 그 진행은 사회구성체의 계기적 발전에 의해 결국 인류의 전사(前史)인 자본주의가 극복되고 사회주의가 필연적으로 도래하는 것으로 독해했기 때문이다.

이러한 '유물사관요령기'의 정식화에 기반하여 식민지 조선의 사회주의자들은 당대 조선 사회를 일본제국주의에 의해 지배되는 "사회적 생산과정의 마지막 적대적 형태"인 자본주의사회로 규정하였다.[47] 따라서 제국

행한 『社會主義學說の大要』의 제 2장 3절인 「唯物史觀の要領」을 저본으로 완역한 것이다. 『社會主義學說の大要』의 '유물사관요령기'는 1919년 『社會主義研究』 1호에 실린 번역문을 전재한 것이다.
46) 칼 맑스, "정치 경제학의 비판을 위하여"; 최인호 외 역, 1992, 478쪽.
47) 金明植, 1920. 9, 「勞動問題는 社會의 根本問題이라」, 『共濟』 1; 兪鎭熙, 1920. 10, 「勞動運動의 社會主義的 考察」, 『共濟』 2; 一記者, 1921. 6, 「勞動問題通俗講話」, 『共濟』 8 참조.

주의 일본도 필연적으로 붕괴될 수밖에 없다고 인식하였다.

식민지 조선의 사회주의자들에게 이러한 '유물사관요령기'는 식민지 조선에서 제국주의 일본을 구축하는 민족해방과 사회주의 건설을 동시에 실현할 수 있는 강력한 무기로 인식된 것이다. 바로 이것이 윤자영과 신백우가 『정치경제학비판을 위하여』 서문의 '유물사관요령기'를 번역한 이유인 것이다.

이처럼 이 시기 식민지 조선의 사회주의자들이 『정치경제학비판을 위하여』 서문의 '유물사관요령기' 번역을 통해 강조하고 선전하려했던 것은 바로 '사회주의사회의 필연성' 문제였다. 그리고 그것은 다윈의 "유기적 자연의 발전 법칙" 발견과 비견되는 "인간 역사의 발전 법칙"[48]을 발견한 맑스의 유물사관에 근거한 것으로 당대 사회주의자들에게는 의심할 여지가 없는 '공식(公式)'[49]으로 인식되었다.

현재 자본주의는 필연적으로 붕괴하고 사회주의가 필연적으로 도래한다는, 즉 사회주의의 필연적인 도래를 강조하는 '유물사관요령기'에 대한 이러한 이해는 1920년대 초 식민지 조선의 사회주의자들이 맑스주의를 수용하고 선전하는데 중요한 계기로 작용하였다.

---

48) 프리드리히 엥겔스, "칼 맑스의 장례"; 최인호 외 역, 1994, 『칼 맑스 프리드리히 엥겔스 저작 선집』 5, 박종철출판사, 507쪽.
49) 河上肇, 1921, 『唯物史觀硏究』, 弘文堂書房, 1쪽.

제 2 장

반자본주의사상과 '대중시보사그룹'

1. '대중시보사그룹'의 활동

'신인(新人)의 사자후(獅子吼)'와 '정의(正義)의 이상향(理想鄕)'을 슬로건으로 한 『대중시보』는 '정치·사회·시사·문예'에 관한 평론잡지로 기획되었다.[1] 원래 1921년 4월 20일자로 창간호가 발행될 예정이었으나, 인쇄소의 사정과 원고의 분량 증가 등으로 인해 5월 1일자로 발행되었다.[2] 그러나 창간호는 '치안 방해'에 해당하는 기사가 있다는 이유로 필화사건이 발생하여 전부 압수되었다.[3]

---

1) 『東亞日報』 1921. 4. 12, 「大衆時報 창간호 광고」; 『東亞日報』 1921. 4. 14, 「大衆時報 창간호 광고」; 1921, 『我聲』 2, 「大衆時報 창간호 광고」 참조.
2) 「大衆時報 創刊」, 『東亞日報』 1921. 4. 11; 「餘墨」, 『大衆時報』 임시호, 1921, 54쪽.
3) 「大衆時報 押收」, 『東亞日報』 1921. 5. 16; 「大衆時報 筆禍」, 『東亞日報』 1921. 7. 18. 문제가 된 글은 「大衆의 時代를 迎함」(金若水)·「社會와 個人의 自由」(卞熙瑢)·「武裝한 文化政治」(兪鎭熙) 등 3편이다. 모두 삭제하고 대신 「新社會의 理想」(卞熙瑢)을 넣은 임시호가 발행되었다(「餘墨」, 『大衆時報』 임시호, 1921, 54쪽).

제1부 사회주의사상의 수용과 '사회주의 필연성'의 강조　49

〈표 3〉『대중시보』 발행 상황

호수	발행일	발행 형태	발행 유무	편집· 발행인	발행소	비고
1	1921. 5. 1	월간	押收	卞熙瑢	大衆時報社	
	1921. 5. 25		임시호			
2	1921. 8. 1		押收			
3	1921. 9. 1		발행	金若水		재판 발행(9. 5)
4	1922. 6. 1	반월간				
5	1922. 7					「첨부 2: 공고」

* 출전: 『大衆時報』; 『東亞日報』; 「첨부 2: 공고」(코민테른 문서 ф.495 оп.135 Дело 63)

앞의 〈표 3〉은 『대중시보』의 발행 상황을 정리한 것이다.[4] 이를 통해 『대중시보』의 발행이 매우 순탄하지 않았음을 알 수 있다. 즉 창간호뿐 아니라 제2호가 연속으로 '압수'가 되었고,[5] 창간호는 '임시호'로 발행할 수밖에 없었다.[6] 『대중시보』가 정상적으로 발행된 것은 제3호가 처음이었다.[7]

---

4) 일반적으로 제4호까지 발행된 것으로 알려져 있지만, 다음 두 가지 자료에서 제5호의 발행이 확인된다. 첫째는 1922년 7월에 『大衆時報』 '7월호'가 발행되었다는 광고이고(『東亞日報』 1922. 7. 16, 「大衆時報 제5호 광고」), 둘째는 "朝鮮勞動共濟會 간부회 위원 李鳳洙·金明植과 회원 吳祥根·張德秀·崔八鏞·兪鎭熙 총 6명을 노동운동의 분열을 가져온 위험분자로서, 勞動共濟會를 훼손시킨 분자로서 6월 15일 勞動共濟會에서 제명"했다는 내용의 기사가 『大衆時報』 제5호에 게재되었다는 코민테른 문서의 보고문(ф.495 оп.135 Дело 63)이다. 즉 두 자료의 검토를 통해 제5호가 1922년 7월에 발행되었음을 유추할 수 있다.
5) 「大衆時報 又復押收」, 『東亞日報』 1921. 8. 10. 『大衆時報』는 제2호의 광고를 통해 '時局推移의 活寫圖'이자 '改造運動의 好指針'을 자임하였다(1921, 『我聲』 3, 「大衆時報 제2호 광고」 참조).
6) 「新刊紹介」, 『東亞日報』 1921. 6. 3.
7) 「新刊紹介」, 『東亞日報』 1921. 9. 7; 「新刊紹介」, 『每日申報』 1921. 9. 15. 『大衆時報』는

『대중시보』는「잡지는 대중시보를 보라」라는 광고를 통해 다음과 같이 주장하였다.

> 시대는 動하였도다. 烈火衝天의 노동문제, 戰慄凍人의 계급쟁투, 黑潮暗流의 부인문제, 百鬼夜行의 국제정쟁 등은 그 어떠한 方角을 指함인가?
> 當來할 신사회의 主人翁인 노동자, 여자, 무명청년, 무신용자, 無親戚者, 불구자, 실업자, 私生者, 전과자를 포함한 대중의 欲求絶叫인 대중시보를 覽하라.8)

즉 노동문제, 부인문제, 계급투쟁, 국제문제 등에 대한 지침으로『대중시보』를 읽을 것을 강조한 것이다. 이와 관련하여 '빈자(貧者)의 생활, 소작인의 조합, 노동자문제, 부인운동의 연구에 관한 기사'9)를 기고해 줄 것을 강조하였다.

1921년 5월부터 도쿄에서 '압수'와 발행을 반복하면서 제3호까지 월간의 형태로 발행되던『대중시보』를 주도한 이들이 바로 '대중시보사그룹'이다. 이는 비합법적인 공산주의그룹이 아니라 대중시보사를 조직하고『대중시보』를 제3호까지 발행했던 '동인(同人)'들을 지칭하는 개념이다.10)

그렇다면 '대중시보사그룹'은 어떤 인물들로 구성되었는가? 다음의 〈표 4〉는 대중시보사에 동인으로 참가했던 '대중시보사그룹' 구성원의 경력

제3호의 광고를 통해서는 '解放時代의 活寫圖'이자 '改造運動의 好伴侶'을 자임하였다(『東亞日報』1921. 9. 10,「大衆時報 제3호 광고」참조).
8)『東亞日報』1921. 6. 12,「大衆時報 광고」;『東亞日報』1921. 6. 14,「大衆時報 광고」;『東亞日報』1921. 6. 16,「大衆時報 광고」참조.
9)『大衆時報』임시호, 1921,「社告」;『大衆時報』3, 1921,「社告」참조.
10)『大衆時報』임시호가 발행될 때까지도 大衆時報社의 운영을 '同人'으로 할 것인지 '主幹制'로 할 것 인지에 대한 논의가 지속되고 있었다(「餘墨」,『大衆時報』임시호, 1921, 54쪽).

제1부 사회주의사상의 수용과 '사회주의 필연성'의 강조

을 정리한 것이다.

〈표 4〉'대중시보사그룹' 구성원

성명	출생년	학력	활동 경력
김약수	1892	경성공업전습소 졸	『共濟』편집, 『大衆時報』주간/ 黑濤會 간사, 北星會 조직/ 코스모俱樂部·曉民會 참가
정태신	1892	보성전문학교 중퇴	『共濟』편집, 『大衆時報』동인, 『靑年朝鮮』주간/ 黑濤會 간사, 北星會 조직/ 코스모俱樂部·曉民會 참가
변희용	1894	게이오대학 졸	『大衆時報』편집, 『前進』발행/ 在東京朝鮮留學生學友會·在東京YMCA 참가/ 十月會·北星會 조직/ 상해파 高麗共産黨 참가/ 코스모俱樂部·黎明會 참가
황석우	1895	와세다대학 중퇴	『近代思潮』발행, 『廢墟』동인, 『大衆時報』동인/ 朝鮮苦學生同友會 이사장/ 義拳團·血拳團·黑洋會 조직, 黑濤會 간사/ 코스모俱樂部·新人會 참가
원종린	1898	경성전수학교 졸	『大衆時報』동인/ 義拳團·血拳團·新人聯盟 조직, 黑濤會 간사/ 코스모俱樂部 朝鮮部 간사, 新人會·黎明會·曉民會 참가

〈표 4〉에서 보는 바와 같이, '대중시보사그룹'의 구성원은 김약수·정태신·변희용(卞熙瑢)·원종린(元鍾麟)·황석우(黃錫禹) 등 5명이다.11) 이

---

11) "本誌 同人 鄭泰信, 元鍾麟 兩君"(『大衆時報』 3, 1921, 28쪽)이라는 언급이나 "金若水, 鄭泰信 …… 卞熙瑢, 元鍾麟 …… 同人들은 合心共力하야"(「餘墨」, 『大衆時報』 3, 1921, 58쪽)라는 서술을 통해 김약수와 정태신, 그리고 변희용과 원종린이 『大衆時報』의 '同人'이라는 것을 확인할 수 있다. 황석우의 경우는 현재 확인이 가능한 『大衆時報』에는 명시적으로 '同人'이라고 언급되어 있지는 않지만, 『大衆時報』에 그의 동정이 지속적으로 소개되고 있다는 점이나 필자로서 여러 편의 글을 게재하고 있다는 점에서 '同人'일 가능성이 매우 크다고 할 것이다.

시기 이들 '대중시보사그룹'의 사상적 경향은 동일하지 않았다. 즉 이들 가운데 김약수·정태신·변희용은 사회주의자였고, 원종린·황석우는 아나키스트였기 때문이다. 그러나 이들은 〈표 4〉에서 보는 바와 같이 일본 사회주의자나 아나키스트들이 조직한 코스모구락부(俱樂部)·효민회(曉民會)·여명회(黎明會)·신인회(新人會) 등의 여러 사상운동단체에 적극적으로 참여하여 활동한 '운동 경험'을 공유하고 있었다.

그렇다면 왜 사회주의자와 아나키스트가 함께 '대중시보사그룹'을 조직하고『대중시보』를 발행한 것일까? 1926년 2월 북풍회(北風會) 내부의 공산주의그룹인 까엔당 대표가 자신들의 역사를 정리해서 코민테른 집행위원회에 보고한 비밀 문건에는 이 의문에 대해 매우 유용한 다음과 같은 정보가 기술되어 있다.

> 1920년 5월 서울에서 노동단체인 '조선노동공제회'의 안에 맑스주의자들의 소수 크루조크(小組; 인용자)가 조직되었으며, 김약수·정운해·정양명(정태신; 인용자) 등 7명이 그 일원이었다. 맑스주의 연구의 제일보는 이와 같은 방법으로 시작되었다.
>
> 1921년 봄 이 맑스주의 소조는 자신의 주력을 도쿄로 이동시키고, 그곳에서 '대중시보사'를 조직하고 나서 월간지 『대중시보』를 발행하기 시작하였다. 한편에서는 일본이 맑스주의 연구의 전개에 있어서 훨씬 우월하고, 따라서 맑스주의 문헌의 발행과 보급의 가능성이 훨씬 광범하며, 다른 한편에서는 중요 일꾼들이 일본 경찰로부터 조선에서의 추방 명령을 받았던 상황이 주력을 이동시킨 이유였다. 그들은 제일 먼저 **일본에서 살고 있는 조선인들 가운데 공산주의 분자들을 모으고** (강조는 인용자), 둘째로 조선으로 맑스주의 원리를 전파하고 보급하는데 노력하였다. 이로써 이때부터 맑스주의자로서 그들은 초기 계몽활동을 적극적으로 행하기 시작하였다.[12]

대중시보사를 조직하고 『대중시보』 발행을 주도한 이들이 1920년 5월 조선노동공제회 안에 '맑스주의 크루조크'라는 조직을 만든 7명의 맑스주의자들과 관련이 있다는 것을 알 수 있다. 그리고 이들 가운데 '주력'이 1921년 봄 근거지를 일본으로 이동하여 "일본에서 살고 있는 조선인들 가운데 공산주의 분자들"을 모아 대중시보사를 조직하고 『대중시보』를 발행하였다는 것이다.

그런데 앞의 비밀 문건에서 언급된 '주력'이란 식민지 조선에서 일본으로 실제 이동한 '맑스주의 크루조크'의 리더 김약수와 정태신을 지칭하는 것이다. 이들은 식민지 조선에서 정기적으로 회합하면서 독서와 토론을 통해 맑스주의 인식을 심화시켰고,[13] 그를 바탕으로 맑스주의에 대한 이론이나 현실문제에 대한 견해를 자신들이 주도하던 『공제』를 통하여 발표하였다.[14] 그리고 그 연장선에서 맑스주의의 연구와 출판 상황이 식민지 조선보다 유리하였던 일본으로 이동하여, 맑스주의를 선전할 목적으로 대중시보사를 조직하여 『대중시보』를 발행한 것이다.

또한 함께 언급된 "일본에서 살고 있는 조선인들 가운데 공산주의 분자들"이라는 언급에 주목할 필요가 있다. 즉 여기서 언급된 '공산주의 분자들' 가운데 몇몇은 '맑스주의 그루조크'의 구성원이 아닌 '대중시보사그룹'의 변희용과 황석우·원종린 임이 분명하다.[15] 이들 가운데 변희용은 그

---

12) K.H.黨(北風會內 共産主義 秘密結社) 代表 辛鐵·金泳雨, 1926. 2. 11, 「國際共産黨執行委員會貴中」, 84쪽, ф.495 оп.135 Дело 125.
13) '맑스주의 크루조크'의 사례는 아니지만, 동일한 시기의 다른 공산주의 그룹인 社會革命黨의 경우도 정기적으로 회합하여 독서와 토론을 통해 구성원들의 맑스주의 인식을 심화시켰다. 이에 대해서는 박종린, 2009, 141쪽.
14) 박철하, 1998, "북풍파 공산주의 그룹의 형성", 『역사와 현실』 28, 63-65쪽.
15) 까엔당의 비밀 문건은 1926년 코민테른의 배타적 지부로 승인받기 위한 공산주의그룹들 사이의 경쟁 과정에서 제출된 것이다. 이 문건뿐 아니라 이 시기 코민테른에 제출된 각

시점에 '맑스주의 크루조크'와는 별개의 공산주의그룹인 상해파 고려공산당의 재일본 조직의 일원으로 활동하고 있었다.16)

이에 비해 원종린은 황석우의 다음 회고에서도 확인할 수 있듯 당시 재일조선인 아나키스트를 대표하는 인물이었다.17)

> 元君은 東京에 잇서 서는 아나로는 제1인의 선구자이엿다. …… 나 역시 元君의 손에 운동線으로 끄을려 나갓섯다. 元君은 실로 조선아나 의 첫 등장 인물이엇다. …… 元君의 사상계 은퇴는 나와 그 운명을 가티 하엿다.18)

즉 원종린은 재일조선인 가운데 선구적인 아나키스트였다는 것이다. 앞의 회고에서 황석우는 자신이 원종린의 손에 이끌려 사회운동을 시작했다고 언급하고 있다. 그러나 황석우도 1916년 도쿄에서 『근대사조(近代思潮)』를 발행한 이래 아나키즘적 성향을 가지고 활동한 인물로, 정태신 등과도 교류한 재일조선인 사회의 저명인사 가운데 한 명이었다.19)

이렇듯 '대중시보사그룹'은 '맑스주의 크루조크'의 구성원들 가운데 리더인 김약수와 정태신이 일본으로 이동하면서 자신들의 활동을 원활하게 할 목적으로 재일조선인 사회운동가들과 결합하여 조직한 모임이라고 할

공산주의그룹의 보고문은 대체로 자신들이 속해 있는 공산주의 그룹의 연원과 활동을 맑스주의적 경향과 관련하여 서술하는 특징을 보인다. 따라서 '공산주의 분자들'이란 서술은 '맑스주의자'라는 의미보다는 '반자본주의자'로 독해하는 것이 실체에 가깝다고 생각한다.

16) 高津正道, 1923, "The J.C.P. and the Koreans", 98-99쪽, ф.495 оп.127 Дело 74.
17) 원종린에 대해서는 진실・화해를 위한 과거사정리위원회 편, 2008, 「원종린의 항일독립운동의 건」, 『2008년 상반기 조사보고서』 2, 진실・화해를 위한 과거사정리위원회, 117-127쪽 참조.
18) 黃錫禹, 1932, 「人物短評 元鍾麟」, 『三千里』 4-10, 45쪽.
19) 황석우에 대해서는 정우택, 2008, 『황석우 연구』, 박이정 참조.

수 있다. 그리고 그 결합을 매개한 것은 후술하겠지만 맑스주의라기 보다는 '반자본주의'라고 할 수 있다. 즉 사회주의자와 아나키스트가 '반자본주의'라는 기치아래 함께 한 것이 바로 '대중시보사그룹'인 것이다.

'대중시보사그룹'은 1921년 9월경까지는 『대중시보』를 매개로 함께 활동을 전개하였다. 그것은 1921년 9월 1일자로 발간된 『대중시보』 제3호의 구성과 제3호를 통해 미리 예고된 제4호의 목차를 통해서 확인이 가능하다. 다음의 〈표 5〉는 『대중시보』 제3호에 예고된 제4호의 목차를 정리한 것이다.

〈표 5〉 『대중시보』 제4호 목차(예고)

필자	제목	비고
金若水	改造運動의 第一線	
鄭又影	民衆運動과 國際主義	정태신
卞熙瑢	農業勞動運動의 國際化	
元鍾麟	孔子의 思想과 無政府主義	
一波	랏셀의 社會改造觀	변희용
에로센코	災禍의 盃	러시아인/에스페란티스토
元虛無	精神의 自由와 物質의 改造	원종린
卞熙瑢	男女鬪爭의 史的 考察	
又影	近代劇論	정태신
金若水	余觀實力主張者	
又影	隨感隨錄	정태신
元虛無	社會主義眼에 映하는 法律	원종린
一波	飢餓의 自由	변희용

元虛無	善乎? 惡乎?	원종린
如星	寸感	이여성
達泉	復讐	희곡/全二幕

* 출전: 「本報 第四號 重要目次 豫告」, 『大衆時報』 3, 1921, 33쪽.

후술한 〈표 8〉의 『대중시보』 제3호 목차와 〈표 5〉의 예고된 제4호의 목차를 검토해 보면, 필자로는 김약수・정태신 등 '맑스주의 크루조크' 구성원과 상해파 고려공산당의 일본 상해파인 변희용, 그리고 아나키스트인 원종린 등 '대중시보사그룹' 구성원들이 참여했다는 것을 알 수 있다.

또한 "본지 동인 정태신, 원종린 양군은 목하(目下) 동경에 체재 중인 바 일본문 월간잡지 『청년조선(靑年朝鮮)』을 발간할 목적으로 제반 준비를 착수 중 그 창간호가 미구(未久)에 출현하리라더라"[20]라는 공지에서 보이듯, 정태신과 원종린은 『청년조선』이라는 새로운 매체를 함께 준비하고 있었다.[21]

'반자본주의'라는 공유점을 가지고 『대중시보』를 매개로 함께 활동하는 이러한 방식은 곧 종언을 고하게 된다. 1921년 가을 무렵 '대중시보사그룹'이 해체되었기 때문이다. 이는 '대중시보사그룹'의 구성원들이 자신들의 지향성을 명확하게 하면서 자기 활동의 중심을 변화시킨 것과 무관하지 않다. 가장 중요한 변화는 김약수와 정태신이 주도하였는데, 다음의 언급은 이러한 상황의 변화를 잘 보여준다.

---

20) 『大衆時報』 3, 1921, 28쪽.
21) 『靑年朝鮮』 제1호는 해를 넘긴 1922년 2월 15일자로 창간되었다. 鄭又影(정태신)이 주필을 담당하였다.

1921년 가을 이 맑스주의 소조는 작은 비합법적 공산단체로 재조직되었는데, 이때부터 이미 일본에 살고 있는 조선인 노동자들의 상태를 연구하고, 노동운동을 조직하기 시작하였다. 그와 동시에 그들은 남조선에 일꾼들을 파견하였고, 그곳에서 노동·농민운동을 조직하였다.[22]

즉 김약수와 정태신은 '맑스주의 크루조크'를 '재일본조선인공산단체'라는 공산주의그룹으로 재조직한 후, 재일조선인 노동운동과 식민지 조선에서 대중운동을 전개했다는 것이다.

'재일본조선인공산단체'는 그 연장선에서『대중시보』를 기관지로 정하고, 독자적으로 운영하였다.[23] 이를 위해 먼저『대중시보』의 편집·발행인을 교체하였다. 김약수가『대중시보』제3호부터 "저술에 전무(專務)"[24]하기 위해 물러난 변희용을 대신하여 편집·발행인을 맡았다.[25]

『대중시보』의 발행 형태 또한 제4호부터 월간에서 주간으로 변경하고자 하였다.[26] 그러나 〈표 3〉에서 보는 바와 같이, 제4호는 9개월 후인 1922년 6월에 '반월간' 형태로 발행되었다.[27] 그리고 다음과 같은 강령을 발표

---

22) K.H.黨(北風會內 共産主義 秘密結社) 代表 辛鐵·金泳雨, 1926. 2. 11, 84-85쪽.
23) 코민테른 집행위원회에 보고한 비밀 문건에는『大衆時報』에 대해 "1921년 봄부터 1922년 가을까지 **이론적이고 실천적으로 전투적 성격을 지닌 월간 잡지『대중시보』**(강조는 인용자)를 출판하였다"라고 기술하고 있다(K.H.黨(北風會內 共産主義 秘密結社) 代表 辛鐵·金泳雨, 1926. 2. 11, 100쪽).
24)「社告」,『大衆時報』3, 1921, 45쪽.
25) 大衆時報社를 떠난 卞熙瑢은 1922년부터 前進社를 조직하고,『前進』이라는 잡지를 독자적으로 발행하였다. 현재『前進』창간호를 확인할 수 없어 정확한 발간 시기는 알 수 없지만, 제2호는 1922년 5월 20일자로 발행되었다(1922,『前進』2,「판권」참조). '社會問題 硏究 雜誌'인『前進』은 제2호의 광고를 통해 '無産者의 進行曲'과 '新社會의 建設圖'임을 자임하였는데(『大衆時報』4, 1922,「前進 제2호 광고」참조), 맑스주의와 관련된 글들이 다수를 차지하였다.
26)「大衆時報 週刊 發行」,『東亞日報』1921. 10. 21;「大衆時報 週刊」,『東亞日報』1921. 11. 12.
27) 매월 1일과 15일에 발행하기로 하였다(『東亞日報』1922. 6. 10,「大衆時報 제4호 광고」참조).

하여 자신들의 지향성을 강하게 드러냈다.

　一. 조선민중으로 하여금 신사상에 관한 이해를 가지게 하며 세계의 대세와 접촉하게 하여 진정 유일의 사회관으로 형성하게 할 事.
　二. 자유평등의 민중화를 위하여 계급적 구사상을 배척하고 해방적 신사상을 수립하게 할 事.
　三. 인류사회의 모든 불평등의 主因되는 자본주의적 경제조직을 근본적으로 개혁하게 할 事.
　四. 진정한 인류해방을 위하여 노동운동, 부인운동 及 민족운동의 연맹을 제창하며 인류역사의 신기원의 전개를 圖할 事.28)

강령 가운데 특히 3항의 "자본주의적 경제조직을 근본적으로 개혁"하자는 것은 '재일본조선인공산단체'가 자본주의체제를 지양하고 사회주의를 지향하고 있으며, 『대중시보』를 통해 이를 선전하고자 한다는 것을 명확하게 천명한 것이라고 할 수 있다. 『대중시보』는 제4호를 통해 자신의 위상을 "계급투쟁의 제일선을 맥진(驀進)하는 조선사회운동자의 척후대(斥候隊)의 기관지"로 규정하였다.29)

다음의 〈표 6〉은 발행 주체가 변경된 후 1922년 6월 1일자로 발행된 『대중시보』 제4호의 목차를 정리한 것이다.

---

28) 「大衆時報 週刊」, 『東亞日報』 1921. 11. 12.
29) 또한 '階級戰의 布告文!'이자 '言論界의 新時代!'를 자임하였다(『東亞日報』 1922. 6. 10, 「大衆時報 제4호 광고」 참조).

〈표 6〉『대중시보』제4호 목차

필 자	제 목	비 고
又影	民衆運動과 欲求(一)	정태신
若水	朝鮮留學生의 取締에 對하야	김약수
若水	朝鮮辯護士는 무엇을 生覺나?	김약수
若水	露西亞 反動時代의 斷面(一)	김약수
	英國 皇太子 殿下에게	
又影	愛蘭自由國의 將來(一)	정태신
	朝鮮童謠 2首	
若水	朝鮮과 東京平和博覽會	김약수
李步星[30]	盲의 少女	이혁로/시
李步星	赤雪	이혁로/시
若水	不安定	
李如星	淨玻璃鏡	
若水	驛屯土買賣問題	김약수
又影	陰謀의 文化政策	정태신
都鎭	聖雄 간띄와 印度(一)	
	四十二의 鬪士	
	消息	
	改造戰線	
若水	社會葬의 反對와 朝鮮貴族의 失望	김약수
如星	社會主義講座	이여성
	編輯室에서	편집후기

* 출전: 『大衆時報』4, 1922.

---

30) '李步星'은 李赫魯이다. 그는 1920년 '步星 李赫魯'라는 기명으로 『東亞日報』에 「生의 苦

〈표 6〉에서 보는 바와 같이 『대중시보』 제4호의 필진은 '재일본조선인 공산단체'의 김약수와 정태신을 중심으로, 새롭게 동인으로 합류한 이여성(李如星)으로 구성되었다.31) 종래 '대중시보사그룹'의 일원이었던 변희용과 원종린·황석우는 완전히 손을 뗀 것이다.

'대중시보사그룹'의 구성원 가운데 아나키스트인 황석우와 원종린도 독자적인 활동을 전개하기 시작하였다. 즉 일본유학생들 가운데 친일파와 밀정을 색출하여 징계할 목적으로 1921년 11월 17일 조명희(趙明熙)·정재달(鄭在達) 등과 함께 의권단(義拳團)을 조직한 것이다.32) 이들은 「의권단선언」33)을 통해 차별 제도의 폐지와 혁명을 주창하였는데, 같은 달 20일 '문화주의운동'을 했다는 혐의로 원종린과 황석우 등 조직원들이 모두 검거되기도 하였다.34)

이렇듯 '대중시보사그룹'은 1921년 가을 무렵 해체되었고, 이후 그 구성원들은 각각의 비합법 조직을 중심으로 활동을 전개하였다. 그러나 해체 이후에도 이들은 서로 지향하는 바가 동일한 합법 조직을 결성하는 과정에서는 공동 행동을 전개하였고, 중요한 현안에는 공동으로 대응하였다.

惱」라는 시를 발표하였고(「生의 苦惱」, 『東亞日報』 1920. 4. 18), 이후에는 '步星'이라는 기명으로 『東亞日報』에 몇 편의 시를 더 발표하였다(「잠긴 돌」, 『東亞日報』 1920. 5. 1;「나의 스름」, 『東亞日報』 1920. 5. 16;「愛人을 차지려」, 『東亞日報』 1920. 5. 25).

31) "本號부터 新進한 自由의 鬪士 李如星이 '同人'으로 활동하게 되었음을 讀者諸位에게 告"하고 있다(「編輯室에서」, 『大衆時報』 4, 1922, 8쪽).

32) 「高警 第29446號 不逞鮮人團ノ軋轢(1921. 12. 16.)」, 『不逞團關係雜件: 朝鮮人ノ部 - 在西比利亞(13)』, 日本外務省, 1922, 2-3쪽.

33) "自由를 要求하난 同志들이여. 壓迫의 奮殼을 打破하여라!!!/ 平等를 바라난 여러 兄弟야. 差別의 制度를 없애자!!!/ 平和를 慾望하난 同胞들이여. 平和의 撹亂者를 죽이자!!!/ 아! 兄弟姉妹야, 이러서자./ 우리의 갈 길은 다만 革命과 自殺의 두 길 뿐이다!!!!".

34) 「文化主義運動으로-션던 문서가 불온하다 하야 원종린 등 삼인을 검거 취조」, 『東亞日報』 1921. 11. 25.

전자의 대표적 사례는 1921년 11월 29일 흑도회(黑濤會)를 결성한 것이다. 송봉우(宋奉瑀)의 다음 회고는 이를 잘 보여 준다.

> 1920년, 21년경의 東京에 잇는 조선사람의 사상적 경향은 두 갈래가 잇엇다. 하나는 A계의 경향이오 또 하나는 B계의 경향이엇다. 그러나 이 두 갈래의 경향을 가진 조선사람의 사상가는 모두 黑濤會라는 會에 흡수되어 잇엇다. 黑濤會는 머릿 字의 그것과 같이 A의 색채를 가진 會이엇섯다. 이 黑濤會에 눈띄일만치 날치는 동지의 이름을 든다면 金若水, 鄭又影君 그리고 지금 감중에 잇는 朴烈 등이엇섯다.[35]

즉 1920년대 초 재일조선인의 사상적 경향은 'A계(아나키즘)'과 'B계(볼셰비즘)'으로 나뉘어졌음에도 불구하고, 흑도회의 결성 과정에서 김약수와 정태신이 적극적인 역할을 하였다는 것이다. 이들은 이 시기 '재일본조선인공산단체'를 결성하고 독자적으로 대중운동을 지도하는데 주력하고 있었다. 그러나 한편으로 재일조선인 최초의 사상운동단체인 흑도회를 조직하는 과정에 다른 사회주의자나 아나키스트와 함께 적극 참여한 것이다. 송봉우의 회고에는 언급되지 않았지만 황석우와 원종린도 김약수·정태신과 함께 '간사'로 흑도회에서 핵심적인 역할을 담당하였다.[36]

후자와 관련된 대표적인 공동 행동은 1922년 초 김윤식사회장(金允植社會葬) 반대운동을 전개한 것과 「동우회선언(同友會宣言)」을 공동으로 발표한 것이다. 식민지 조선을 뜨겁게 달구었던 김윤식사회장 찬반논의 과정에서 1922년 2월 2일 『매일신보(每日申報)』에 '재동경신인동맹(在東

---

35) 宋奉瑀, 1931, 「어떤 날 밤의 會合」, 『東光』 26, 39-40쪽.
36) 이 외에 黑濤會의 간사로는 朴烈·鄭泰成·徐相日·曺奉岩 등이 활동하였다(김명섭, 2008, 『한국 아나키스트들의 독립운동: 일본에서의 투쟁』, 이학사, 99쪽).

京新人同盟)' 명의의 「민중의 격(檄): 소위(所謂) 김윤식사회장이란 유령배(幽靈輩)의 참칭(僭稱) 사회장을 매장하라」라는 격문이 게재되었다.37) 격문은 문화운동론을 주창하며 김윤식사회장에 적극적으로 참여하고 있던 장덕수 중심의 국내 상해파를 '사회개량가'로 지칭하면서 이에 대한 적극적인 투쟁을 선언하였고, 부르주아계급과의 계급투쟁의 시기가 도래했음도 천명하였다. 이때 '재동경신인동맹' 명의로 연서한 7명 가운데는 '재일본조선인공산단체'의 김약수(『대중시보』주간)·정태신(『청년조선』주간)과 아나키스트인 황석우(동우회 이사장)·원종린(코스모구락부 조선부 간사)이 참여하고 있었다.38)

2월 4일 『조선일보(朝鮮日報)』에 게재된 「전선노동자제씨(全鮮勞動者諸氏)에 격(檄)함」이라는 「동우회선언」은 동우회가 "고학생 및 노동자의 구제기관이란 기치를 버리고 직접행동을 위한 투쟁기관"39)으로 성격을 변경하였다는 것을 대내외에 천명한 것이다. 즉 동우회를 계급투쟁의 실행기관이라고 천명함으로써,40) 이제 식민지 조선에서 공개적으로 계급투쟁이 가시화되었음을 다시 한 번 공포한 것이다. 이 선언서에는 모두 12명이 연서를 했는데, 김약수·정태신·원종린·황석우 등 '대중시보사그룹'

---

37) "우리는 故金氏의 社會葬을 밧을 資格有無를 論하렴이 아니다. 우리는 다못 우리 民衆의 意思에서 나오지 아니하고 …… 超然階級의 意思에서 出하여 그리하여 그 專橫에 依하여 實行되려는 民衆을 極度로 侮辱하는 僭稱 社會葬되는 者를 否認, 埋葬하며 아울러 그것을 社會葬이라는 看板 下에서 實行하려는 所謂 僭稱 名士輩-民衆의 敵-을 一擧에 撲滅하려 하노라"(「民衆의 檄: 所謂 金允植社會葬이란 幽靈輩의 僭稱 社會葬을 埋葬하라」, 『每日申報』1922. 2. 2).
38) 박종린, 2000, "'김윤식사회장' 찬반논의와 사회주의세력의 재편", 『역사와 현실』38, 262·268쪽. 이들 이외에 朴烈(黑濤會 간사)과 無産者同志會의 金翰·元友觀이 연서하였다.
39) 朝鮮總督府 警務局, 1922, 『朝鮮治安狀況』, 17쪽.
40) 京畿道 警察部, 1925, 『治安槪況』, 6쪽.

관련자들이 함께 참여하고 있었다.[41]

2. 『대중시보』와 '반자본주의'

'대중시보사그룹'이 발행한 『대중시보』에는 어떤 내용의 글들이 수록되어 있을까? 이 물음은 사상적 경향이 상이했던 이들이 '대중시보사그룹'을 만들어 『대중시보』를 매개로 함께 활동할 수 있었던 이유는 무엇이었는가라는 물음이기도하다. 다음의 〈표 7〉과 〈표 8〉은 『대중시보』 임시호와 제3호의 목차를 정리한 것이다.

〈표 7〉『대중시보』 임시호 목차

필 자	제 목	비 고
又影生	卷頭에	정태신
若水	創刊辭	김약수
卞熙瑢	新社會의 理想	
鄭泰信	奴隷 發生의 史的 考察	
象牙塔	土의 饗筵	황석우/詩
黃錫禹	國家及政治의 生物學的 心理學的 考察	
朴正植	自由의 實現	
水	愛人의 輪廓	김약수/노래
元鍾麟	社會主義의 定義	
徐丙武	五月祭(메이데이)와 八時間 勞動運動의 由來	

---

41) 이외에 金思國·朴烈·鄭泰成·李龍基·李益相·朴錫胤·洪承魯·林澤龍이 참여하였다 (박종린, 2000, 269쪽).

필자	제목	비고
一記者	新人의 中華	
黃錫禹	大衆短評: 日本政治及政黨	
金若水	心頭雜草	
	北風陣陣	
	日本勞動者는 무엇을 생각나?	
熙瑢	適者의 生存	변희용/詩/번역
卞熙瑢	對話 婦人의 經濟的 平等	
崔胤基	祝 大衆時報 創刊	
	彗星點點	소식란
	餘墨	편집후기

* 출전: 『大衆時報』임시호, 1921.

〈표 8〉『대중시보』제3호 목차

필 자	제 목	비 고
又影	生의 躍動	정태신
金若水	所謂 書籍雜誌 整理說을 迎함	
金若水	諒解乎? 密約乎?	
卞熙瑢	社會問題及階級의 意義	
	文明의 再建	럿셀 강연 정리
又影	民衆村	정태신/산문시
一波	子女의 解放	변희용
元虛無	너는 너밧게 업다	원종린
滄海	社會主義 途程에 立하야 余의 釋迦车尼觀	
一波	理想鄕의 憧憬	변희용
元鍾麟	中華의 社會主義	

卞熙瑢	敎育乎? 革命乎?	
鄭又影	時事短評	정태신
元虛無	勞動祭의 雜感	원종린
火唇	赤光	詩
卞熙瑢	對話 婦人의 經濟的 平等	續前完結
又影	少年勞動者	정태신/詩
一波	落語片片	변희용
如星	南龍歸路	李如星
崔宗範	歡呼 大衆時報	詩/독자투고
	餘墨	편집후기

* 출전: 『大衆時報』 3, 1921.

『대중시보』 임시호와 제3호에 게재된 글 가운데 이 물음과 관련하여 가장 눈에 띄는 글은 원종린의 「사회주의의 정의(定義)」이다.[42] 이 글은 제목처럼 사회주의에 대한 다양한 정의'들'을 소개하고 있는 글인데, 원종린이 직접 집필한 것이 아니고 사회주의에 대한 정의를 모아 일본어로 번역한 일본 사회주의자의 글을 중역한 것이다. 그러나 일관된 시각과 체제를 가지고 서술된 글을 번역한다는 것은 번역자의 사고나 지향점을 표현하는 매우 주체적인 행위라고 할 수 있다. 따라서 「사회주의의 정의」는 이 시점에서 원종린의 사고나 지향성의 일면을 보여준다는 점뿐만 아니라 '대중시보사그룹'이 『대중시보』를 매개로 선전하고자 한 것이 무엇이었는가를 파악하는데도 의미 있는 글이다.

사회주의에 대해 모두 16개의 정의가 제시되어 있는 이 글은 사상적 스

---

42) 元鍾麟, 「社會主義의 定義」, 『大衆時報』 임시호, 1921, 17-20쪽.

펙트럼이 매우 다양한 개인이나 단체의 언급을 나열하고 있다. 즉 사회유기체설을 주장한 알베르트 셰플레(Albert Schäffle, 1831-1903)와 사회정책학회를 창립한 아돌프 와그너(Adolf Wagner, 1835-1917), 사회적 자유주의자인 존 스튜어트 밀(John Stuart Mill, 1806-1873)의 사회주의에 대한 정의가 제시되어 있다. 또한 기독교 사회주의자인 윌리엄 블리스(William Bliss, 1856-1912)의 정의와 함께 『뒤를 돌아보면서: 2000-1887』를 통해 유토피아에 대해 논한 에드워드 벨라미(Edward Bellamy, 1850-1898), 페이비언협회의 그레이엄 월러스(Graham Wallas, 1858-1932)와 윌리엄 클라크(William Clarke, 1852-1901)의 정의도 소개되어 있다. 그리고 메이지사회주의자들에게 이론적으로 가장 큰 영향을 미쳤던 리차드 일리(Richard Theodore Ely, 1854-1943)와 토머스 커컵(Thomas Kirkup, 1844-1912)뿐만 아니라,[43] 맑스주의자인 프리드리히 엥겔스(Friedrich Engels, 1820-1895)와 폴 라파르그(Paul Lafargue, 1842-1911)까지 사상적으로 매우 다양한 입장을 가진 이들의 사회주의에 대한 정의를 정리해 놓고 있다. 여기에 영국페비안협회와 미국페비안협회, 그리고 영국사회민주동맹과 영국사회주의 제단체연합위원회의 사회주의에 대한 정의와 함께 *Century Dictionary*에 수록된 사회주의에 대한 내용도 제시되어 있다.

「사회주의의 정의」의 저본은 1919년 6월, 사카이 도시히코와 야마카와 히토시[山川均: 1880-1958]가 주재했던 잡지 『社會主義研究』 제2호에 실려 있는 「社會主義の定義」라는 글이다.[44] 이 글의 집필자는 바로 야마카와 히토시이다.[45] 그런데 「社會主義の定義」에 수록되어 있는 16개 항목

---

43) 리차드 일리와 토머스 커컵에 대해서는 박종린, 2008a, "1910년대 재일유학생의 사회주의사상 수용과 '김철수그룹'", 『史林』 30, 163-165쪽.
44) 1919, 「社會主義の定義」, 『社會主義研究』 2, 45-48쪽.

가운데 14개는 1906년 4월, 사카이 도시히코가 주재했던 같은 이름의 잡지 『社會主義硏究』 제2호에 실려 있는 「社會主義の定義」의 항목과 동일하다.46) 두 글을 비교해 보면 1906년 판 『社會主義硏究』에는 토마스 커컵과 프리드리히 엥겔스의 사회주의에 대한 정의가 2개씩 수록되어 있는데 비해, 1919년 판 『社會主義硏究』에는 토마스 커컵과 프리드리히 엥겔스의 사회주의에 대한 정의를 1개씩 생략하고 1906년 판에는 수록되지 않았던 '영국페비안협회'와 '미국페비안협회'의 사회주의에 대한 정의를 각각 1개씩 추가한 것을 확인할 수 있다.47) 또한 각 항목에 대한 서술 내용에 일부 차이가 있다. 이러한 차이가 '14개' 항목의 원문을 번역하는 과정에서 동일한 번역자가 행한 번역의 수정 때문인지, 원래 두 글의 번역자가 상이해서 나타나는 문제인지는 판단하기 어렵다.48)

원종린의 글이 주목되는 이유는 전술한 바와 같이 사회주의에 대한 16개 항목의 정의가 갖는 다양성 때문이다. 즉 『대중시보』가 맑스주의자들만의 매체였다면 1921년 9월이라는 시점에서 그처럼 다양한 사회주의'들'

---

45) 山川均, 1966, 『山川均全集』 2, 勁草書房, 415쪽.
46) 1906, 「社會主義の定義」, 『社會主義硏究』 2, 39-42쪽.
47) 추가된 '영국페비안협회'와 '미국페비안협회'의 사회주의에 대한 정의는 다음과 같다.
"o 英國패비안協會 English Fabian Society-패비안協會의 解釋하는 바 社會主義라 함은 敎區, 都市, 地方 又는 中央政府의 가장 適當한 權力으로 一國에 必要한 産業을 國民全體로써 組織하며 經營함과 土地及資本 等 여러 가지 形容으로 낫하나는 經濟學上 地代를 國民全體가 專有함을 意味한다.
o 米國패비안協會 American Fabian Society-社會主義라 함은 人類가 自然의 同胞임에 對하야 一致한 承認을 基礎로 함과 갓혼 社會生産의 樣式이오 土地와 資本은 社會全體가 集合的으로 所有하며 社會全員의 平等한 福趾('福祉'의 '誤記'; 인용자)를 爲하야 共同的으로 經營하는 것이다."(元鍾麟, 「社會主義의 定義」, 『大衆時報』 임시호, 1921, 20쪽).
48) 『山川均全集』 1권은 '1907년 1월'부터 1918년 6월까지 山川均이 집필한 글을 모은 것이다. 따라서 山川均이 '1906년' 판 『社會主義硏究』에 실린 「社會主義の定義」의 집필자인지는 확인할 수 없다.

을 소개할 필요성도 없었을 것이며, 또한 그런 성격의 글을 게재하지도 않았을 것이다. 그러나 사회주의자와 아나키스트가 함께 『대중시보』를 발행하고 있었고, 따라서 당시 그들 모두를 포괄할 수 있는 매개로 '반자본주의'의 차원에서 서술된 다양한 사회주의'들'에 대해 서술한 글을 게재한 것이라고 할 수 있다.

또한 전술한 사회주의에 대한 16개 항목의 정의를 언급하고 있는 인물들과 다음에서 제시하는 어떤 서적을 집필할 때 참조한 주요 저서의 저자들을 비교해 보면, 그 면면이 매우 유사하다는 것을 확인할 수 있다.

K. Marx & F. Engels, *Manifesto of the Communist Party*
K. Marx, *Capital: A Critical Analysis of Capitalist Production*
F. Engels, *Socialism, Utopian and Scientific*
T. Kirkup, *An Inquiry into Soclalism*
R. Ely, *Socialism and Social Reform*
W. Bliss, *A Handbook of Socialism*
W. Morris & E. B. Bax, *Socialism: its Growth and Outcome*
W. Bliss, *The Encyclopedia of Social Reforms*[49]

그 어떤 서적이란 바로 고토쿠 슈스이[幸德秋水: 1871-1911]가 1903년 집필한 『社會主義神髓』이다. 이 책은 당대 일본의 사회주의자들에게 가장 커다란 영향을 끼친 책으로 언급될 정도로 메이지 사회주의자들에게 광범위하게 읽혔다. 또한 같은 해 발간된 가타야마 센[片山潛: 1859-1933]의 『我社會主義』와 함께 메이지사회주의의 이론적 수준을 대표하는 저작으로 평가받는 책이기도 하다.[50]

---

49) 幸德秋水, 1903, 『社會主義神髓』, 朝報社, 「自序」 3쪽.

『社會主義神髓』의 참고문헌에 제시된 책들을 집필한 이들과 「社會主義の定義」에 수록된 사회주의의 정의를 집필한 이들은 메이지사회주의자들의 관심을 그대로 보여주는 척도라고 할 수 있다. 그런데 메이지사회주의의 가장 큰 특징은 '맑스주의'가 다양한 사회주의들 가운데 주요한 흐름의 '하나'로 존재하고 인식된다는 것이다.[51] 따라서 『社會主義硏究』에 게재되었던 글이 『대중시보』에 다시 번역되어 게재되었다는 사실은 '반자본주의'에 기반한 다양한 사회주의'들'이 1921년 '대중시보사그룹'의 관심사 가운데 하나라는 것을 보여준다 하겠다.

그렇다면 아나키스트인 황석우의 생각은 『대중시보』에 어떻게 표출되어 있을까? 국가와 정치에 대해 서술한 황석우의 다음의 글을 통해 살펴보자.

> 일본의 어느 정치학자는 국가를 「영구불멸의 생명체」라 말한다. …… 그러나 국가는 한 제도일다. 일정한 수명을 갖은 한 개의 생명체일다. 이걸은 外來의 정복 또는 기타의 원인에 의하야(彼 개인의 생명과 같이; 원문) 사망을 來하는 자일다. 이걸은 彼 인류의 역사 그 국가의 만혼 흥망의 잣최가 증명하는 자가 아니냐. 이런 역사적 사실이 잇음에 불구하고 국가가 「不可死體」람은 무슨 無學한 말이 안인가?(下略; 원문)[52]

---

50) 메이지사회주의자들에게 영향을 준 서적·잡지·신문에 대한 조사에서 96회의 응답 가운데 『社會主義神髓』는 19회로 1위였다. 또한 1903년 7월 초판이 간행된 이후 같은 해 11월에 벌써 6판이 발행될 정도로 당시 일본에서 사회주의에 관한 '寶典'으로 평가되었다(박종린, 2008a, 162쪽).
51) 박종린, 2008a, 165쪽.
52) 黃錫禹, 「國家及政治의 生物學的 心理學的 考察」, 『大衆時報』 임시호, 1921, 14쪽.

본격적인 주장이 서술된 마지막 부분이 삭제되어 있기는 하지만, 행간을 읽어 보면 그의 관심사가 무엇인지 가늠할 수 있게 한다. 즉 황석우는 '국가'에 대한 다양한 견해를 소개하면서 결국에는 국가의 유한성, 즉 국가의 '폐지'라는 아나키스트로서의 자신의 견해를 우회적으로 표명하고 있는 것이다.

그렇다면 '맑스주의 크루조크'의 구성원들은 어떤 주장을 『대중시보』에 천명했을까? 이와 관련하여 정태신의 다음 글들이 주목된다.

〈A〉 자본주의는 계급문화의 최종점이니 終에는 始가 有하고 窮에는 達이 有할 것이라. 이 계급문화의 최종점은 곳 민중 各個의 동일한 발언권 아래에서 인류의 생리적 건설본능에 의하야 개척될 新境의 민중문화의 발상지이올시다. 53)

〈B〉 현대의 삼대문제 -노동자 대 자본가, 여성 대 남성, 민족 대 민족- …(중략; 인용자)…**경제조직의 물질적 조건의 해결**(강조는 인용자)을 무시한 모든 舌端筆鋒은 결국 虛說이며 妄論에 불과하다는 것을 기억할 것이다. 54)

정태신은 계급문화의 청산과 민중문화의 제창을 강조하고 있는데, 그것은 자본주의의 '지양'을 통해서만 가능하다는 자신의 주장을 "경제조직의 물질적 조건의 해결"이라는 언설로 천명하고 있다. 그런데 정태신과 김약수는 『대중시보』 임시호와 제3호를 통해 이 이상의 주장은 표명하지 않는다. 그것은 〈표 3〉에서 보는 바와 같이 일제의 출판물 검열로 인해 『대중시보』 창간호와 제2호가 압수되고 필화사건이 발생하는 현실적 상황과

---

53) 鄭泰信, 「奴隷 發生의 史的 考察」, 『大衆時報』 임시호, 1921, 10쪽.
54) 鄭又影, 「時事短評」, 『大衆時報』 3, 1921, 38-39쪽.

무관하지 않을 것이다.

그러나 '맑스주의 크루조크'가 맑스주의 자체가 아니라 '반자본주의'에 초점을 맞추어 자신들의 주장을 천명하는 것은 '대중시보사그룹' 구성원 가운데 아나키스트인 황석우, 원종린과 함께 하고 있는 또 다른 측면을 고려한 것이다. '맑스주의 크루조크'가 『대중시보』를 통해 천명한 주장은 1920년 식민지 조선에서 활동할 때 『개벽(開闢)』이나 『공제』를 통해 천명했던 주장과 비교해보면 그 내용이나 강조점이 구분되기 때문이다.

정태신은 1920년 8월 발행된 『개벽』 제3호에 우영생(又影生)이란 필명으로, '맑스'와 '유물사관'이라는 당시 식민지 조선의 공개 출판물에서는 좀처럼 보기 힘든 용어를 조합한 「막쓰와 유물사관의 일별(一瞥)(읽은 중에서)」라는 글을 게재하였다. 이 글은 사카이 도시히코가 '겨울의 시대'가 끝나자 1919년 4월 야마카와 히토시와 함께 주도했던 『社會主義硏究』의 창간호에 게재한 『정치경제학비판을 위하여』 서문의 '유물사관요령기'와 그 해설인 「唯物史觀槪要」를 축차역의 방식으로 정리한 글이다.55) 또한 유물사관과 관련되어 식민지 조선에서 공개적 출판물의 형태로 발행된 최초의 글이기도 하였다.

식민지 조선에서 활동하던 시기 정태신은 변증법과 유물론을 결합시킨 변증법적 유물론을 맑스주의의 핵심으로 파악하고, 변증법적 유물론을 인류 역사에 적용시킨 것이 '유물사관'이라고 이해하였다. 그리고 유물사관이 바로 맑스주의의 근거라고 주장하였다. 맑스주의에 대한 정태신의 이러한 인식은 매우 기초적인 것이다. 즉 유물사관의 기본적인 정식인 토대·

---

55) 「막쓰와 唯物史觀의 一瞥(읽은 中에서)」의 번역 과정과 「唯物史觀槪要」와의 관계에 대해서는 박종린, 2009, 142-146쪽 참조.

상부구조론이나 생산력과 생산관계에 대한 이해, 그리고 사회구성체의 계기적 발전에 의한 역사발전 등 유물사관에 대한 구체적인 이해는 미흡하였기 때문이다. 그러나 맑스주의의 핵심이랄 수 있는 '유물사관'의 중요성을 강조했다는 점은 '유물사관'을 매개로 맑스주의를 수용하는 일단을 보여 준다는 점에서, 식민지 조선에서 맑스주의의 수용 초기에 보이는 사회주의자들의 유물사관에 대한 강조와 궤를 함께 하는 것이다.56)

'사회주의의 필연성'이라는 실천적 차원에서 맑스주의의 유물사관을 수용한 정태신에게 일제의 지배 아래 있는 식민지 조선의 현실은 바로 타개해야 할 '대상'이었다. 즉 현재의 자본주의체제는 당연히 지양의 '대상'일 수밖에 없었다. 그리고 자본주의를 '지양'하기 위해서는 무엇보다 사회의 중추적인 과제인 노동문제의 해결이 필요하다고 주장한다.57) 그렇다면 노동문제는 어떻게 해결할 수 있다고 생각했을까? 정태신은 그 지름길이 노동운동이라고 주장하였다. 이미 최후가 '안전(眼前)에 박도(迫到)'한 현재의 자본주의와 노동문제를 해결하기 위한 '진리의 성전(聖戰)'58)이 바로 노동운동이었던 것이다.

이처럼 '맑스주의 크루조크'는 1920년 식민지 조선에서 『개벽』과 『공제』를 통해 맑스주의의 유물사관을 선전하고 자본주의를 지양하기 위한 '진리의 성전'으로 노동운동을 강조하였다. 그러나 1921년 『대중시보』를 통해서는 맑스주의 자체에 대한 강조보다는 자본주의의 '지양'이라는 '반자본주의'를 강조하고 있다. 이는 전술한 바와 같이 '대중시보사그룹'의 구성원인 아나키스트들과 함께하기 위해 초점을 '반자본주의'에 두었기 때문

---

56) 정태신의 유물사관 이해에 대해서는 박종린, 2009, 147-149쪽 참조.
57) 又影生, 1920, 「近代 勞動問題의 眞義」, 『開闢』 1 참조.
58) 鄭泰信, 1920, 「眞理의 聖戰」, 『共濟』 2, 2쪽.

이다. 또한 이것은 '맑스주의 크루조크'가 맑스주의자로서 '초기 계몽활동'59)을 적극적으로 행하기 시작한 것에 다름 아니었다. '맑스주의 크루조크'가 아나키스트와 조직적으로 분리하고 '재일본조선인공산단체'로 조직을 변경하면서 노동운동과 농민운동 단체를 조직하는 등 대중운동에 주력하는 것은 맑스주의의 자기 정체성을 확립해가는 과정에 다름 아니라고 할 수 있다.

---

59) K.H.黨(北風會內 共産主義 秘密結社) 代表 辛鐵·金泳雨, 1926. 2. 11, 84쪽.

제 2 부

자본주의
메커니즘의 분석과
계급투쟁의 강조

제 1 장
신생활사그룹의
맑스주의 인식과 계급투쟁 강조

1. 신생활사그룹과『신생활』

 1922년 1월 15일 박희도(朴熙道)와 이승준(李承駿) 등의 발기로 신생활사 창립총회가 개최되었는데, 신생활사는 월간 잡지『신생활(新生活)』을 발간하는 것을 주목적으로 하였다.[1] 창립총회에서는 「취지서」와 함께 박희도 · 이승준 · 이병조(李秉祚) · 강매(姜邁) · 이경호(李京鎬) · 김원벽(金元璧) · 민관식(閔寬植) · 김명식(金明植) 등 8인의 이사진이 발표되었다.

 그 해 2월 21일 개최된 이사회에서는 신생활사의 운영과 관련된 중요한 세 가지 사항이 결정되었다.[2] 첫째 이사진의 증원이다. 즉 백아덕(白雅悳)과 원한경(元漢慶), 그리고 이강윤(李康潤) 등 3인을 증원하여 11인 이사체제를 구성한 것이다. 둘째『신생활』의 발행 형태 변경이다. 월간으로 추진되던『신생활』을 '순간(旬刊)'으로 변경한 것이다. 더불어 발행일을 매월 1일 · 11일 · 21일로 결정하고, 창간호는 3월 11일자로 발행하기로 결

---

1) 「新生活社 創立」,『東亞日報』1922. 1. 19; 「新生活社 創立」,『每日申報』1922. 1. 19.
2) 「『新生活』旬刊 發行」,『東亞日報』1922. 2. 22; 「『新生活』發行 計劃」,『每日申報』1922. 2. 22.

정하였다.3) 셋째 자본금의 증자이다. 이는 『신생활』의 발행 형태 변경과 밀접하게 관련되는 것으로, 창립총회에서 15,000원이었던 자본금을 25,000원으로 증자한 것이다.

그렇다면 신생활사의 이사진은 어떤 인물들로 구성되었는가? 다음의 〈표 9〉는 신생활사 이사진의 신생활사 조직 이전까지의 경력을 정리한 것이다.

〈표 9〉 신생활사 이사진

성명	생년	출신지	직책	경력
朴熙道	1889	황해도 해주	이사 겸 사장	숭실중학, 연희전문학교 중퇴/ YMCA 간사/ 3·1운동 민족대표 33인
李秉祚		황해도 안악	전무이사	보성전문학교/ 『曙光』 편집·발행인, 문흥사 사장, YMCA 간사, 갈돕회 고문, 무명회 간사, 중앙유치원 후원이사, 조선청년회연합회 집행위원
姜邁	1878	충남 천안	이사 겸 편집부장	니혼대학/ 배재고보 교사/ 대동단 사건 관련
李京鎬	1882	황해도 옹진	이사 겸 영업부장	대한자강회 회원, 기호흥학회 회원, 전도사/ 대한민국임시정부 독립공채 사건 관련
金元璧	1894	황해도 안악	이사	경신학교, 연희전문학교/ 승동교회 청년면려회장, YMCA 회원부 위원/ 3·1운동 연희전문 학생대표
李承駿	1886	황해도 해주	이사	자산가, 중앙신탁주식회사 사장, 경성방직 감사/ 대한독립단 해주지단 사건 및 은율군수 살해 사건 관련

---

3) 이후 3월 11일에 『新生活』 창간호를 발행한다는 광고가 『東亞日報』에 게재되었다(『東亞日報』 1922. 3. 3, 「『新生活』 창간호 광고」 참조).

元漢慶	1890	미국	이사	뉴욕대학교/ 장로교 선교사로 내한, 경신학교 교사, 연희전문 교수
李康潤		황해도 옹진	이사	민립대학기성회 발기인(1923. 5)
閔寬植	1892	황해도 해주	이사	자산가/ 대한민국임시정부 독립공채 사건 관련
白雅悳	1879	미국	이사	감리교 선교사로 내한, 숭실학당 교수, 연희전문 교수
金明植	1890	전남 제주	이사 겸 주필	한성고보, 와세다대학/ 갈돕회 고문, 조선노동공제회 평의원, 조선청년회연합회 집행위원, 중앙유치원 후원회 평의원, 『東亞日報』 논설반원, 고려공산당(상해파) 국내간부

〈표 9〉를 통해 신생활사 이사진의 몇 가지 특징을 파악할 수 있다. 첫째 지역적으로 황해도 출신이 압도적이라는 점이다. 조선인 이사 9명 가운데 강매와 김명식을 제외한 7명이 황해도 출신이다. 박희도·이승준·민관식은 해주출신이고, 이경호와 이강윤은 옹진출신이다. 이병조와 김원벽은 안악출신으로 밀접한 관계였다.4) 이들 가운데 신생활사 조직 과정에서 주도적인 역할을 한 이는 박희도와 이병조·김원벽·이승준 등으로, 이들은 창립 후에도 신생활사의 경영과 재정을 책임졌다.5)

---

4) 이병조와 김원벽은 1916년 설립된 安岳學生親睦會의 회장과 부회장으로 활동하였다(細井 肇, 1921, 『鮮滿の經營 - 朝鮮問題の根本解決』, 自由討究社, 444쪽).
5) 박희도는 법정에서 "李秉祚·金元璧과 상의하고 金明植은 이병조의 소개"로 만났으며, 재정과 관련하여 "李承駿씨가 15,000원"을 출자했다고 언급하였다(「朝鮮 初有의 社會主義 裁判, 新生活事件 一回 公判-작일 오전 열시 반 경성디방법원에서 야촌 재판장이 피고 륙명에 사실 심문」, 『東亞日報』 1922. 12. 27; 「新生活事件 公判-야촌 판사의 담임으로 데칠호 법뎡에서 첫재 공판이 열니어」, 『每日申報』 1922. 12. 27). 또한 후일 "나는 己未事件

둘째 민족운동 관련자들이 다수를 차지하고 있다는 점이다. 박희도와 김원벽은 3・1운동 주도자였고,6) 이경호와 민관식은 대한민국임시정부 독립공채 사건 관련자였다.7) 또한 이승준은 은율군수 살해 사건과 대한독립단 해주지단 사건 관련자였으며,8) 강매는 대동단 관련자였다.9) 즉 신생활사의 이사진으로 참여한 민족주의자들은 대부분 민족운동과 관련되어 옥고를 치루고 출옥한 민족주의자들로 구성되었다.10)

셋째 2명의 외국인이 이사로 참여하고 있다는 점이다. 미국인 선교사이자 연희전문학교 교수인 원한경과 백아덕이 그들이다.11) 특히 백아덕은 『신생활』의 편집・발행인이었는데, 이는 서양인이 발행인인 경우 잡지의 허가와 운영이 용이했던 점과 관련 있었다.

으로 그해 11월에 刑을 마치고 出獄한 뒤 이 現狀에 늣긴 바가 잇서 동무들과 함께 健全한 雜誌 하나를 發刊하여보랴는 생각으로 黃海道 海州를 中心잡고 資金 약 4만원을 어더 가지고 …… 納本制로 新生活이란 雜誌를 發行"했다고 언급했는데(朴熙道, 1931, 「最近 10年間 筆禍・舌禍史 -「新生活社」 事件」, 『三千里』 14, 19쪽), 이는 황해도 지역의 인맥을 통해 자본금을 마련했음을 시사한 것이다. 실제로도 경영은 박희도・김원벽・이승준・김명식이 중심이 되었으며, 재정은 실업가인 이승준이 주로 담당하였다.
6) 이들은 3・1운동 관련으로 복역하다가 1921년 11월 4일 출옥하였다(「獨立宣言書 關係者 17人의 滿期 出獄」, 『東亞日報』 1921. 11. 4).
7) 「有力者 6名을 해주 옹진에서 逮捕」, 『東亞日報』 1921. 7. 11;「獨立公債를 발매하든 민관식 등 네명을 공소 데긔」, 『東亞日報』 1921. 10. 4.
8) 「李承駿 保釋 은률군수 죽인 사건의」, 『東亞日報』 1921. 8. 14;「辯護士 醫師 中心된 海州 支團 事件」, 『東亞日報』 1921.10.14.
9) 강매는 1920년 6월 29일 출옥하였다(「大同團 事件 關係者 姜邁氏 外 4人 出獄」, 『東亞日報』 1920. 6. 30).
10) 박종린, 2000, 「'김윤식사회장' 찬반논의와 사회주의세력의 재편」, 『역사와 현실』 38, 266쪽.
11) 元漢慶의 본명은 Horace Horton Underwood 인데, 元漢慶에 대해서는 손인수, 1992, 『원한경의 삶과 교육사상 - H. H. 언더우드의 선교교육과 한국학 연구』, 서울, 연세대학교 출판부 참조. 白雅悳의 본명은 Arthur Lynn Becker이다. 白雅悳에 대해서는 Evelyn McCune・Heather Thompson, 2009, *Michigan to Korea: Arthur L. Becker, 1899-1926*, Morrisville, N.C, Lulu.com 참조.

신생활사는 이사진이 경영과 재정을 담당하고, 『신생활』의 내용과 편집은 전적으로 기자진이 담당하는 시스템으로 운영되었다.12) 『신생활』은 기자들이 자신의 기명으로 기사를 집필하고, 책임지고 편집하는 스타일로 운영된 것이다.

그렇다면 『신생활』의 기자들은 어떤 인물들로 구성되었는가? 〈표 10〉은 신생활사 조직 이전까지의 시기를 중심으로 『신생활』의 기자들 경력을 정리한 것이다.

〈표 10〉 『신생활』 기자진

성명	생년	출신지	직책	경력	비고
金明植	1890	전남 제주	이사 겸 주필	와세다대학/ 조선노동공제회 평의원, 조선청년회연합회 집행위원, 『東亞日報』 논설반원, 사회혁명당, 상해파 고려공산당 국내간부/ 신생활사 필화 사건 관련	松山, 솔뫼, 拏山
辛日鎔	1894	전북 부안	기자	경성의학전문/ 전주청년구락부 총무, 신인동맹회/ 신생활사 필화 사건 관련	赤咲生,13) 赤咲
鄭栢	1899	강원 김화	기자	휘문고보/14) 『曙光』 편집원, 관동학우회 지육부장, 서울청년회/ 민중사	路草生, 路草
李星泰	1901	전남 제주	기자	휘문고보 중퇴/ 『독립신문』 기자/ 민중사	성태生, RST

---

12) 「朝鮮 初有의 社會主義 裁判, 新生活事件 一回 公判-작일 오전 열시 반 경성디방법원에서 야촌 재판장이 피고 류명에 사실 심문」, 『東亞日報』 1922. 12. 27; 「流暢한 辛氏의 答辯-잡지 편집은 전혀 개인의 책임, 新生活事件 一回 公判(續)」, 『東亞日報』 1922. 12. 28.

俞鎭熙	1893	충남 예산	기자	경성의학전문/ 『共濟』편집위원, 사회혁명당, 상해파 고려공산당 국내간부/ 신생활사 필화 사건 관련	無我, 眞希

　기자진 가운데 가장 주목되는 이는 신생활사의 이사 겸 『신생활』의 주필인 김명식이다.15) 그는 이사진과 기자들 사이의 연결고리 역할뿐만 아니라, 기자들의 충원 과정에도 깊이 관여하였다. 실제로 유진희와 신일용은 김명식의 소개로 『신생활』의 기자가 되었다.16)

　김명식이 신생활사의 조직에 참여한 것은 1922년 1~2월 식민지 조선을 뜨겁게 달구었던 '김윤식사회장'과 밀접하게 관련되어 있다. 즉 '김윤식사회장'을 둘러싸고 전개된 공산주의그룹들의 찬반논의 과정에서 통일전선의 대상과 혁명론에 대한 이견으로 국내 상해파에서 조직적인 분리를 감행했기 때문이다.17) 1921년 말 국내 상해파를 탈퇴한 김명식을 중심으로

---

13) 『한국사회주의운동 인명사전』에는 鄭栢의 異名으로 기술되어 있다(강만길·성대경 엮음, 1996, 『한국사회주의운동 인명사전』, 창작과비평사, 431쪽). 그러나 '赤笑生'은 '赤笑' 등과 함께 辛日鎔이 『新生活』에서 사용하였던 異名이다.
14) 1933년 발행된 『朝鮮思想家總攬』 이래 '양정고등보통학교' 출신으로 잘못 기술된 이후(三千里社 編,1933,『朝鮮思想家總攬』, 三千里社, 71쪽), 해방 후에도 『朝鮮年鑑』(朝鮮通信社 編, 1946, 『朝鮮年鑑, 1947年』, 朝鮮通信社, 368쪽)에서 오류가 계속 반복된 것이다. 그러나 그는 '휘문고등보통학교'를 1919년 졸업하였다(徽文校友會 編, 2001, 『同硯錄』, 徽文校友會, 52쪽).
15) 金明植의 생애와 활동에 대해서는 박종린, 1999, 「꺼지지 않은 불꽃, 송산 김명식」, 『진보평론』 2 참조.
16) 「朝鮮 初有의 社會主義 裁判, 新生活事件 一回 公判-작일 오전 열시 반 경성디방법원에서 야촌 재판장이 피고 류명에 사실 심문」, 『東亞日報』 1922. 12. 27.
17) 당시의 상황에 대해 고려공산동맹의 金思國은 "상해파는 좌우 두 경향으로 분열됐다. 좌익그룹의 지도자는 金明植·兪鎭熙 등으로서 공산주의 잡지 『新生活』의 지지자들이다. 우익그룹은 張德秀·李鳳洙 등이 지도하는데 이들은 『東亞日報』의 지지자들이다. 『新生活』의 지지자들은 『東亞日報』의 지지자들에 반대하여 격렬한 투쟁을 전개"하였다라고

한 일군의 사회주의자들이 신생활사그룹을 형성한 것이다.[18]

『신생활』 창간호는 1922년 3월 11일에 발행될 예정이었다. 이에 신생활사는 3월 8일 인쇄한 창간호를 납본하였는데, 일제는 '치안방해' 혐의로 『신생활』 창간호를 '발매 금지' 처분하였다.[19] 창간호부터 압수를 당한 『신생활』은 "67항(頁) 잡지에 20항을 삭제하고 16종 기사에 8종을 불통케 한"[20] 상태인 임시호가 3월 15일자로 발행되었다.[21]

〈표 11〉 『新生活』 발행 상황

호수	출간일	발행형태	발행유무	쪽수	편집·발행인	발행소	인쇄소
1	1922. 3. 11 1922. 3. 15	旬刊	발매금지임시호	72	白雅悳	신생활사	한성도서주식회사
2	1922. 3. 21			40			
3	1922. 4. 1			46			
4	1922. 4. 11		압수				
5	1922. 4.22			52			
6	1922. 6. 1 1922. 6. 5	月刊	발매금지임시호	158			
7	1922. 7. 5			158			
8	1922. 8. 5			176			
9	1922. 9. 5			174			

* 출전: 1922, 『新生活』 1~3·5~9.

기술하였다(金思國, 1924, 「보고 2 - 조선의 모든 공산주의 단체 상황」, 1쪽).
18) 金明植·兪鎭熙·辛日鎔·李星泰·鄭栢·李赫魯 등이 참여하였다.
19) 「新生活 創刊號 押收」, 『東亞日報』 1922. 3. 9.
20) 「新刊紹介」, 『東亞日報』 1922. 3. 18.
21) 『東亞日報』 1922. 3. 16, 「임시호 광고」 참조.

앞의 〈표 11〉은 제9호까지 『신생활』의 발행 상황을 정리한 것이다.[22] 이를 통해 '순간'으로 발행되던 『신생활』이 제6호부터 '월간'으로 발행 형태가 변경된 것을 알 수 있다. 그러나 〈표 11〉에서 확인할 수 있는 것처럼 『신생활』의 발행은 순탄하지 않았다. 창간호뿐만 아니라 제4호는 '압수'되었고,[23] 제6호도 '발매 금지'로 인해 '임시호'가 발행되었기 때문이다.[24]

『신생활』은 제10호부터 발행 형태를 '주간'으로 다시 변경하였다.[25] 그것은 1922년 9월 12일 총독부 경무국으로부터 『조선지광(朝鮮之光)』・『신천지(新天地)』・『개벽』과 함께 신문지법에 의한 발행을 허가받았기 때문이다.[26]

'주간'으로 발행 형태를 변경한 『신생활』은 "만국의 무산계급은 단결하라!"라는 기치아래 "자본주의・군국주의를 옹호하며 지지하려는 일체의 문화를 배척"하는 '신사상의 권위'와 '반역자의 선구'임을 자처하였다.[27] 그러나 '주간'으로 변경된 이후 『신생활』은 반복적인 '발매 금지'와 '압수'로 인해 매체로써 제대로 된 기능을 발휘하지 못하였다.[28] 특히 '러시아혁

---

22) 〈표 11〉은 현재 실물 확인이 가능한 『新生活』 제1호의 '임시호'부터 제9호까지를 대상으로 하였다. '압수'된 제4호는 예외이다. 〈표 12〉・〈표 13〉・〈표 14〉의 경우도 동일하다.
23) 「『新生活』筆禍」, 『東亞日報』 1922. 4. 13.
24) 「雜誌『新生活』筆禍」, 『東亞日報』 1922. 5. 29.
25) 『東亞日報』 1922. 10. 22, 「週報『新生活』 광고」 참조. 이 광고에서 『新生活』은 자신의 위상을 '新興階級의 前衛'로 자임하고 있다.
26) 「雜誌 四種 許可」, 『東亞日報』 1922. 9. 16.
27) 『東亞日報』 1922. 11. 7, 「『新生活』 제10호 광고」 참조.
28) 제11호와 제12호는 '발매 금지'되었고(「『新生活』 發賣 禁止」, 『東亞日報』 1922. 11. 16: 「兩雜誌 發賣 禁止」, 『東亞日報』 1922. 11. 20), 제13호와 제14호는 '압수'되었다(「『新生活』 13號 押收-전부 문구가 거위다 당국의 기휘로 압수」, 『每日申報』 1922. 11. 29: 「『新生活』 又復 押收」, 『東亞日報』 1922. 12. 16). 『新生活』은 현재 제15호까지의 발행을 확인할 수 있는데(「新刊紹介」, 『東亞日報』 1922. 12. 30), 1923년 1월 8일자로 '발행 금지' 처분을 받았다(「『週報 新生活』 遂히 發行禁止-팔일날자로 발행금지, 사회주의 선전이 큰 원인」, 『東亞日報』 1923. 1. 10).

명 5주년 기념호'인 제11호로 인해 필화사건에 휘말리면서 큰 타격을 받게 되었다.29)

그렇다면 『신생활』에는 어떤 이들이 어떤 내용의 글들을 게재했을까? 다음의 〈표 12〉는 『신생활』에 게재된 글의 편 수와 필자 수를 정리한 것이다.

〈표 12〉『신생활』 각 호별 게재 편 수 및 필자 수

	호수	1	2	3	5	6	7	8	9
글	신생활사	11	5	7	7	9	8	10	12
	외부	7	5	4	6	15	10	14	10
	합	18	10	11	13	24	18	24	22
필자	신생활사	8	3	6	5	5	4	6	6
	외부	6	5	4	5	15	9	12	8
	합	14	8	10	10	20	13	18	14

* 출전: 1922, 『新生活』 1~3, 5~9.

〈표 12〉를 살펴보면, '순간'으로 발행되던 시기의 글은 모두 52편으로 호당 평균 13편이 게재되었다. 이에 비해 '월간'으로 발행되던 시기의 글은 모두 88편으로 호당 평균 22편이 게재된 것을 알 수 있다.30) 즉 글의 편 수가 약 1.7배 증가한 것이다. 또한 글을 게재한 필자의 수도 '순간'으로 발행되던 시기는 모두 19명인데 비해, '월간'으로 발행되던 시기는 37명으로 약 1.9배가 증가한 것을 확인할 수 있다.31) 즉 '순간'에서 '월간'으

---

29) '신생활사 필화사건'에 대해서는 박종린, 1999 참조.
30) 『新生活』에 게재된 글의 편 수는 각 호의 게재된 글의 수를 각각 계산한 것으로, 같은 제목의 글이 각 호에 연재될 경우 복수로 계산하였다.
31) 『新生活』에 글을 게재한 필자의 수는 각 호의 필자 수를 합한 것이 아니다. 각 호에 글을

로의 발행 형태 변화 이후 글의 편 수와 필자의 수가 모두 증가한 것을 알 수 있다. 이는 지면의 증가라는 형식적인 면과 함께 신생활사의 네트워크 증가라는 내용적인 면이 결합한 것이라고 할 수 있다.

그러나 『신생활』에 게재된 글 가운데 신생활사 관련자들의 글의 비중은 '순간'으로 발행되던 시기의 약 58%(30/52)에서, 월간으로 발행되던 시기는 44%(39/88)로 감소하고 있다. 그리고 『신생활』에 글을 게재한 신생활사 관련자들의 비중도 47%(9/19)에서 약 19%(7/37)로 대폭 감소하고 있다.

그렇다면 『신생활』에 4편 이상의 글을 지속적으로 게재한 외부 필자는 누가 있을까? 7편을 게재한 신백우와 혁암(革菴), 그리고 이광수(李光洙)와 염상섭(廉尙燮) 등 모두 4명이 그 대상자이다. 신백우는 모두 7편을 게재하였는데, 2회에 걸쳐 「사회운동의 선구자 출래(出來)를 촉(促)하노라」라는 비평과 아르치바세프의 「혈흔」을 번역하여 4회에 걸쳐 연재하였다.[32]

혁암도 「각성하라 신사상을」이라는 글과[33] 『신생활』의 지향과는 다소 어울릴 것 같지 않은 조선시기 당쟁사를 정리한 「당사개관(黨史槪觀)」을 6회 동안 연재하였다.[34] 이 글의 필자인 혁암은 김형식(金瀅植)의 호로,[35]

게재하였더라도 동일한 필자는 1인으로 계산하였다.
32) 이외에 1편은 신빈벌, 1922, 「朝鮮勞動共濟會第四回總會傍聽記」, 『新生活』 5 참조.
33) 革菴生, 1922, 「覺醒하라 新思想을」, 『新生活』 임시호.
34) 종래 연구에서 「黨史槪觀」을 사회주의 관련 기사로 분류하고 있는데(劉載天, 1988, "日帝下 韓國雜誌의 共産主義 受容에 관한 硏究", 『東亞硏究』 15; 유재천, 1990, "일제하 한국 잡지의 공산주의 수용에 관한 연구", 『한국 언론과 이데올로기』, 文學과 知性社), 이는 명백한 오류이다.
35) 金瀅植은 金明植이 『東亞日報』 논설반에 재직하고 있던 시기에는 「李朝人物略傳」을 『東亞日報』에 '73회'에 걸쳐 연재하기도 하였다(革菴 金瀅植, 「李朝人物略傳」, 『東亞日報』 1921. 7. 1-1923. 11. 4). 마지막 연재물이 '74회'로 되어 있으나, 연재 중 오류로 '66회'가 빠져 있다.

그는 김명식의 형이라는 인연으로 『신생활』에 글을 게재한 것이다.

이광수는 '노아'라는 필명으로 타고르의 「기탄자리」를 번역하는[36] 등 모두 6편의 글을 게재하였다. 그 가운데 「금강산유기(金剛山遊記)」는 5회 동안 연재되다가 '중단'되었다.[37] '중단'의 이유는 이광수가 발표한 「민족개조론」 때문이었다.[38]

그렇다면 이광수의 글이 『신생활』에 게재된 것은 무슨 이유일까? 그것은 새로운 잡지의 판매를 위해 이광수의 '필명'이 필요했던 『신생활』과 '재정적인 문제'[39]에 도움을 받고자 했던 이광수의 의도가 맞아 떨어졌기 때문이다. 그리고 양자를 매개한 이가 이성태이다.[40]

이에 비해 염상섭은 『신생활』의 '客員'으로 활동하면서,[41] 3회에 걸쳐 「墓地」를 연재하였다. 또한 2편의 비평도 게재하였다.[42]

---

36) 타골 著, 노아 譯, 1922, 「기탄자리」, 『新生活』 6.
37) 이 작품을 언급하고 있는 국문학계의 연구나 재편집되어 출간된 『금강산유기』에 첨부된 해제들은 모두 『新生活』 제8호까지 연재되었다고 서술하고 있다(대표적인 것은 ① 김윤식, 1999, 『개정·증보 이광수와 그의 시대』 2, 솔출판사, 561쪽. ② 이광수, 2011, 『금강산유기』, 기파랑, 「문형렬 해제」 6쪽 참조). 그러나 이는 오류로, 「金剛山遊記」는 창간호부터 제6호까지 모두 5회 동안 연재되었다. 이는 내용상 1921년 8월 3일 京城을 출발하여 10일 '만폭동'까지의 여정에 해당된다.
38) 「民族改造論」은 1922년 5월 1일자로 발행된 『開闢』 제23호에 게재되었고(李春園, 1922, 「民族改造論」, 『開闢』 23), 「金剛山遊記」는 그 해 5월 25일 인쇄되어 6월 1일자로 발행된 『新生活』 제6호까지 연재되었다. 그런데 실제 발행일의 경우는 「판권」의 발행일과 차이가 나는 경우가 많다. 특히 『新生活』 제6호는 전술한 바와 같이 '발매 금지'로 인해 임시호가 발행되었다. 제6호에는 이광수의 「民族改造論」을 반박하는 글이 함께 게재되었는데(申相雨, 1922, 「春園의 民族改造論을 讀하고 그 一端을 論함」, 『新生活』 6), 「民族改造論」에 대한 신생활사그룹의 본격적인 비판은 『新生活』 제7호에 게재되었다(辛日鎔, 1922, 「春園의 民族改造論을 評함」, 『新生活』 7).
39) 李光洙, 1971, "사랑하는 英肅에게", 『李光洙全集』 9, 三中堂, 313쪽.
40) 이광수와 이성태의 관계에 대해서는 李星泰, 1925, 「李光洙論 - 내가 본 李光洙」, 『開闢』 55 참조.
41) 1922, 「社告」, 『新生活』 7, 113쪽.

다음의 〈표 13〉은 신생활사 관련자들이 『신생활』에 게재한 글의 편 수를 정리한 것이고, 〈표 14〉는 『신생활』의 권두언 집필자를 정리한 것이다.

〈표 13〉 신생활사 관련자의 『신생활』 각 호별 집필 편 수

	1	2	3	5	6	7	8	9	합
김명식	2	2	1	2	3	3	2	2	17
신일용	2		2	2	2	2	3	1	16
정 백	1	1	1	1	2	2	2	3	12
이성태	1		1		1	1	1	3	9
강 매	2		1					2	5
김원벽	1			1	1		1	1	5
박희도			1				1		2
이승준	1			1					2
백아덕	1								1
합	11	5	7	7	9	8	10	12	69

* 출전: 1922, 『新生活』 1~3, 5~9.

〈표 14〉 『신생활』 각 호별 권두언 집필자

호수	집필자	제 목	비 고
1	白雅悳	卷頭言	金明植, 「創刊辭」
2	솔뫼	舊文化와 新文化	
3	赤咲生	麵麴와 人生	
5	솔뫼	설낭탕의 頌	

---

42) ① 廉尙燮, 1922, 「至上善을 爲하야」, 『新生活』 7. ② 想涉, 1922, 「女子斷髮問題 그에 關 聯하야」, 『新生活』 8.

6	솔뫼	機會主義者와 功利主義者
7		사람이냐 主義냐
8	栢	人間所有와 叛逆
9	솔뫼	蘇秦과 項羽와 石崇

* 출전: 1922, 『新生活』 1~3, 5~9.

〈표 14〉를 살펴보면, 『신생활』의 권두언을 집필한 이들은 모두 신생활사 관련자들이다. 특히 편집·발행인으로 창간호의 권두언을 집필한 백아덕을 제외하면 모두 신생활사그룹 관련자이다. 또한 〈표 13〉에서 신생활사 관련자들이 집필한 글의 78%(54/69)는 신생활사그룹 관련자들이 집필한 것이다. 이는 『신생활』에 대한 신생활사그룹의 주도성을 보여 주는 것이다. 그렇다면 이들 신생활사그룹 관련자들은 『신생활』을 통해 무엇을 이야기하고자 하였는가? 이에 대해서는 절을 바꾸어 살펴보도록 하자.

2. 자본주의 체제 비판

신생활사는 "① 신생활을 제창함 ② 평민문화의 건설을 제창함 ③ 자유사상을 고취함"[43]을 『신생활』의 '주지(主旨)'로 천명하였다. 그리고 그를 실현하기 위한 구체적인 실천방법으로 신사상의 소개와 민중문예의 연구, 그리고 사회현상에 대한 비평에 주력하겠다는 입장을 피력하였다.[44]

---

43) 1922, 「新生活 主旨」, 『新生活』 1, 69쪽.
44) "新生活을 提唱하며 自由思想의 鼓吹와 平民文化의 建設을 主眼으로 하야 新思想을 紹介하며 民衆文藝를 硏究하고 一般 社會現狀을 批評하야 吾人의 所感을 披瀝하는 同時에 民衆의 要求와 熱望과 憧憬에 反響板이 되고저 하는 것이외다." (1922, 「編輯을 마치고」, 『新生活』 1, 71쪽).

그렇다면 이러한 『신생활』의 '주지'와 그를 실현하기 위한 실천방법은 신생활사그룹의 어떠한 인식에 기반하여 도출된 것인가? 이와 관련하여 '주지'와 함께 발표된 다음 장문의 「취지서」는 신생활사그룹의 인식 구조를 잘 보여 주고 있다.

> 인간사회는 沙場인가 화원인가 정치, 법률, 도덕, 종교가 有하나 그러하나 대중에게는 자유와 평등이 無하도다. …… 그런즉 파괴할가 건설할가 파괴할지오 건설할지로다 沙場을 개척하고 매몰하야 화원을 作할지로다 세계인류의 공통한 표어가 「개조이며 혁신」이라 이 곳 이것을 이름이로다. …… 사회를 개조하랴면 그 기초인 인간을 몬저 개조하여야 할지오 인간을 개조하랴면 또한 반다시 몬저 그 실재인 생활을 개조치 아니치 못할지라 此는 인습에 질곡하며 위력에 신음하며 경제에 노예하는 생활을 해탈하고 자연계에 處한 자연인이 자연인으로 성장발달하야 자유와 평등의 신생활을 영위하여야 비로소 可히 得할지니 신생활을 제창하라는 所以가 엇지 他ㅣ有하리오 오즉 개조라 혁신이라 하는 인류의 공통 표어의 세계대세에 순응코자 함이로다 조선인이여 인습의 질곡에서 위력의 압박에서 경제의 노예에서 이탈하고 신생활의 신운동을 개척할지어다.[45]

즉 '개조와 혁신'의 시대인 현재 인류는 자유와 평등의 신생활을 영위해야 하지만, 식민지 조선의 민중들에게는 그러한 자유와 평등이 없다는 것이다. 따라서 자유와 평등이 없는 그러한 사회는 개조가 필요한데, 사회를 개조하기 위해서는 먼저 인간의 개조가 선행되어야 한다는 것이다. 그리고 인간의 개조에 앞서 생활의 개조가 필요하다는 논리이다.

따라서 결국 자유와 평등이 없는 암울한 식민지 조선의 사회는 개조가

---

45) 「新生活社 創立」, 『東亞日報』 1922. 1. 19; 1922, 「趣旨書」, 『新生活』 1, 68쪽.

필요하며, 그러한 개조를 위해서는 생활의 개조를 위한 '신생활'의 '신운동'이 필요하다는 설명이다. 그리고 바로 그러한 '신운동'을 '평민문화의 건설'과 '자유사상의 고취'라는 슬로건으로 표현하였다.46)

그렇다면 신생활의 신운동을 통해 개조해야 할 대상인 식민지 조선의 현실은 어떠한 상태이며 왜 그런 상태가 되었는가? 이에 대해 신생활사그룹은 다음의 〈A〉·〈B〉와 같이 언급하고 있다.

〈A〉 오인의 생활조건을 안전보장하기에 幾多의 결함이 有하며 생산기관을 包容決定하기에 種種의 不具가 存한 것은 何必 識者를 待치 아니하고도 산상에서 성곽과 가튼 엄연한 사실이로다. 져 빈곤과 기아유리가 그것이며 져 계급과 무지 압박의 사실이 그것이로다.47)

〈B〉 현대인의 저주는 생활의 불안이외다. 늘 공포와 위협의 襲來를 當하야 그 생활이 안정을 엇지 못합니다. …… 현대인의 생활의 불안은 현대사회조직으로부터 비저 나온 것이외다. 一步를 더 들어가서 살펴보면 현대의 문명 그것이 한 원인이 됩니다. …… 그러면 현대의 문명을 이러케 불안 동요케 하는 원인이 어데 잇겟습니까. 나는 얼는 현대사회조직의 자본주의의 경제적 원인에 잇다고 하겟습니다. 다시 말하면 현대의 문명은 자본주의에 근거한 까닭이라 함이외다. 이것이 곳 현대인의 생활을 불안케 하며 위협하는 策源이 됩니다. …… 나는 이러케 현대인의 생활의 불안은 경제조직에 원인햇다고 단언합니다.48)

---

46) 1922년 6월 1일 발행된『新生活』제6호의 표지에는 "民衆文化를 提唱·自由思想을 鼓吹"라는 '主旨'의 내용이 강조되어 있다(1922,『新生活』6,「표지」). 그러나 검열로 일부 내용이 삭제된 후 1922년 6월 6일 다시 발행된 임시호의 표지에는 이 부분이 삭제되었다 (1922,『新生活』6월호 임시호,「표지」).
47) 1922,「社會問題叢書 豫告」,『新生活』7,「광고」참조.
48) 1922, 李星泰,「生活의 不安」,『新生活』1, 24-26쪽.

즉 식민지 조선의 현실은 경제적 파탄으로 인해 빈곤과 기아가 횡횡하고, '사회문제'[49]로 인해 생활은 불안할 수밖에 없는 상태라는 것이다. 그리고 결국 그러한 식민지 조선의 현실은 자본주의의 기본적인 모순에서 기인한다는 것이다. 이러한 현실인식은 그 기저에 자본주의 체제에 대한 비판과 함께 그에 기반한 일본 제국주의에 대한 비판을 동시에 내포하고 있는 것이기도 하다.

식민지 조선의 현실에 대한 이러한 진단 아래서 이 문제를 해결하는 방법은 문제의 원인인 자본주의 체제의 메커니즘에 대한 본질적인 이해와 분석을 통해 그를 극복하기 위한 노력을 경주하는 것이다. 그러나 신생활사그룹이 이 문제의 극복 방안으로 제시한 것은 자본주의의 메커니즘에 대한 분석과 그를 통한 대안 제시가 아니라, 자본주의 체제에 대한 비판 그 자체였다. 또한 전술한 바와 같이 '평민문화의 건설'과 '자유사상의 고취'를 강조하였다.

그렇다면 신생활사그룹이 건설하고자한 평민문화란 무엇인가? 김명식에 의하면 평민문화는 종교문화·귀족문화·제왕문화·군국문화·자본문화 등과 같은 '구문화'가 아니라, 전체의 문화이자 대중의 문화인 '신문화'를 가리킨다. 즉 '노동문화'에 다름 아니었다.[50]

즉 평민문화는 "'전인민의 행복'이라는 것에 명(名)을 자(藉)하고 '전체의 이익'을 표방하야 자유·평등·박애의 이상을 고조하면서 민중을 부려

---

[49] 신생활사는 '사회문제'와 관련하여 5권의 총서(① 辛日鎔,『社會問題槪要』② 金明植,『現代思想의 歸趣』③ 辛日鎔,『婦人問題』④ 金明植,『勞動問題』⑤ 辛日鎔,『社會主義의 理想』)를 기획하였다(1922,「社會問題叢書 豫告」,『新生活』7,「광고」참조). 1922년 8월부터 매월 10일 출간될 예정이었던 총서는 여러 가지 사정으로 연기되었는데, 결국 '신생활사 필화사건'으로 인해 발간되지 못하였다.
[50] 金明植, 1922a,「舊文化와 新文化」,『新生活』2, 6쪽.

서 봉건제도를 쓰러트리고 귀족계급을 소탕한 후 그 대신에 신사벌(紳士閥) 왕국의 이상화한 국가가 실현"⁵¹⁾한 부르주아문화나 "통일이니 질서니 하는 이름 아래에 만인을 어느 판형에다가 집어너어 동일한 주조물인 행시주육(行尸走肉)을 제조하여 가지고 다수를 잉여가치를 생산하는 기계로 화(化)하며 권위를 복종하는 자가 복이 잇다고 원숭이 놀리듯키 놀리며 말갓치 부려먹는"⁵²⁾ 소수의 문화, 계급의 문화인 '구문화'와 대립하는 개념이라는 것이다.

그렇다면 이러한 평민문화는 어떻게 건설할 수 있는가? 이에 대해 김명식은 다음과 같이 주장한다.

> 신문화가 건설되랴면 반다시 구문화의 폐허를 要하며 일즉 구문화의 形跡이 有치 아니한 신기초를 要한다. …… 저 로서아에서 先着手한 신문화운동이 가속도로 세계에 전파되지 아니 할는지? …… 신문화의 건설도 필경 不遠한 장래의 事일가 한다.⁵³⁾

즉 현재의 계급사회인 자본주의 체제를 지양하는 것을 전제로 제시하고 있다. 이는 일제의 검열이라는 제약이 상존하고 있는 상황에서 합법출판물인 『신생활』의 성격상 직접적인 주장은 아니지만 결국 자본주의 체제에 기반한 제국주의 일본의 구축을 주장하고 있는 것이기도 하다. 또한 김명식은 소비에트 러시아의 신문화운동을 강조하여 자본주의 체제에 대한 지양과 그 시기가 멀지 않았음을 원론적이고 우회적으로 표현하였다.

그러나 자본주의 체제를 지양하고 건설할 새로운 사회를 어떻게 만들

---

51) 鄭栢, 1922c,「唯一者와 그 中心思想」,『新生活』9, 54쪽.
52) 鄭栢, 1922c, 56쪽.
53) 金明植, 1922a, 6쪽.

어 갈 것인가에 대한 더 이상의 구체적인 방법에 대한 제시는 없다. 대신 신생활사그룹이 '신문화'의 상징으로 상정한 소비에트 러시아에 대한 다양한 분야를 소개하는 글들을 『신생활』에 계속 게재하였다.54)

식민지 조선의 현실을 타개하기 위한 또 하나의 방법은 신사상의 소개를 통한 '자유사상의 고취'였다. 이는 신생활사그룹이 『신생활』을 통해 가장 중점적으로 전개한 활동으로, 이후 『신생활』이 '최초의 사회주의 잡지'라는 평가를 받게 된 원인이 되었다. 신생활사그룹이 『신생활』을 통해 가장 적극적으로 소개한 '신사상'의 중심에는 사회주의사상, 특히 맑스주의가 자리하고 있었다. 그리고 맑스와 함께 '신사상'의 또 다른 대표자로 소개된 이들은 사회주의자인 라파르그와 모리스, 그리고 사회적 아나키스트인 크로포트킨과 개인적 아나키스트인 슈티르너였다. 신생활사그룹이 이들과 이들의 사상에 관심을 표명한 것은 그들의 사상에 대한 나름의 이해에 기반한 것이었다. 즉 크로포트킨과 슈티르너, 그리고 라파르그와 모리스의 소개가 불합리하고 권위주의적인 현존 자본주의 체제에 대한 비판의 기제가 된다고 생각했기 때문이다.

먼저 크로포트킨의 소개에 대해 살펴보도록 하자. 『신생활』에 적극적으로 크로포트킨을 소개한 이는 이성태이다. 그는 『신생활』에 크로포트킨과 관련된 모두 5편의 글을 게재하였다.55) 그런데 이성태가 크로포트킨

---

54) ① 金明植, 1922b, 「露西亞의 산 文學」, 『新生活』 3 ② 鄭栢, 1922b, 「勞農露西亞의 文化施設」, 『新生活』 6 ③ 千眼子, 1922, 「소뷔엣트 露西亞의 近況」, 『新生活』 7 ④ 一記者, 1922, 「프레스코-쓰카야 女史 小傳」, 『新生活』 8 ⑤ 趙宇, 1922, 「勞農露國의 勞動法規」, 『新生活』 8 ⑥ 一記者, 1922, 「露西亞 農民史 槪觀」, 『新生活』 9.
55) ① 李星泰 譯, 1922a, 「社會生活의 進化」, 『新生活』 2 ② 李星泰 譯, 1922b, 「適者의 生存」, 『新生活』 3 ③ 크로포트킨, 李星泰 譯, 1922c, 「靑年에게 訴함」, 『新生活』 6 ④ 李星泰, 1922d, 「크로포트킨學說硏究」, 『新生活』 7 ⑤ 李星泰, 1922e, 「想片」, 『新生活』 9. 李星泰는 자신의 소개 이전에 식민지 조선에 크로포트킨이 소개된 상황에 대해 "크로포트킨

과 그의 사상을 적극적으로 소개한 이유는 '아나키즘'이라는 사상 그 자체보다는 그 사상이 기본적으로 불합리한 현 사회, 즉 자본주의 체제에 대해 근본적인 비판을 내재하고 있었다는 점에 주목하였기 때문이다.

크로포트킨(Pyotr Alexeyevich Kropotkin, 1842-1921)은 1890년부터 1896년까지 Nineteenth Century에 연재했던 글을 묶어, 1902년 *Mutual Aid: A Factor of Evolution*, 즉 『상호부조론』을 출간하였다.56) 그리고 일본의 맑스주의자 야마카와 히토시는 이 책의 제1장과 제2장인 '동물의 상호부조'를 일역하여 '평민과학' 시리즈의 한 권인 『動物界の道德』으로 출간하였다.57) 그런데 이성태가 소개한 5편의 글 가운데 「社會生活의 進化」와 「適者의 生存」은 야마카와 히토시의 『動物界の道德』을 번역한 글이다.58) 이성태가 『상호부조론』의 번역 저본으로 일본의 대표적인 아나키스트 오스기 사카에[大杉榮, 1885-1923]의 번역본을59) 사용하지 않고 야마카와 히

에 對하야는 비록 再造의 文書일지라도 아즉 보지 못하엿습니다. 구타여 차자 보랴면 『我聲』3, 4號에 실린 尹滋暎君의 「相互扶助論硏究」(크로포트킨硏究 大杉榮著: 원문)의 譯과 『東亞日報』(號는 기억치 못하나: 원문) 4면에 金明鎭君의 「靑年에게 訴함」의 第1章 譯과 『共濟』 7, 8號에 無我生의 거의 全文의 半이나 譯한 것을 보앗슬 따름 이외다"라고 언급하고 있다(李星泰, 1922d, 29쪽).

56) Pyotr Alexeyevich Kropotkin, 1902, *Mutual Aid: A Factor of Evolution*, William Heinemann.
57) 山川均 述, 1908, 『動物界の道德』, 有樂社, 「第四篇 머리말」 참조. 이 책은 모두 32장으로 구성되어 있는데, 1921년 '民衆科學' 총서로 三德社에서 재출간되었다(クロポトキン 著, 山川均 譯, 1921, 『動物界の道德』, 三德社).
58) 이성태는 글의 말미에 '動物界의 道德에서'라고 글의 출처를 밝히고 있다(李星泰 譯, 1922a, 14쪽; 李星泰 譯, 1922b, 35쪽). 「社會生活의 進化」의 경우는 『動物界の道德』의 제22장(「社會生活の進化」)을 번역한 것이고, 「適者의 生存」의 경우는 제24장(「適者の生存」)과 제25장(「共同生活と正義の觀念」)을 번역한 것이다(山川均 述, 1908 참조).
59) 大杉栄은 1915년 처음으로 『상호부조론』의 제1장과 제2장인 '동물의 상호부조'를 「動物界の相互扶助」로 번역하였는데(クロポトキン 著, 大杉栄 訳, 1915, 「動物界の相互扶助 - 生存競爭についての一新說」, 『新小說』 9), 이를 1920년 『クロポトキン硏究』에 수록하였다(大杉栄, 1920, 「クロポトキンの生物學 - 相互扶助論」, 『クロポトキン硏究』, ア

토시의 번역본을 사용한 것이다.

이 또한 이성태가 크로포트킨과 『상호부조론』을 소개한 이유가 '아나키즘'에 동조해서가 아니라 맑스주의의 입장에서 자본주의 체제를 비판하기 위함임을 유추할 수 있다. 즉 이성태는 크로포트킨의 사상을 '아나키즘' 자체보다는 "현존제도를 부정하고 광명한 미래를 건설"60)하려는 '신사상'으로 이해한 것이다. 따라서 아나키스트와 그들의 지향성에 대해서도 다음의 〈C〉·〈D〉와 같이 인식하였다.

> 〈C〉 생산의 과잉이 생기는대 인류의 十分의 九나 되는 노동자는 기아의 修羅가 되는 사유재산제도의 질서, 살육과 투쟁을 일삼은 현대 사회의 약탈의 조건이 되는 교육의 질서, 소수자를 위하야 민중을 착취하는 국가제도의 질서, 이 모든 질서를 파괴하야 만인을 위한 만족과 행복과 평화와 진보를 위하야 새로운 자유의 미래를 건설하려 함이외다. 진실로 새로운 질서의 창조! 이것이 그네가 부르즈지는 질서외다.61)

> 〈D〉 처음으로 조선에 소개되는 무정부주의의 머리 - 크로포트킨을 안은가? 열광적 인류애에 넘치는 그의 학설! **현대자본주의 사회조직에 대한 무서운 위협**(강조는 인용자)인 그의 학설이 응당 독자에게 그 무엇을 가르칠 가로다.62)

즉 크로포트킨과 그의 사상이 기본적으로 "현대자본주의 사회조직을 근본적으로 개혁"63)하려는 사상이라는 인식을 갖고 있었기 때문에 크로

ス). 오스기 사카에가 『상호부조론』을 완역하여 출판한 것은 1917년이다(ピョトア クロポトキン 著, 大杉栄 訳, 1917, 『相互扶助論: 進化の一要素』, 春陽堂).
60) 李星泰, 1922d, 30쪽.
61) 李星泰, 1922d, 32쪽.
62) 『東亞日報』1922. 7. 4, 「『新生活』제7호 광고」참조.

포트킨과 그의 사상을 '신사상'으로 적극 소개하였던 것이다.

막스 슈티르너(Max Stirner, 1805-1856)가 소개된 이유도 크로포트킨의 경우와 크게 다르지 않았다. 정백은「유일자(唯一者)와 그 중심사상」이라는 글을 통해 슈티르너가 모든 지배적 권위사상을 비판하고 '자아' 이외의 모든 권위를 부정했다는 점을 강조하였다.[64] 즉 슈티르너의 지배적 권위사상에 대한 비판이 자본주의 체제와 부르주아문화라는 현존 지배질서에 대한 비판의 기제로 작용할 수 있다는 생각에서 적극적으로 소개한 것이다.[65]

그러나 청년헤겔파의 일원이었던 막스 슈티르너는 전형적인 개인주의자로 개인주의적 아나키즘을 주장한 최초의 사상가들 가운데 하나였다.[66] 부르주아사회에 대한 쁘띠 부르주아의 이해를 담고 있던 그의 견해는 많은 쁘띠 부르주아 지식인들의 지지를 얻었다. 그러나 표면적으로는 혁명적인 막스 슈티르너의 문구들은 실제로는 노동자계급의 주체적인 행동을 제약하고 궁극적으로는 그 자신이 비판하고자 했던 부르주아 체제를 변호

---

63) 李星泰, 1922e, 89쪽.
64) "自我 以外에 一切의 權威를 집프레기갓치 짓밟어 버리든 唯一者! …… 막스 스티르너라는 것은 假名이오 其 實名은 요한 카스파 슈밋트 …… 모든 支配的 權威思想을 縱橫으로 批判하야 自我 以外의 一切 權威는 如何한 種類를 莫論하고 모다 吸血鬼에 不過한다고 부르지젓습니다."(鄭栢, 1922c, 49-51쪽). 鄭栢의「唯一者와 그 中心思想」은 식민지 조선에서 슈티르너와 그의 사상에 대해 전일적으로 소개한 유일한 글이다(박종린, 2008b, "바쿠닌과 슈티르너의 아나키즘과 식민지 조선",『동양정치사상사』7-1, 40쪽).『新生活』에 게재된 廉尙燮의 글에는 '요한 카스팔 슈미트'에 대한 언급이 있다(廉尙燮, 1922,「至上善을 爲하야」,『新生活』7, 80쪽). 요한 카스팔 슈미트(Johann Caspar Schmidt)는 막스 슈티르너의 본명이다.
65) 식민지 조선에서의 슈티르너 수용에 대해서는 박종린, 2008b 참조.
66) 막스 슈티르너의 생애와『唯一者와 그 所有』에 대해서는 ① 鄭文吉, 1987,『에피고넨의 시대: 靑年헤겔派唯와 칼 마르크스』, 文學과知性社 ② 김은석, 2004,『개인주의적 아나키즘』, 우물이 있는 집 참조.

하게 되는 역설에 빠질 수밖에 없었다.

맑스와 엥겔스는 『독일이데올로기』를 통해 막스 슈티르너와 그의 『유일자와 그 소유』가 갖는 사상적 문제와 대결하면서 자신들의 유물사관을 정식화하였다. 맑스와 엥겔스는 『독일이데올로기』에서 혁명운동에 참여하는 대신 고립된 개인들만을 양산하는 슈티르너와 그의 아류들이 제시한 방법을 통해서는 결코 개인을 해방시킬 수 없음을 비판하였다. 현존하는 자본주의 체제가 개인들에게 씌워 놓은 굴레를 부수고 개인의 진정한 자유와 발전, 그리고 대중적 이익과 개인적 이익의 조화로운 결합을 가능하게 하는 것은 오직 모든 노동자들의 이익을 위해 노동자계급 자신이 수행한 혁명뿐임을 강조하였다.

그렇다면 맑스와 엥겔스가 '성(聖) 막스'와 '그 유명한 책'으로 조소했던 막스 슈티르너와 그의 『유일자와 그 소유』가 『신생활』에 주요한 '신사상'의 하나로 소개된 이유는 무엇인가? 이는 1922년 시점에 『독일이데올로기』가 공간되지 않았다는 점과 관련이 있다.[67] 그리고 1920년과 1921년 사이에 『유일자와 그 소유』가 일역되어 집중적으로 소개되었다는 점과도 무관하지 않다.[68] 따라서 『신생활』에 슈티르너와 그의 『유일자와 그 소

---

[67] 『독일이데올로기』는 제1편인 「포이에르바하」만이 1924년 리야자노프에 의해 러시아어로 처음 공개되었다. 전문의 공개는 아도라츠키에 의해 1932년에 이루어졌다. 일본에서는 리야자노프 版의 경우는 쿠시다 다미조[櫛田民藏]와 모리토 타쓰오[森戶辰男]에 의해 1926년 초역이 이루어 졌고, 아도라츠키 版의 경우는 唯物論硏究會의 번역으로 1937년에야 출판되었다. 『독일이데올로기』에 대한 서지학·문헌학적 고찰에 대해서는 ① 鄭文吉, 1984, 『마르크스의 사상 형성과 초기 저작: 『독일이데올로기』와 『마르크스·엥겔스 전집』 연구』, 문학과지성사 ② 정문길, 2011, 『독일 이데올로기의 문헌학적 연구 – 초고의 해석과 편찬』, 문학과지성사 참조.

[68] 막스 슈티르너의 『유일자와 그 소유』는 1920년 5월에 쓰지 준(辻潤)의 번역으로 『唯一者とその所有』라는 제목으로 日本評論社에서 처음으로 출간되었다. 완역본은 辻潤에 의해 1921년 12월 『自我經: 唯一者とその所有』라는 제목으로 冬夏社와 改造社에서 함께

유』가 주요한 '신사상'의 하나로 소개되는 이러한 현상은 이 시기 신생활 사그룹이 갖고 있던 맑스주의에 대한 인식의 정도를 상징적으로 보여주는 한 단면이라고 할 것이다.

『신생활』에 '신사상'의 또 다른 대표자로 윌리엄 모리스(William Morris, 1834-1896)[69]와 그의 『에코토피아뉴스』를 소개한 이는 정백이다. 정백이 윌리엄 모리스와 『에코토피아뉴스』를 소개한 것은 신생활사그룹이 크로포트킨이나 슈티르너를 소개한 것처럼, 이 책이 "자본주의 사회에 대한 비판"[70]을 그 핵심으로 하고 있기 때문이다.

정백은 「이상향의 남녀생활」이라는 글이 "일본 유일의 모리스트인 '패총삽륙(貝塚澁六)'이 윌리엄 모리스의 책을 번역한 "하무유향소식(何無有鄕消息)의 일부 「신사회의 남녀생활」"[71]의 번역임을 밝히고 있다. 그렇다면 정백이 언급한 '패총삽륙'은 누구이고, 그가 번역한 모리스의 저작은 무엇인가? '패총삽륙'은 일본의 대표적 맑스주의자인 사카이 도시히코가 사용한 필명 가운데 하나이다. 그리고 사카이 도시히코의 번역서 리스트를 살펴보면 윌리엄 모리스와 관련된 것은 1904년 *News from Nowhere or An Epoch of Rest, Being Some Chapters from a Utopian Romance*를 번

출간되었다. 1945년까지 일본에서의 슈티르너 수용에 대해서는 박종린, 2008b, 38-40쪽 참조.
69) 윌리엄 모리스는 시인·소설가·출판가·화가·건축가·디자이너 등 전방위적으로 활동한 낭만주의적 예술가이자, 사회주의자동맹의 리더였던 영국의 대표적인 사회주의자였다. 모리스에 대해서는 ① 박홍규, 2007, 『윌리엄 모리스 평전』, 개마고원 ② 에드워드 파머 톰슨 저, 윤효녕·이순구·김재오·조애리·엄용희·하애경·정남영·김나영·이선주·임보경·성은애 역, 2012, 『윌리엄 모리스: 낭만주의자에서 혁명가로』 1·2, 한길사 참조.
70) 윌리엄 모리스 지음, 박홍규 옮김, 2004, "역자 머리말", 『에코토피아뉴스』, 필맥, 10쪽.
71) 路草, 1922, 「理想鄕의 男女生活」, 『新生活』 8, 91쪽.

역한 『理想鄕』이라는 책이 존재한다.[72]

그렇다면 윌리엄 모리스의 책을 번역했다는 '하무유향소식'은 어떤 책인가? 이는 전술한 『理想鄕』과 동일한 책이다. 즉 사카이 도시히코가 윌리엄 모리스의 News from Nowhere를 『理想鄕』으로 번역한데 비해, 이쿠다 쵸지[生田弘治・生田長江, 1882-1936]・혼마 히사오[本間久雄, 1886-1981]와 고이즈미 신죠[小泉信三, 1888-1966]의 경우는 『何無有鄕の消息』이나 『何無有鄕消息』으로 번역하였기 때문이다.[73] 따라서 전술한 정백의 언급은 『理想鄕』을 번역하는 과정에서 다른 이들의 책도 참고한 것을 알 수 있다.

정백은 「신사회의 남녀생활」이란 제목을 '이상향'의 남녀생활이란 의미와 함께 『理想鄕』에서 '남녀생활'과 관련된 내용을 가려 뽑았다는 이중적인 의미로 사용한 것이다. 실제로 모두 10개 부분으로 구성된 「신사회의 남녀생활」의 경우 『理想鄕』을 번역한 9개 부분(2-10)은 『理想鄕』의 내용 가운데 '남녀생활'과 관련된 5개의 장(8・20・21・22・23)을 번역한 것이다.

폴 라파르그(Paul Lafargue: 1842-1911)의 소개도 같은 연장선상에 있

---

72) ヰリアム モリス 著, 堺枯川 抄訳, 1904, 『理想鄕』, 平民社. 枯川은 堺利彦의 號이다. 윌리엄 모리스는 1890년 1월 11일부터 10월 4일까지 사회주의자동맹의 기관지인 주간 Commonweal에 연재했던 글을 증보하여 1891년 32장으로 구성된 News from Nowhere or An Epoch of Rest, Being Some Chapters from a Utopian Romance를 출간하였다 (William Morris, 1891, News from Nowhere or An Epoch of Rest, Being Some Chapters from a Utopian Romance, Reeves & Turner). 『理想鄕』은 원본과는 달리 23장으로 구성되어 있다.

73) 윌리엄 모리스의 News from Nowhere or An Epoch of Rest, Being Some Chapters from a Utopian Romance를 生田弘治・本間久雄는 『何無有鄕の消息』으로 번역하였고, 小泉信三은 『何無有鄕消息』으로 번역하였다(① 生田弘治・本間久雄, 1920, 『社會改造の八大思想家』, 東京堂書店 ② 小泉信三, 1921, 『社會組織の經濟理論的批評』, 下出書店 참조).

다.74) 『신생활』에 게재된 「자본주의의 파탄」이라는 라파르그의 글은, 제목에서 유추할 수 있듯이 자본주의 체제의 근본적인 비판과 필연적인 붕괴에 대해 논한 글이다.75)

3. 계급투쟁의 강조

신생활사그룹이 식민지 조선의 현실을 타개할 목적으로 가장 주력한 활동은 신사상, 특히 맑스주의에 대한 소개였다. 신생활사그룹은 『신생활』이라는 공개 출판물을 통해 다양한 사회주의사상 가운데 맑스주의를 '정파(正派)'76)라고 공개적으로 선언하였다. 사회주의사상을 소개하는 과정에서의 언급이기는 하였지만, 사회주의에 대한 '연구'만이 제한적으로 허용되고 있던 식민지 조선의 상황에서 맑스주의에 대한 입장을 공개적으로 천명한 것이다.

이는 신생활사그룹의 정체성과 지향성을 가시화한 매우 의미있는 일이었다. 또한 식민지 조선에 수용된 다양한 사회주의사상이 이 시기 급격하게 맑스주의로 전일화되고 있음을 상징적으로 보여 주는 것이기도 하였다. 이러한 전일화는 공산주의그룹의 조직과 대중운동의 발전이라는 사회

---

74) 폴 라파르그는 프랑스의 대표적인 맑스주의자로서, 프랑스노동당의 리더이자 맑스의 둘째 사위였다. 라파르그에 대해서는 ① 폴 라파르그 저, 조형준 옮김, 2005, 『게으를 수 있는 권리』, 새물결 ② P. 브라니츠기 저, 이성백·정승훈 옮김, 2012, 『맑스주의의 역사(1)』, 중원문화 ③ 폴 라파르그 저, 조형준 옮김, 2014, 『자본이라는 종교』, 새물결, 2014 참조.
75) 鄭栢, 1922a, 「資本主義의 破綻」, 『新生活』 5, 1922. 이 글은 '편집후기'에 의하면 라파르그의 글을 번역한 것이다(1922, 「編輯室에서」, 『新生活』 5). 그러나 내용의 대부분은 검열로 삭제되었다.
76) 辛日鎔, 1922a, 「社會主義의 理想」, 『新生活』 9, 23쪽.

주의운동의 조직화와 밀접하게 연관된 것이다. 즉 일본 제국주의와 투쟁하는 일면, 부르주아 민족주의세력과 경쟁하면서 민족해방운동의 주류적 흐름으로 자리 잡아 가던 사회주의운동의 조직적 발전에 발맞추어 맑스주의가 그 지도 이념으로 기능해 가고 있음을 보여 주는 것이다.

맑스주의 가운데 신생활사그룹이 가장 커다란 관심을 가지고 적극적으로 소개한 것은 계급투쟁과 관련된 내용이다. 이는 '김윤식사회장' 이후 부르주아 민족주의세력 및 국내 상해파와 치열한 사상투쟁을 전개하던 신생활사그룹의 현실적인 필요와도 맞물린 것이었다.77) 여러 가지 제한으로 인해 '학설적 부분'을 위주로 글을 전개할 수밖에 없었던 식민지 조선의 여건에서도 맑스의 계급투쟁설이 적극적으로 소개된 것은 특히 신일용의 역할이 컸다. 그가 국제노동운동사를 적극적으로 소개하고자 한 것은 바로 이러한 연장선에서였다.

신일용은『신생활』에 국제노동운동사를 연재하고자 하였다. 그리고 실제로「국제노동운동소사」라는 글을 게재하였지만,78) 일제의 검열과 같은 외적인 제한으로 인해 게재는 1회로 마감되었다. 그러나 신일용의 다음 언급을 통해「국제노동운동소사」의 내용을 유추할 수 있다.

> 이것은 山川均, 荒畑勝三氏의 노동운동사에서 拔抄한 것인대 初頭에 數節 卽 戰前의 부분은 林癸未夫氏의 논문에서 抄來한 것이올시다.79)

---

77) '김윤식사회장' 찬반논의에 대해서는 ① 박종린, 2000 ② 임경석, 2005, "운양 김윤식의 죽음을 대하는 두 개의 시각",『역사와 현실』57 참조.
78) 赤咲生, 1922,「國際勞動運動小史」,『新生活』2. 赤咲生이 辛日鎔의 필명이라는 것은 "赤咲 辛日鎔君의 國際勞動運動史는"이라는 '편집후기'를 통해 알 수 있다(1922,「編輯을 맛치고」,『新生活』3).
79) 赤咲生, 1922, 21쪽.

즉 일본의 대표적인 맑스주의자인 아라하타 칸손[荒畑寒村; 荒畑勝三, 1887-1981]과 야마카와 히토시의 노동운동사에 대한 책을 발췌하여 번역하였고, 도입부는 하야시 키미오[林癸未夫, 1883-1947]의 글을 정리했다는 것이다.[80] 신일용이 언급한 아라하타 칸손과 야마카와 히토시의 노동운동사에 대한 책이란 실제로는 그들의 저술이 아니라, 시드니 웹(Sidney Webb, 1859-1947)과 베아트리스 웹(Beatrice Webb, 1858-1943) 부부가 1894년 함께 집필한 *The history of Trade Unionism*[81]을 일역한 책을 지칭하는 것이다.[82] 이들 논저의 내용은 19세기 초부터 제1차 세계대전 이후까지 전개된 국제노동운동의 흐름을 정리한 것이다.

신일용은 계급투쟁설과 계급투쟁의 시기에 대해서는 다음의 〈E〉·〈F〉와 같이 주장하였다.

〈E〉 계급쟁투설은 인류 사회진화의 한 법칙으로 보아서 역사적 과정 중에 개재한 엄연한 사실로 보아서 무산계급의 창조하랴는 신문화의 기초적 의미로 보아서 가장 중요한 것이다. 유물사관과 경제학설은 실질적 조직이요 무기라 하면 계급쟁투의 학설은 元氣요 策戰인 세움이다.[83]

---

80) 하야시 키미오의 논문은 이후 1923년 3월 『國際勞働運動史』에 수록되었다(林癸未夫, 1923, 『国際労働運動史』, 早稲田大学出版部). 『國際勞働運動史』는 그 해 7월부터 4개월 동안 『朝鮮日報』에 108회에 걸쳐 완역·소개되었다(林癸未夫 著, 一記者 譯, 「国際労働運動史」, 『朝鮮日報』 1923. 7. 7~1923. 10. 23).
81) Sidney Webb·Beatrice Webb, 1894, *The history of Trade Unionism*, Green and Co.
82) シドニー・ウエッブ・ビアトリス・ウエッブ 著, 荒畑勝三・山川均 訳, 1920, 『労働組合運動史』, 叢文閣.
83) 辛日鎔, 1922a, 「맑쓰思想의 硏究: 階級爭鬪說」, 『新生活』 6, 35쪽. 辛日鎔의 이 글에 대해 『新生活』은 『東亞日報』를 통해 "資本階級獨裁에서 無産階級獨裁로 推移할 階級對立의 必然의 原理를 論하야 階級鬪爭의 策略에 論及함. 此를 讀하야 過激派의 指導原理를 知하라!"라고 광고하고 있다(『東亞日報』 1922. 5. 31, 「『新生活』 제6호 광고」 참조).

〈F〉 노동자의 그 예속상태는 일시적 상태가 아니오 私的 자본주의 경제조직의 결과인 것, 따라서 예속상태는 이 경제조직이 존재하기까지는 계속할 것, 그리고 이 경제조직은 생산기관이 사회의 전원에 속한 경제제도에 의하야 代謝할 것을 각오한 때에 난 그것이 발전하야 계급투쟁이 되고 말 것이다.[84]

즉 맑스주의에서 유물사관과 경제학설이 '조직'이자 '무기'라면, 계급투쟁설은 '원기(元氣)'이자 '책전(策戰)'이라고 주장하였다. 그리고 자본주의 체제에서 계급투쟁은 자본주의를 지양하고 사회주의를 지향하는 노동자들에 의해 가능하다고 주장하였다.

그렇다면 이러한 계급투쟁을 통해 도래할 사회는 어떤 사회일까? 이에 대해 신일용은 맑스의 『고타강령비판』과 『프랑스내전』의 구절을 인용하여 설명하고 있다. 즉 자본주의 체제에서의 계급투쟁은 필연적으로 자본주의를 붕괴시키고 프롤레타리아트독재에 도달할 것이며, 프롤레타리아트독재는 일체의 계급을 폐지하고 자유와 평등의 '신사회'로 가는 과도기의 성격을 갖는다는 것이다.[85] 또한 사회주의는 사유재산제도를 혁파하고 공유재산제도로 변혁시키는데, 이를 국가가 과도기적으로 관리하는 것이 바로 사회주의의 첫 번째 이상이라고 주장하였다.[86]

이와 함께 야마카와 히토시가 집필한 「無産階級の歷史的使命」이란 글을 통해,[87] 계급투쟁과 '인간의 능동성'에 대해 다음과 같이 주장하였다.

---

[84] 辛日鎔, 1922a, 38쪽.
[85] 辛日鎔, 1922a, 41쪽.
[86] 辛日鎔, 1922b, 「社會主義의 理想」, 『新生活』 9, 22쪽.
[87] 「無産階級の歷史的使命」은 1919년 8월 13일 집필되었는데, 1922년 5월 10일 출간된 『歷史を創造する力』에 수록되었다. 「無産階級의 歷史的 使命」이 수록된 『新生活』 제9호는 1922년 9월 5일 출간되었다. 이는 식민지 조선의 사상계와 일본의 사상계의 '동시기성'을 보여 주는 하나의 사례라는 점에서 중요하다. 『歷史を創造する力』의 「머리말」과 '목차'

사회진화의 경우에는 필연은 반드시 엇더한 형체에서 인간의 의지와 행동이 되어 발현되고 인간의 의지와 행동이라는 통로를 經하야 行여해지는 것이외다. …… 맑쓰의 唯物史觀이 단순한 숙명론이 안닌 이유가 여긔에 잇습니다.[88]

맑쓰는 한쪽으로는 자본의 집중을 예상하고 자본의 집중으로 인한 현재의 경제조직의 자동적 숙명적의 붕괴를 예상하고 잇슴과 갓치 뵈임에 불구하고 오히려 계급투쟁설의 당연의 응용으로 하야 혁명적 노동계급으로써 사회적 진화의 과정에 在한 참된 動力으로 인정하엿습니다.[89]

즉 사회진화의 필연성을 승인한 상태에서, 사회진화의 '동력'으로 혁명적 노동계급을 설정한 것이다. 그리고 그들의 능동성에 기반한 계급투쟁을 통해 역사발전을 이룩할 수 있다는 점을 강조한 것이다.

이는 맑스주의에 대한 인식이 1921년 『정치경제학비판을 위하여』 서문의 유물사관요령기에 대한 번역을 통해 '사회주의의 필연성'을 강조하던 단계에서, 자본주의에서 사회주의로의 이행이라는 문제와 그 이행 과정의

사이의 페이지에는 "이제까지의 모든 사회의 역사는 계급투쟁의 역사이다. 자유민과 노예, 귀족과 평민, 영주와 농노, 길드의 장인과 직인, 간단히 말해 억압자와 피억압자는 항상 대립했으며, 때로는 공공연하게 때로는 은밀한 투쟁을 계속하였다. 그리고 이 투쟁은 언제나 사회 전체의 혁명적 개조로 끝나거나, 아니면 서로 투쟁하는 계급이 함께 몰락함으로써 끝났다."라는 『공산당선언』에서 가장 유명한 구절 가운데 하나가 인쇄되어 있다(山川均, 1922, 『歷史を創造する力』, 三德社 참조). 이는 이 책의 성격을 단적으로 보여주는 것이다. 「無産階級の歷史的使命」은 모두 9개 부분으로 구성되어 있는데, 『新生活』 제9호에 번역·게재된 부분은 원문의 9개 부분 가운데 전반부인 6개 부분까지이다. 글의 말미에 '次號 完'이란 부기가 달려 있지만(山川均 著, 鄭栢 譯, 1922, 「無産階級의 歷史的 使命」, 『新生活』 9, 40쪽), 후반부의 3개 부분은 결국 공간되지 못하였다.

88) 山川均 著, 鄭栢 譯, 1922, 31쪽.
89) 山川均 著, 鄭栢 譯, 1922, 33쪽.

동력에 천착하는 단계로 발전하고 있음을 보여 주는 것이다. 즉 신생활사그룹은 종래 '사회주의의 필연성'을 원론적으로 강조하는 것에서 벗어나, 자본주의에서 사회주의로의 '이행'의 문제와 그 '동력'으로 '인간의 능동성'을 강조하는 방향으로 나아간 것이다. 특히 이행의 문제에서 '능동성'을 강조하는 신생활사그룹의 맑스주의에 대한 인식은 1923년 물산장려논쟁 과정에서 맑스주의 혁명론에 대한 이해를 둘러싸고 '생산력 증대'를 통한 혁명 '대기주의'를 주장한 국내 상해파와 격렬하게 대립하게 되는 원인이 되었다.[90]

계속되는 검열로 인해 삭제와 압수가 반복되었기 때문에 신생활사그룹이 『신생활』에 게재한 글들은 내용을 정확하게 파악하는데 애로가 많다. 그러나 전체적으로 분석의 틀이나 비판의 내용이 분석적이라기보다는 원론적으로 서술되고 있다. 특히 자본주의 체제에 대해 맑스주의에 기반한 분석 틀로 그 메커니즘을 고찰하지 못하고 단순히 자본주의가 문제의 근원이라는 원론적인 비판에 머물고 있는 점이나, 계속되는 계급투쟁에 대한 강조에도 불구하고 구체적인 계급투쟁의 방식이 눈에 띄지 않는 점이 대표적이다. 또한 전체적으로 체계적인 인식에 기반하여 계통적으로 맑스주의가 소개되었다기보다는 계급투쟁 등 특정 부분에 대한 소개에 초점이 맞춰져있다. 바로 이러한 점이 『신생활』을 통해 파악할 수 있는 신생활사그룹의 맑스주의에 대한 인식의 정도이자 한계라 할 것이다.

그러나 그럼에도 불구하고 다양한 사회주의의 제조류 가운데 맑스주의의 위상을 '정파'로 인식한 점이나 역사발전의 동력으로 '인간의 능동성'을

---

90) 신생활사그룹과 국내 상해파 사이의 물산장려논쟁에 대해서는 박종린, 2003, "1920년대 전반기 사회주의사상의 수용과 물산장려논쟁", 『역사와 현실』 47 참조.

강조하고 '계급투쟁'의 의미를 강조한 점 등은 신생활사그룹의 맑스주의 인식에 대한 특징이라고 할 것이다.

제 2 장
민중사의 맑스주의 인식과 자본주의 메커니즘 분석

1. 민중사의 조직

해방 후 최창익(崔昌益)이 집필한 일제강점기 민족해방운동에 관한 글에는 자신이 참여했던 한 조직에 대해 다음과 같이 짧지만 매우 정확한 정보를 기술하고 있다.

> 朱鍾鍵(朱鍾健의 오기; 인용자), 鄭柏(鄭栢의 오기; 인용자) 등은 다시금 張道斌이 간행하던 『朝鮮之光』지를 인수하여 사회주의 선전지로 개편하는 한편 '民衆社'를 조직하여 사회주의 팜플레트를 편집하는 사업을 추진하였다.[1]

즉 주종건과 정백 등이 사회주의 팜플렛을 편집하는 사업을 추진하였다는 민중사가 바로 그것이다. 이 조직은 1923년 9월부터 짧은 기간 동안 존재했으며 대중운동과 관련하여 활발한 움직임을 보인 적도 거의 없었기

---

1) 朝鮮歷史編纂委員會, 1949, 「朝鮮無産階級運動」, 『朝鮮民族解放鬪爭史』, 金日成綜合大學, 318쪽.

때문에, 종래 연구에서는 전면적인 검토는 물론 그 존재 자체도 거의 언급되지 않았다. 그러나 일제의 사상 탄압 속에서도 대중들에게 사회주의를 선전·보급할 목적으로 맑스주의 원전과 사카이 도시히코의 저작을 번역·출판하는 등 1920년대 맑스주의 수용에서 매우 중요한 위치를 점하고 있는 조직이다.

사회주의 사상운동단체인 민중사는 1923년 9월 경성에서 주종건, 정백, 최창익, 이성태 등의 발기로 조직되었다.[2] 이들은 신생활사 필화사건 이후 『신생활』이 발행금지 되자, 그 후속 매체로 『신사회(新社會)』를 발행하고자 노력을 경주하였다.[3] 그러나 계속되는 압수로 뜻을 이루지 못하였고,[4] 그 과정에서 민중사를 조직한 것이었다. 민중사는 사회주의에 입각하여 사회문제를 연구하고, 그 연구 성과를 사회운동 진영에게 제공하거나 서적 및 잡지 등의 출판물로 간행하는 것을 자신들의 주요한 임무로 설정하였다.

민중사의 구성원 가운데 '대표'[5]인 주종건은 1923년 초 식민지 조선을 뜨겁게 달구었던 물산장려운동 과정에서 국내 상해파의 물산장려운동 참

---

[2] 「民衆社 組織, 사회문제를 연구하는 새 단체」, 『東亞日報』 1923. 9. 1.
[3] 물산장려논쟁이 한창이던 1923년 3월 『東亞日報』에 투고한 글에서 '신생활사그룹'의 李星泰는 필자의 말을 통해 "이 一文은 起草한지가 발서 月餘나 된 것이다. 雜誌 『新社會』에 稿하엿섯는대 該 雜誌는 出願 中이오 아즉 許可가 나오지 아니하엿슴으로 드듸어 이곳에 記載"(李星泰, 「中産階級의 利己的 運動 - 社會主義者가 본 物産獎勵運動」, 『東亞日報』 1923. 3. 20) 한다고 밝히고 있다.
[4] 『新社會』의 압수 과정에 대해서는 「月刊 『新社會』 發行 - 『新生活』 대신에」, 『東亞日報』 1923. 1. 27; 「雜誌 『新社會』 發行」, 『每日申報』 1923. 1. 28; 「檢閱 中에 押收」, 『東亞日報』 1923. 3. 18; 「『新社會』 原稿 - 전부 압수되엇다」, 『東亞日報』 1923. 5. 11; 「『新社會』 原稿 - 세 번재 압수됨」, 『東亞日報』 1923. 6. 4; 「『新社會』 原稿의 連次押收」, 『東亞日報』 1923. 6. 6 참조.
[5] 카-ㄹ 맑스, 民衆社 編輯部 譯, 1923, 『賃金·勞働及資本』, 民衆社, 「판권」 참조.

여론에 가장 적극적인 반대론을 전개한 사회주의자 논객이다. 이성태와 정백도 신생활사 필화사건에서 살아남은 신생활사그룹의 일원으로 물산장려운동에 적극적인 반대운동을 전개하였다.6) 물산장려논쟁 과정에서 공유한 경험과 인식을 토대로 이들이 조직한 것이 민중사이다. 그리고 여기에 와세다대학 정치경제학과를 수학하고 1923년 6월 귀국한 최창익이 결합한 것이다. 결국 민중사는 신생활사그룹을 중심으로 물산장려운동에 반대했던 신진 사회주의자들이 조직적으로 결집한 조직이다.7)

1925년 초반까지 활동한 것으로 보이는8) 민중사는 출판물의 간행을 통한 맑스주의 선전에 주력하였다. 실제로 민중사는 맑스의『임금 노동과 자본』과『임금・가격・이윤』을『賃金・勞動及資本』과『價値・價格及利潤』으로 번역하여 '민중사 팜플렛'으로 발행하였고, 사카이 도시히코의『社會主義學說大要』를 번역하여『개벽』에 게재하였다. 1924년 4월 이후『조선지광』을 장악하고 그를 매개로 맑스주의 선전을 통한 맑스주의 대중화에 주력하였다.9)

---

6) 자세한 것은 박종린, 2003 참조.
7) 민중사와 신생활사의 관계는 민중사의 주소지와 신생활사 인쇄부의 주소지가 모두 '京城府 堅志洞 80-4'로 동일하다(카-ㄹ 맑스, 民衆社 編輯部 譯, 1923, 「판권」)라는 점을 통해서도 유추할 수 있다.
8) 민중사의 해체 시점을 확인할 수 있는 문헌 기록은 찾을 수 없지만, '민중사 팜플렛' 2집 (카-ㄹ 맑스, 民衆社 編輯部 譯, 1925, 『價値・價格及利潤』, 民衆社)에 대한 '신간소개'가 『東亞日報』1925년 5월 16일자에 실려 있다는 점과『開闢』에 연재되었던 堺利彦의『社會主義學說大要』가 1925년 5월 20일자로 민중사가 아닌 개벽사출판부에서 발행되었다는 점 등을 통해 추론한 것이다.
9) 일제의 한 문서에 의하면 주종건은 張道斌에서 金東爀으로 명의가 변경된『朝鮮之光』을 실질적으로 장악하고, 『新生活』의 기자 출신인 兪鎭熙, 辛日鎔, 鄭栢, 李星泰 등과 李廷允, 卞熙鎔 등을 규합하여『朝鮮之光』을 통해 공산주의 선전에 주력하였다고 한다(「京鍾警高秘 第7536號 朝鮮ノ光社ニ關スル件」, 1924. 6. 12, 1쪽: 원문은 http://www.koreanhistory.or.kr 참조).

출판물 검열이 심했던 식민지 조선의 상황에서 사회주의 사상운동단체들은 강연회나 강습회를 통해 맑스주의를 선전하였다. 그러나 강연회나 강습회는 성격상 '일회성'이 강한데다, 일제 경관에 의해 중지되는 경우가 빈발하였다. 이에 비해 출판을 통한 선전은 검열의 문제가 있기는 했지만, 검열을 통과하면 불특정 다수를 대상으로 한 선전의 '계속성'을 담보할 수 있다는 장점을 갖고 있었다. 출판된 사상서적을 읽고 사회주의자가 된 경우가 강연회를 듣고 사회주의자가 된 경우를 능가한다는 일본 메이지사회주의자들의 통계는 선전 방법의 이러한 특징을 잘 보여 준다.10) 그런 면에서 민중사가 맑스주의 원전과 맑스주의 관련 논저의 번역·출판을 통해 맑스주의를 대중적으로 선전하려 한 것은 주목되는 활동이라고 할 것이다.

민중사가 맑스주의 원전을 번역하여 발행한 '민중사 팜플렛'은 전술한 바와 같이 『賃金·勞働及資本』과 『價値·價格及利潤』 등 모두 두 종류이다. '민중사 팜플렛' 제1집으로 발행된 『賃金·勞働及資本』은 민중사 편집부의 번역으로 민중사에서 1923년 11월 15일자로 발행되었는데, 10일도 지나지 않은 11월 24일에 '정정재판(訂正再版)'이 출판되었다.11) 이는 매우 이례적인 것으로 이를 통해 민중사 편집부가 『賃金·勞働及資本』의 번역에 얼마나 심혈을 기울였는지 알 수 있다. 또한 민중사 팜플렛 제2집으로 발행된 『價値·價格及利潤』은 『동아일보』 '신간소개'란에 소개되는 1925년 5월 이전에 발행된 것으로 추정되는데,12) 이 책의 번역자도 민중사 편집부로 되어 있다.

---

10) 中村勝範, 1968, "明治社會主義意識の形成", 『法學研究』 41권 7호, 29쪽.
11) 카-ㄹ 맑스, 民衆社 編輯部 譯, 1923, 「판권」 참조.
12) 『東亞日報』 1925. 5. 16.

맑스주의 원전 번역을 통해 맑스주의를 선전하려는 민중사의 이러한 시도는 종래 사회주의 관련 논저의 소개를 통해 맑스주의를 선전하던 시도에서 진일보한, 맑스주의에 대한 이론적 논구(論究)라는 점에서 주목되는 움직임이다.

민중사는 맑스주의 원전 번역과 함께 맑스주의자들의 논저를 번역하여 대중에게 소개하는 작업도 함께 진행하였다. 『개벽』에 정백이 1923년 10월부터 1924년 3월까지 5회에 걸쳐 일본의 대표적인 맑스주의자인 사카이 도시히코의 『社會主義學說大要』를 번역·연재한 것이 대표적이다.[13]

2. 『임금 노동과 자본』과 자본주의 메커니즘의 분석

1923년 11월 민중사 편집부의 번역으로 민중사에서 출간된 『賃金·勞働及資本』은 『정치경제학비판을 위하여』 서문의 '유물사관요령기'에 이어 식민지 조선에서 '공간'된 두 번째 맑스주의 원전 번역물이자, 단행본 형태로 출간된 첫 번째 번역물이라는 의미를 갖는 저작이다.

『임금 노동과 자본』은 맑스가 1847년 12월 벨기에의 브뤼셀 독일노동자협회에서 행했던 강연을 기초로, 1849년 4월 5일부터 11일까지 5회에 걸쳐 『신 라인 신문』에 게재되었던 글을 묶은 것이다. 이후 여러 차례 단행본으로 간행되었는데, 1884년 호팅엔-쮜리히의 스위스 협동조합 인쇄소 판에는 엥겔스가 간단한 「머리말」을 집필하기도 하였다.[14] 그러나 『임

---

[13] 1925년 5월 鄭栢의 번역으로 『社會主義學說大要』가 개벽사출판부에서 단행본으로 출판되었다. 그런데 『開闢』에 연재된 '白綽'의 번역문과 『社會主義學說大要』에 실린 鄭栢의 번역문이 완전히 일치하고 있다. 이를 통해 '白綽'이 鄭栢의 필명임을 추론하였다.

[14] 프리드리히 엥겔스, 1891, "서설"; 최인호 외 옮김, 1991, 『칼 맑스 프리드리히 엥겔스 저

금 노동과 자본』의 간행사에서 맑스주의와 관련하여 가장 중요한 것은 엥겔스가 집필한 「서설」이 첨부되어 베를린에서 출간된 1891년판이다.15) 『임금 노동과 자본』의 정본으로 인정되는 1891년판의 「서설」에서 엥겔스는 맑스주의 경제학설사에서 매우 중요한 수정에 대해 다음과 같이 언급하고 있다.

> 나의 변경들은 모두 한 가지 점과 관련되어 있다. 원본에 따르면 노동자는 임금을 대가로 자본가에게 자신의 **노동**을 판매하는데, 이번의 텍스트에 따르면 자신의 **노동력**을 판매한다. 그리고 이러한 변경으로 인하여, 내게는 알려야 할 책임이 있다. 나는 노동자들에게 알려야 할 책임이 있는데, 노동자들에게 알리려는 목적은 여기서 문제인 것이 단순히 자구에 매달리는 것이 아니라 오히려 정치 경제학 전체에서 가장 중요한 점 가운데 하나임을 노동자들이 보도록 하기 위함이다(강조는 원문; 인용자).16)

즉 엥겔스의 수정은 '노동'과 '노동력'의 개념을 명확하게 구분하고자 한 것이다. 이러한 수정은 1859년 『정치경제학비판을 위하여』를 기점으로 그 이전의 맑스 저작들이 정치경제학 비판과 관련하여 "꼬여 있거나 심지어는 그른 것으로 보이는 표현들이 담겨"17) 있다는 엥겔스의 판단에 기반하는 것이다.

그렇다면 『임금 노동과 자본』에서 맑스는 어떤 문제에 대해 이야기하

작 선집』 1, 박종철출판사, 535쪽.
15) Karl Marx, 1891, *Lohnarbeit und Kapital*, Verlag der Expedition des "Vorwärts".
16) 프리드리히 엥겔스, 1891, "서설"; 김태호 옮김, 1999, 『임금 노동과 자본』, 박종철출판사, 4쪽.
17) 프리드리히 엥겔스, 1891, "서설"; 김태호 옮김, 1999, 3쪽.

고자 하였나? 이에 대해 맑스는 『임금 노동과 자본』의 서두에서

> 우리는 세 개의 커다란 부분들로 나누어 서술하려고 한다. 1. **자본에 대한 임금 노동의 관계**, 노동자의 노예 상태, 자본가의 지배. 2. **지금의 체제에서는 불가피한 중간 시민 계급들 및 이른바 시민 신분의 몰락**. 3. 세계 시장의 전제 군주 -영국- 에 의한 **다양한 유럽 민족의 부르주아 계급들의 상업적 예속과 착취**(강조는 원문; 인용자).[18]

라고 언급하고 있다. 그러나 『임금 노동과 자본』에서 실제로 다루고 있는 것은 맑스가 언급한 세 가지 문제들 가운데 첫 번째 문제, 즉 '자본에 대한 임금 노동의 관계' 뿐이다. 그럼에도 불구하고 1847년 『철학의 빈곤』을 통해 생산력, 생산관계, 생산양식 등에 관한 자신의 생각을 서술한 맑스는 『임금 노동과 자본』을 통해 자본주의 사회에서 노동자 계급과 자본가 계급이 왜 서로 다른 이해관계를 갖게 되는지를 이론적으로 해명하고 있다. 특히 '잉여가치'가 어디로부터 생겨나며 어떻게 생겨나는지에 대한 통찰을 통해 처음으로 자신의 견해를 체계적으로 제시하고 있다. 바로 이런 이유 때문에 『임금 노동과 자본』은 맑스주의 경제학설에 대한 가장 중요한 입문서의 성격을 갖는 책으로, '대중판 소자본론'이라는 평가를 받게 되었다.

『임금 노동과 자본』은 맑스주의에서 이러한 위상으로 인해 이후 여러 나라의 언어로 번역되었고, 맑스주의의 수용 과정에서 커다란 역할을 하였다. 동아시아에서 『임금 노동과 자본』이 처음으로 번역된 것은 1909년 일본이었다. 다음의 〈표 15〉는 식민지 조선에서 『임금 노동과 자본』이 『賃金・勞働及資本』이라는 이름으로 민중사에서 출간된 1923년 11월 이전까

---

18) 칼 맑스, 김태호 옮김, 1999, 『임금 노동과 자본』, 박종철출판사, 24쪽.

지 일본에서 공간된 『임금 노동과 자본』의 일역본 리스트이다.

〈표 15〉 1923년까지 공간된 『임금 노동과 자본』의 일역본 리스트

	출판시기	제 목	게재지	번역자	비고
1	1909. 3. 15- 1909. 12. 25	賃銀勞働及び資本	『木鐸』 3-5~4-2	笹原潮風	7회 연재
2	1919. 4	勞働と資本	『社會問題硏究』 4, 1-48쪽	河上肇	
3	1921. 12	賃勞働と資本	『賃勞働と資本・勞賃, 價格及び利潤』, 弘文堂書房, 1-100쪽	河上肇	2 改譯
4	1922. 10	勞働と資本	『勞働と資本』, 無産社, 1-43쪽	堺利彦	
5	1923. 5	賃銀勞働及資本	『マルクス全集』 10,[19] 大鐙閣, 415-468쪽	安部浩	

〈표 15〉를 통해 알 수 있는 것처럼 식민지 조선에서 『賃金・勞働及資本』이 출간되기 전까지 공간된 『임금 노동과 자본』의 일역본은 모두 다섯 종류이다. 1909년 사사하라 초후[笹原潮風: 1882-1964]에 의해 초역된 것을 예외로 한다면, 『임금 노동과 자본』의 일역본은 모두 '겨울의 시대'가 끝나면서 본격적으로 출간되었다.

『임금 노동과 자본』의 일역과 관련하여 주목되는 인물은 가와카미 하지메와 사카이 도시히코이다. 가와카미는 전술한 1891년판 독어 원저를 저본으로 하면서, Joynes와 Lothrop이 각각 번역한 영역본 두 종류를 참조하여[20] 「勞働と資本」이라는 제목으로 『社會問題硏究』 4호에 게재하였다. 그

---

[19] 맑스의 다른 글들(「經濟學批判(佐野學 譯)」・「價値價格及利潤(安培浩 譯)」・「自由貿易論(安培浩 譯)」)이 함께 묶여 있다.
[20] 두 종류의 영역본은 ① Karl Marx, translated by J. L. Joynes, 189?, *Wage-Labour and*

러나 가와카미는 일역본의 저본을 둘러싸고 후쿠다 토쿠조[福田德三: 1874-1930]와의 논쟁을 거치면서 1907년 칼 카우츠키가 새롭게 편집한 독어 원저를 저본으로 「勞働と資本」을 「賃勞働と資本」으로 개역하였다.[21] 그리고 『임금·가격·이윤』과 합본하여 1921년 12월 『賃勞働と資本·勞賃, 價格及び利潤』이란 제목으로 발행하였다. 이에 비해 사카이의 일역본은 저본을 알 수 없지만 영역본을 중역한 것으로,[22] 1922년 10월 『勞働と資本』이란 제목의 '무산사 팜플렛'으로 발행되었다. 그 과정에서 사카이는 가와카미의 일역본을 많이 참조하였다.[23]

그렇다면 가와카미와 사카이 일역본의 공통점과 차이점은 무엇인가? 우선 공통점을 살펴보면, 첫째 구성상 모두 엥겔스의 「서설」이 없다.[24]

Capital, Charles H. Kerr. ② Karl Marx, translated by H. E. Lothrop, 1902, Wage-labor and capital, New York Labor News.이다(河上肇, 1919, 「勞働と資本」, 『社會問題研究』 4, 「譯者序言」 5쪽). ①에는 엥겔스의 「서설」이 첨부되어 있지 않으나, ②에는 「서설」이 첨부되어 있다. 독어 원저와는 달리 영역본은 『임금 노동과 자본』을 9개 장으로 구분하고, 각 장에 내용을 압축적으로 표현한 제목을 붙이고 있다는 점이 특징적이다.

21) 실제로 가와카미가 사용한 카우츠키의 저본은 1919년 판(Karl Marx, 1919, Lohnarbeit und Kapital, Buchhandlung Vorwärts P. Singer)이다(河上肇, 1921, 『賃勞働と資本·勞賃, 價格及び利潤』, 弘文堂書房, 「改譯序言」 3쪽).

22) 사카이 도시히코는 1927년 『유토피아에서 과학으로의 사회주의의 발전』의 독어 원저를 직접 번역하여 『사회주의의 발전』이라는 제목으로 새로운 번역본을 출간하면서 붙인 「서문」에서 이전까지 영역본을 저본으로 번역을 행한 이유를 '독어 독해 능력의 부재'라고 밝히고 있다. 그런데 이는 단지 사카이만의 문제가 아니었다. 이러한 이유로 인해 일본에서는 1920년대 초반까지 맑스주의 원전에 대한 번역뿐만 아니라 사회주의와 관련된 주요 저작들의 번역에도 대부분 영어로 써지거나 번역된 저작들이 저본으로 선택되었다. 그러나 사회주의운동의 발전과 함께 원저에 입각한 번역의 중요성이 증대하면서, 1920년대 중반부터는 원저에 입각한 번역이 주류를 이루게 되었다. 사회주의사상의 수용과 발전이라는 측면에서 보면 원저를 통한 번역과 '重譯'은 과학적 이론의 발전 과정에서 매우 의미 있는 차이를 내포할 수밖에 없다고 생각된다.

23) マルクス, 堺利彦, 1922b, 『勞働と資本』, 無産社, 「譯者より」.
24) 사사하라와 아베의 일역본도 모두 동일하게 엥겔스의 「서설」이 없다.

둘째 영역본의 영향으로『임금 노동과 자본』을 8개의 장으로 구분하고, 각 장에 제목을 붙이고 있다.25) 영역본은 9개의 장으로 구성된데 비해, 일역본이 8개의 장으로 구성된 것은 머리말 형식의 1장이 생략되었기 때문이다.26)

차이점은 첫째 영역본에 입각하여 목차를 구성하고 있지만, 가와카미와 사카이 일역본의 목차가 일정한 차이를 보인다. 〈표 16〉은 두 일역본의 목차를 비교한 것인데, 특히 6장과 7장 그리고 8장의 경우가 일정한 차이를 보이고 있다.

〈표 16〉 가와카미와 사카이 일역본의 목차 비교

	『賃勞働と資本・勞賃, 價格及び利潤』	『勞働と資本』
1	勞賃とは何か	勞働賃金とは何か
2	商品の價格は如何にして決定せらるるか	商品の價格は何で極まるか
3	勞賃は如何にして決定せらるるか	賃金は何で極るか
4	資本の性質及び其の增殖	資本の性質と其の成長
5	賃勞働と資本との關係	賃金勞働と資本との關係
6	賃金及び利潤の騰落を決定する一般的法則	賃金と利潤との關係
7	資本と勞働の利害は正反對に立つ -生產資本の勞賃に及ばす影響	資本と勞働との利害は正反對
8	資本家の競爭が資本家階級, 中產階級 及び勞働階級に及ばす影響	資本家仲間の競爭の影響

25) 이에 비해 사사하라와 아베의 일역본은 장의 구분이 없다.
26) 1장을 생략한 이유에 대해서는 언급되어 있지 않다. 그러나 전술한 바와 같이 맑스가 다루고자 한 세 가지 문제 가운데 첫 번째 문제만이『임금 노동과 자본』에서 다뤄지고 있다는 점에서 그 세 가지 문제에 관해 언급하고 있는 부분(영역본의 '1장')을 생략했을 가능성이 크다 하겠다. 다섯 종류의 일역본 가운데 아베의 일역본만 이 부분을 번역하고 있다.

둘째 주요한 개념의 번역어에서 일부 차이가 존재한다. 두 일역본을 비교해 보면 원문의 내용을 훼손하는 정도는 아니지만 주요 개념의 번역어에 일정한 차이가 보인다. 『임금 노동과 자본』 일역본의 주요 개념 번역어를 비교한 〈표 17〉을 살펴보자. '상품'과 '노동' 그리고 '노동력'의 경우는 양자 모두 '상품'과 '노동' 그리고 '노동력'으로 번역하고 있다. 그러나 '임금'과 '부르주아사회'의 경우는 상이한 용어를 사용하고 있음을 알 수 있다. '임금'의 경우 가와카미가 '노임'이라는 번역을 계속 고수하고 있는데 비해, 사카이는 '노동임금'이라는 용어를 사용하고 있다. 또한 '부르주아사회'의 경우에도 가와카미는 처음에는 '素封의 社會'라고 번역하였지만 1921년 12월 『賃勞働と資本・勞賃, 價格及び利潤』에서는 '유산자적 사회'로 번역하고 있다. 이에 비해 사카이는 '자본가사회'라고 번역하고 있는 것이 대표적이다.

〈표 17〉 『임금 노동과 자본』 일역본의 주요 개념 번역어 비교

	임금	상품	노동	노동력	부르주아사회
『木鐸』 3-5~4-2	賃銀	貨物	任事	勞力	자본가의 사회
『社會問題硏究』 4	勞賃	상품	노동	노동력	素封의 사회
『賃勞働と資本・勞賃, 價格及び利潤』	勞賃	상품	노동	노동력	유산자적 사회
『勞働と資本』	勞動賃金	상품	노동	노동력	자본가사회
『マルクス全集』 10	勞銀	상품	노동	노동력	부르주아사회

* 출전: 『木鐸』 3-5~4-2; 『社會問題硏究』 4; 『賃勞働と資本・勞賃,價格及び利潤』; 『勞働と資本』; 『マルクス全集』 10.

『賃金・勞働及資本』은 구성상 엥겔스의 「서설」이 빠져 있고, 가와카미와

사카이의 일역본과 같이 8개의 장으로 구성되어 있다. 그렇다면 『賃金·勞働及資本』의 번역 저본은 무엇인가? 이와 관련하여 명시적으로 밝히고 있지는 않지만 민중사 편집부는 「후기(後記)」에서 다음과 같이 언급하고 있다.

> 이 小冊子는 英譯과 日本譯으로부터 轉譯한 것이다. 日本譯 가운데는 세 가지가 있는데 될 수 있는 데로 이 세 가지를 다 參照하였음으로 都合 四書의 譯書를 參照하였다. 따라서 誤譯된 곳은 적으리라 믿지만은 時日의 關係도 있고 또한 才의 不及도 關係됨으로 結局 全然히 誤譯된 곳이 없으리라고 ○保하기는 어렵다.27)

이를 통해 민중사의 번역본은 독어 원저가 아니라 세 종류의 일역본과 한 종류의 영역본을 저본으로 '중역'되었음을 확인할 수 있다. 그렇다면 『賃金·勞働及資本』이 출간되기 이전에 번역된 다섯 종류의 일역본 가운데 민중사 편집부가 언급한 세 종류의 일역본과 한 종류의 영역본은 어떤 것인가? 이 가운데 일역본과 관련하여 민중사 편집부는

> 이 小冊子 가운데 몇 個所에 括弧()를 使用하여 註解한 데가 있는데, 그는 혹은 譯者가 註 낸 것도 있고 혹은 河上肇 박사가 註낸 것을 그대로 引用한 것도 있고 혹은 계리언씨의 註낸 것을 그대로 引用한 것도 있다. 물론 一一히 譯者의 名義는 부쳐두었다.28)

라고 언급하고 있다. 이를 통해 민중사 편집부가 가와카미 하지메와 사카

---

27) 카ㄹ 맑스, 民衆社 編輯部 譯, 1923, 「後記」 참조.
28) 카ㄹ 맑스, 民衆社 編輯部 譯, 1923, 「後記」 참조.

이 도시히코의 일역본을 번역의 주요한 저본으로 삼고 있음을 유추할 수 있다. 이에 비해 참조한 영역본에 관해서는 구체적인 정보를 찾을 수가 없다. 그러나 가와카미가 참조했던 두 종류의 영역본 가운데 한 종류, 특히 『賃金・勞働及資本』에 엥겔스의 「서설」이 번역되어 있지 않았다는 점에서 Joynes이 영역한 *Wage-Labour and Capital*을 참조했을 가능성이 크다고 할 것이다.

식민지 조선에서 처음으로 공간된 맑스주의 원전 번역물인 『정치경제학비판을 위하여』 서문의 '유물사관요령기'는 사카이의 일역본에 기반하여 번역되었다. 이에 비해 『賃金・勞働及資本』은 가와카미와 사카이의 일역본 모두를 참조하고, 거기에 더해 영역본을 참조한 것이다. 이는 맑스주의 원전의 번역 방식이 일역본을 단순히 중역하는 단계에서 벗어나고 있다는 점에서 주목되는 것이다.

그렇다면 『賃金・勞働及資本』의 번역상의 특징은 무엇인가? 첫째 가와카미와 사카이의 일역본을 모두 참조하여 주요 개념의 번역어를 선택적으로 사용하고 있다는 점이다. 이와 관련하여 주목되는 것이 『賃金・勞働及資本』의 목차 구성이다. 8개의 장으로 구성된 목차는 다음과 같다.

一. 勞動賃金은 무엇이며 또한 그것은 어떻게 決定되느냐
二. 商品價格은 어떻게 決定되느냐
三. 勞動賃金은 어떻게 決定되느냐
四. 資本의 性質과 그 增殖
五. 勞動賃金과 資本과의 關係
六. 勞動賃金과 利潤과의 關係(勞動賃金과 利潤의 騰落을 決定하는 一般的法則)
七. 資本과 勞動과의 利害는 正反對이다(生産資本과 勞動賃金에 及하

는 影響)
　八. 資本家間의 競爭이 資本家階級, 中産階級, 勞動階級에 及하는 影響

　이를 〈표 16〉의 두 일역본의 목차와 비교해 보면『賃金·勞働及資本』의 목차가 두 일역본의 혼합이라는 것을 알 수 있다. 특히 가와카미와 사카이의 일역본 사이에 일정한 차이를 보이는 6장과 7장의 제목을 살펴보면『賃金·勞働及資本』의 목차는 두 일역본의 상이한 목차를 함께 병기하는 형식으로 구성되어 있음을 알 수 있다.
　또한 〈표 18〉에서 보는 바와 같이 주요 개념의 번역어에 있어서도 이러한 현상은 반복되어 나타난다. '임금'의 경우는 사카이의 번역어인 '노동임금'을 선택하고 있는데 비해, '부르주아사회'의 경우는 가와카미의 번역어인 '유산자사회'를 선택하고 있기 때문이다. 즉 두 일역본의 번역어 가운데 민중사 편집부가 용어를 선택적으로 사용하고 있는 것이다.

〈표 18〉 가와카미와 사카이의 일역본과 민중사 번역본의 주요 개념의 번역어 비교

	임금	상품	노동	노동력	부르주아사회
河上肇	노임	상품	노동	노동력	유산자적 사회
堺利彦	노동임금	상품	노동	노동력	자본가사회
민중사 편집부	노동임금	상품	노동	노동력	유산자사회

* 출전:『賃勞働と資本·勞賃, 價格及び利潤』,『勞働と資本』,『賃金·勞働及資本』

　둘째 단순한 번역에서 벗어나 '주'를 통해『임금 노동과 자본』의 이해를 돕고 있다는 점이다.『賃金·勞働及資本』에는 모두 19개의 주가 달려 있다. 그 가운데 가와카미와 사카이의 주를 번역한 것이 각각 3개와 1개이

고, 나머지 15개는 민중사 편집부의 것이다. 19개의 주 가운데 12개는 문맥의 이해를 돕기 위한 것이다.29) 개념을 해설한 나머지 7개의 주는 '노동'과 '노동력'의 개념을 구별하여 서술한 다음의 주를 예외로 한다면 대부분 개념에 대한 간략한 해설이다.

> 맑쓰는 勞動과 勞動力과를 區別하엿다. 卽 勞動力은 人間이 本來 가지고 잇는 勞動할 수 잇는 힘이오 勞動은 이 힘을 流動식힘으로써 發露되는 活動, 그것을 가르친다.-譯者30)

가와카미의 주를 번역한 '자유노동'31)을 제외한 6개, 즉 '임금노동자',32) '농노',33) '직접노동',34) '고대사회', '생노동'35) 등은 민중사 편집부의 것이

---

29) 대표적인 예는 다음과 같다. "資本家는 自己에게 旣存한 財産 卽 自己의 資本의 一部分으로써 織工의 勞動力을 사는 것이니 그는 恰似히 資本家가 自己財産의 他部分으로써 原料 卽 綿絲와 勞動用器具 卽 織機를 사는 것과 갓다. 資本家는 이러한 모든 것을 산 後에는 (그 中에는 綿布의 生産에 必要한 勞動力 卽 織工도 包含됨-譯者) 自己에게 所屬한 原料와 勞動用具로써 綿布를 生産한다."(카-ㄹ 맑스, 民衆社 編輯部 譯, 1923, 3쪽).
30) 카-ㄹ 맑스, 民衆社 編輯部 譯, 1923, 1-2쪽.
31) "今日에 賃金을 밧는 勞動者는 奴隷와 달나서 特定한 主人에게 그 一生을 束縛하지 아니하는 点에서 所謂 自由를 가젓슴으로 自由勞動者라 칭한다. 그러나 勞動者가 生存하기 爲하야는 何人에게든지 그 勞動力을 팔 수 밧게 업슴으로 自由勞動者라고 하여도 實狀은 名稱뿐이다. - 河上博士"(카-ㄹ 맑스, 民衆社 編輯部 譯, 1923, 5쪽).
32) "單純히 賃金만 밧고 일하는 勞動者를 가라침.-譯者"(카-ㄹ 맑스, 民衆社 編輯部 譯, 1923, 4쪽).
33) "奴隷가 一定한 土地에 隷屬되여서 그 土地가 팔닐 때에는 그 土地와 갓치 奴隷도 팔님으로 그 土地 안에 잇서서는 土地가 팔니지 안니하는 以上에는 그 土地를 耕作使用하는데 다못 一定한 年貢만 土地所有者에게 밧치는 外에는 自由임으로 이를 或은 半奴隷라고도 稱한다.-譯者"(카-ㄹ 맑스, 民衆社 編輯部 譯, 1923, 5쪽).
34) "或은 眞實한 勞動이라고도 하고 或은 現在勞動이라고도 하고 或은 生勞動이라고도 하지마는 如何間에 그 뜻은 現在에 우리가 時間을 消費하면서 繼續해서 進行하는 勞動을 가라침이다.-譯者"(카-ㄹ 맑스, 民衆社 編輯部 譯, 1923, 13쪽).
35) "現在 勞動者가 그 勞動力을 消費하는 勞動-譯者"(카-ㄹ 맑스, 民衆社 編輯部 譯, 1923, 18쪽).

다. 그 가운데 "희랍라마(希臘羅馬) 등의 노예사회"36)라고 되어 있는 '고대사회'의 경우만 "그리스로마의 사회"37)라는 가와카미의 주와 "노예제도의 사회"38)라는 사카이의 주를 합쳐서 단순히 정리한 것이다. 나머지 주는 모두 자신들이 이해한 맑스주의에 기반하여 개념을 해설하고 있다는 점에서 이 시기 민중사가 수용한 맑스주의에 대한 편린을 잘 보여 주고 있다고 할 것이다.

그렇다면 민중사가 이 시기 맑스주의 원전 가운데 『임금 노동과 자본』을 번역·출판한 이유는 무엇일까? 이 문제에 대해 민중사는 명시적인 이유를 밝히지 않고 있다. 그러나 『임금 노동과 자본』의 번역과 출판은 민중사 구성원들이 깊이 관여하였던 1923년 물산장려운동 과정의 물산장려논쟁과 밀접하게 연관되어 있다. 즉 맑스주의 사상사의 관점에서 바라보면 맑스주의 혁명론을 둘러싼 인식의 대립이라고 할 수 있는 물산장려논쟁에서, 민중사의 구성원들은 전술한 바와 같이 국내 상해파의 생산력 중대라는 '결정론'에 반대하여 계급투쟁을 강조하면서 '인간의 능동성'을 강조하였다.

이러한 물산장려논쟁의 경험은 민중사에게 자본주의 사회에 대한 단순한 비판이 아니라 자본주의 체제의 메커니즘에 대한 분석의 필요와 본질에 대한 이해, 그리고 그에 대한 선전의 필요성을 환기시킨 것이다. 이는 물산장려논쟁 과정에서 민중사 관계자들이 전개했던 맑스주의 혁명론에 대한 인식의 연장선에 위치하는 것이라고 할 수 있다. 이러한 문제를 해결하기 위한 최선의 방법은 『자본론』을 번역하여 소개하는 것이다. 그러나

---

36) 카-ㄹ 맑스, 民衆社 編輯部 譯, 1923, 4쪽.
37) カアル・マルクス, 河上肇, 1922, 『賃勞働と資本・勞賃, 價格及び利潤』, 弘文堂書房, 58쪽.
38) マルクス, 堺利彦, 1922b, 16-17쪽.

『자본론』을 번역할 수 없던 당시 식민지 조선 맑스주의자들의 주객관적 역량과 내외적 상황 속에서 민중사가 현실적인 대안으로 선택할 수 있었던 것은 무엇일까? 그것은 바로 맑스의 경제학설을 잘 정리하고 있다고 평가되는『임금 노동과 자본』의 번역과 출간이었다. 이는 민중사 편집부가 팜플렛 제2집으로 맑스주의 원전 가운데『임금 노동과 자본』과 짝하는『임금・가격・이윤』을 번역하였다는 점에서 더욱 그러하다 할 것이다.[39]

3.『社會主義學說大要』와 계급투쟁 강조

『社會主義學說大要』는 사카이 도시히코가 1921년 11월 11일부터 14일까지 도쿄의 간다[神田]제국교육회에서 개최되었던 건설자동맹[40]의 추계

---

[39] 식민지 조선에서『임금 노동과 자본』이 번역되어 출간된 1923년 11월까지『자본론』일역본은 모두 세 종류의 출판이 확인된다. 최초의 일역본은 1919년 9월 松浦要가 譯註한 것인데, 이는『자본론』1권 3편까지의 번역이다. 두 번째 일역본은 1919년 12월 生田長江이 번역한 것인데, 이도 부분 번역으로『자본론』1권 2편까지의 번역이다. 그리고 세 번째 일역본은 1920년 6월부터 1924년 7월까지 10冊으로 완역된 高畠素之의 번역이다.

[40] 1919년 와세다대학의 和田巖・淺沼稻次郎 등이 중심이 되어 조직하였는데, 東京帝國大學의 新人會와 함께 '다이쇼 데모크라시'기를 대표하는 학생운동단체이다. 강습회와 연설회를 개최하고 자체 출판사인 건설자동맹출판부를 두고 기관지인『建設者』와 '건설자 리플렛'・'건설자 팜플렛' 등을 발행하였다. '건설자 리플렛' 제1집과 제2집으로 발행된 三和一男의『小作人問題』와 市村今朝藏의『農民問題』는 모두 발매금지 처분을 받았다. '건설자 팜플렛'의 경우도 출간이 예고되었던 2・3・4집인『社會制度進化論』・『無産者革命』・『民衆の勝利』는 이후 모두 출간되지 못하였고,『社會主義學說の大要』만 발행되었다. 建設者同盟의 활동에 대해서는 建設者同盟史刊行委員會, 1979,『早稻田大學 建設者同盟の歷史 - 大正期のヴ・ナロード運動』, 日本社會黨 中央本部 機關紙局 참조. 일본에 길드사회주의를 소개했던 와세다대학 교수 北澤新次郎는 건설자동맹 고문으로 건설자동맹을 사상적으로 지도하였다. 北澤新次郎에 대해서는 北澤新次郎, 1969,『回顧八十年 歷史の齒車』, 靑木書店 참조.

강습회에서 행한 "사회주의사회학설급구주사회주의운동역사(社會主義社會學說及歐洲社會主義運動歷史)"라는 강연을 정리한 것이다.41) 1922년 7월 23일 건설자동맹출판부에서 '건설자동맹 팜플렛' 제1집인『社會主義學說の大要』로 발행되었다. 이 책은 발행된 지 20일도 되지 않은 그 해 8월 10일 재판이 발행될 정도로 대중적인 성공을 거두었다.42)『社會主義學說の大要』는 이후에도 수 천부가 발행되면서 일본에서 맑스주의, 특히 유물사관의 대중화에 중요한 역할을 담당하였다.43) 일본 사회주의운동의 지도적 역할을 담당한 인물인 사카이 도시히코는 1922년 7월 일본공산당 창당을 주도하고 대표로서 일본 사회주의운동을 지도하고 있었다.44)

『社會主義學說の大要』는 모두 '3장 11절'로 구성되어 있는데, 목차는 다음 〈표 19〉와 같다.

〈표 19〉『社會主義學說の大要』와 無産社 版『社會主義學說大要』목차

서명	『社會主義學說の大要』	『社會主義學說大要』
1	第1章 プロレタリアの獨立の學問 第1節 眞理と時代 第2節 階級鬪爭と進化論 第3節 社會主義と資本主義の立場 第4節 無産階級の學問	(一) プロレタリヤの獨立の學問 眞理と時代 階級鬪爭と進化論 社會主義と資本主義の立場 無産階級の學問

---

41) 內務省警保局,「社會主義運動時報 4 (1921. 12)」; 日本近代史料硏究會 編, 1968,『大正後期警保局刊行社會運動史料』, 日本近代史料硏究會, 109쪽. 北澤新次郞・大山郁夫・平林初之輔・佐野學 등이 참여한 1921년 하계 강습회의 강연집도『社會思潮十講』으로 출판되었다(平野力三 編, 1922,『社會思潮十講: 建設者同盟講演集』, 同人社書店).
42) 堺利彦, 1922,『社會主義學說の大要』, 建設者同盟出版部,「판권」.
43) 이 책은 1923년 東京大震災로 품절되었다가, 이후 재발행에 대한 요구가 있어 1925년 2월 25일 堺利彦이 관계했던 無産社에서 '무산사 팜플렛' 제5집으로 재발행되었다(堺利彦, 1925b,『社會主義學說大要』, 無産社,「序文」).
44) 堺利彦에 대해서는 林尙男, 1987,『評傳『堺利彦』- その人と思想』, オリジン出版センタ-; 黑岩比佐子, 2010,『パンとペン - 社會主義者・堺利彦と'賣文社'の鬪い』, 講談社 참조.

2	第2章 唯物史観の解説	(二) 唯物史観の解説
	第5節 唯物論と唯心論 第6節 唯物史観と唯心史観 第7節 唯物史観の要領	唯物論と唯心論 唯物史観と唯心史観 唯物史観の要領
3	**第3章 階級鬪爭史論**	**(三) 歷史進化の事實的說明**
	第8節 動物と人間との區別 第9節 **共產社會より私產社會へ** 第10節 階級と國家の發生 第11節 社會主義社會の必然性	動物と人間との區別 **共產社會から私產社會へ** 階級と國家 社會主義社會の必然性
부록		**(附) 智識階級に與ふ**

* 출전: 堺利彦, 1925, 『社會主義學說の大要』, 建設者同盟出版部; 堺利彦, 1925, 『社會主義學說大要』, 無產社.
* 비고: 목차가 상이한 부분을 진하게 표시하였다.

『社會主義學說の大要』에서 가장 주목되는 점은 자본주의의 필연적 붕괴와 사회주의의 필연적 도래를 강조한 부분이 검열로 삭제되었다는 것이다. 즉 10절인 '階級と國家の發生'의 후반 '1페이지 반'과 11절인 '社會主義社會の必然性'의 전반 '2페이지 반' 등 모두 4페이지가 이에 해당된다.[45] 따라서 11절인 '社會主義社會の必然性' 부분은 목차에만 '節'의 제목이 보일뿐, 실제 본문은 삭제로 인해 후반의 반 페이지 정도만 남아있다.

『社會主義學說の大要』와 무산사 판 『社會主義學說大要』의 목차를 비교한 〈표 19〉를 보면 두 책의 체제가 기본적으로 동일함을 알 수 있다. 단 『社會主義學說の大要』의 3장 제목이 '階級鬪爭史論'인데 비해 『社會主義學說大要』는 '歷史進化の事實的說明'으로 되어 있다는 점과[46] 『社會主義學說大要』에는 『社會主義學說の大要』에 없는 '智識階級に與ふ'라는 부록이 첨부되어 있다는 점이다. 본문의 경우도 오탈자와 일부 표현을 다듬은

---

45) 堺利彦, 1922, 86-91쪽.
46) 『社會主義學說の大要』의 경우에도 본문에서는 3장의 제목이 '歷史進化の事實的說明'으로 되어 있다(堺利彦, 1922, 63쪽).

것은 있지만, 내용의 수정은 없다.

『社會主義學說の大要』는 백작(白綽), 즉 정백의 번역으로 1923년 10월부터 1924년 3월까지 5회에 걸쳐「社會主義學說大要」라는 제목으로『개벽』에 연재되었다. 연재될 때「사회주의학설대요」의 목차는 다음 〈표 20〉과 같다.

〈표 20〉『개벽』 연재「社會主義學說大要」의 목차

	게재시기	게재호	제 목	비고
1	1923. 10	40	社會主義學說大要 프로레타리아의 獨立한 學問 眞理와 時代 階級鬪爭과 進化論	1장
2	1923. 11	41	社會主義와 資本主義의 立地 無産階級의 學問	
3	1923. 12	42	唯物論과 唯心論 唯物史觀과 唯心史觀	2장
4	1924. 1	43	唯物史觀의「要領記」	
5	1924. 3	45	歷史進化의 事實的 解明 - 社會主義學說講論 動物과 人間과의 區別 共産社會로 私産社會에 階級과 國家의 發生	3장

* 출전:『開闢』40(1923. 10), 41(1923. 11), 42(1923. 12), 43(1924. 1), 45(1924. 3).
* 비고: 진한 부분이 연재될 때의 각 호의 글 제목이다.

그렇다면『社會主義學說の大要』를 번역한 정백은 어떤 인물인가? 1899년 강원도 김화에서 태어난 정백은 '노초(路草)'와 '백작' 등의 호와 필명을 사용하였는데, 휘문고등보통학교를 졸업하였다. 이후 1922년 신생활사그룹의 일원으로『신생활』에 사회주의 관련 논설을 발표하면서 신진 사회

주의자로 두각을 나타냈고, 1923년 9월 민중사 조직에 참여하였다. 서울청년회와 조선청년총동맹 등의 대중조직에서 활동한 정백은 서울파의 대표적 이론가이자 활동가로, 1922년 10월 조직된 서울파 공산주의그룹과 1923년 2월 창립된 서울파의 전위당인 고려공산동맹의 중앙위원으로 활동하였다. 『社會主義學說の大要』를 번역하여 『개벽』에 연재할 당시 정백은 민중사의 핵심 구성원이었다.

그렇다면 『개벽』에 연재된 「사회주의학설대요」의 번역상의 특징은 무엇인가?

첫째 사카이 도시히코의 『社會主義學說の大要』를 매우 충실하게 번역하고 있다는 점이다. 분량 문제 때문에 『개벽』에 연재될 때 각 호의 제목은 원저의 '서명(書名)'과 '장'과 '절'의 제목이 혼용되고 있다. 그러나 〈표 19〉의 『社會主義學說の大要』의 목차와 비교해 보면 대동소이하다는 것을 알 수 있다.

『社會主義學說の大要』의 3장을 '역사진화의 사실적 해명'으로 번역한 것은 『社會主義學說の大要』의 목차인 '계급투쟁사론'이 아니라 본문의 제목인 '歷史進化の事實的說明'을 따른 것이다. 가장 큰 차이라면 「사회주의학설대요」의 목차에는 『社會主義學說の大要』의 11절인 '社會主義社會の必然性'이 빠져 있다는 것이다. 그러나 이는 전술한 바와 같이 『社會主義學說の大要』가 검열로 4페이지 분량의 내용이 삭제된 것과 관련된 것이다. 삭제된 부분을 제외하고 『社會主義學說の大要』의 남은 부분은 「사회주의학설대요」에 충실히 번역되어 있다.[47]

---

47) 堺利彦, 1924, 「歷史進化의 事實的 解明 - 社會主義學說講論」, 『開闢』 45, 84쪽. 따라서 『開闢』에 연재된 「社會主義學說大要」의 '階級과 國家의 發生' 부분의 후반부는 실제로는 '社會主義의 必然性'의 남은 부분이다.

둘째 사카이 도시히코의 원저에는 없는 번역자의 '주'가 첨가되어 있다는 점이다. 「사회주의학설대요」에는 모두 19개의 괄호 주가 달려 있다. 그런데 그 가운데 14개는 『社會主義學說の大要』에 있는 것이고, 나머지 5개는 번역 과정에서 정백이 본문 내용의 이해를 돕기 위해 첨가한 것이다.

정백이 첨가한 5개의 주는 '삽택논어(澁澤論語)'[48]・'뿔주아'와 '프로레타리아'[49]・'물질적 생산력'[50]・'고교시청(高橋是淸)'[51] 등이다. 이 가운데 '삽택논어'와 '고교시청'은 당시 일본 사회를 이해하기 위해 첨언한 것이고, '물질적 생산력'은 간략한 설명이다.

여기서 특히 주목되는 것은 '뿔주아'와 '프로레타리아'에 대한 해설이다. 1904년 11월 고토쿠 슈스이와 사카이 도시히코는 『평민신문(平民新聞)』 창립 1주년 기념호에 동아시아에서 최초로 『공산당선언(共産黨宣言)』을 번역하면서, '부르주아'와 '프롤레타리아'를 '신사(紳士)'와 '평민(平民)'으로 일역하였다.[52] 이후 동아시아에서 '부르주아'와 '프롤레타리아'의 번역

---

[48] "澁澤은 商人이오 貴族"(사까이 도시히꼬, 1923, 「社會主義와 資本主義의 立地 - 社會主義學說大要(其二)」, 『開闢』41, 39쪽). 澁澤은 澁澤榮一(1840~1931)로, 그는 1916년 東亞堂書房에서 출판한 『論語と算盤』을 통해 '道德經濟合一說'을 주장하였다. 澁澤榮一과 그의 주장에 대해서는 見城悌治, 2008, 『渋沢栄一 - 「道徳」と経済のあいだ』, 日本経済評論社; 島田昌和, 2011, 『渋沢栄一 - 社会企業家の先駆者』, 岩波書店 참조.

[49] "有産者"와 "無産者"(사까이 도시히꼬, 1923, 「唯物史觀과 唯心史觀 - 社會主義學說大要(其三)」, 『開闢』42, 24쪽).

[50] "卽 富의 生産力"(사까이 도시히꼬, 1924, 「唯物史觀의 「要領記」- 社會主義學說大要(其四)」, 『開闢』43, 49쪽).

[51] "講演 當時"(堺利彦, 1924, 「歷史進化의 事實的 解明 - 社會主義學說講論」, 『開闢』45, 82쪽) 라는 내용의 괄호 주가 첨가되어 있다. 이는 사카이 도시히코가 강연할 당시의 총리인 高橋是淸(1854~1936)이 原敬의 후임으로 20대 내각 총리를 역임한 기간이 1921년 11월 13일부터 1922년 6월 12일이기 때문이다. 『開闢』에 「社會主義學說大要」가 연재되던 시기의 총리는 山本權兵衛(22대, 1923년 9월 2일~1924년 1월 7일)와 淸浦奎吾(23대, 1924년 1월 7일~6월 11일)이다.

[52] カルル マルクス・フリードリヒ エンゲルス, 「共産黨宣言」, 堺枯川・幸德秋水 譯, 『平民

어는 '신사'와 '평민'이 통용되었는데, 1920년대에는 '부르주아'와 '프롤레타리아'라는 원어 자체로 사용되거나 '유산자'와 '무산자'가 사용되었다.53)

셋째 사카이 도시히코의 원저에는 삭제되어 있는 부분을 문맥에 맞게 복원했다는 점이다. 다음 인용문의 '변혁'은 『社會主義學說の大要』에는 복자(伏字)로 처리된 것을 정백이 삽입해 넣은 것이다.

> 사회의 경제적 기초가 변동함에 따라서 그의 상부구조인 정치법률 등 일체의 제도가 **변혁**(강조는 인용자)된다고 함이외다.54)

넷째 『社會主義學說の大要』에 실려 있는 맑스주의 원전을 번역할 때 사카이 도시히코의 일역본을 단순히 중역함에 그치지 않고, 다른 이의 일역본도 참조하면서 번역하였다는 점이다. 『정치경제학비판을 위하여』서문의 '유물사관요령기'의 5절과 6절을 중역한 다음 ⟨A⟩와 ⟨B⟩의 경우가 대표적이다.

> ⟨A⟩ 우리는 극히 大別的으로 亞細亞諸國, 上古諸國, 封建時代, 及 近世 資本家時代의 각 생산방법으로써 **경제적 사회구성**(강조는 인용

新聞』53, 1904. 11. 13.
53) 陳望道가 번역한 중국 최초의 『共産黨宣言』 中譯本은 1920년 도쿄에서 출판되었는데, '부르주아'와 '프롤레타리아'의 번역어로 '有産者'와 '無産者'가 사용되었다(馬格斯·安格爾斯 著, 陳望道 譯, 1920, 『共産黨宣言』, 社會主義研究社, 2쪽). 이에 비해 1922년 발행된 『新生活』에서 신생활사그룹의 일원인 辛日鎔은 '부르주아'를 '紳士'(辛日鎔, 1922, 「紳士論」, 『新生活』5)와 '뿌르쪼아'(辛日鎔, 1922, 「맑쓰思想의 硏究 - 階級鬪爭說」, 『新生活』6)로 혼용하고 있다.
54) 사카이 도시히꼬, 1924, 「唯物史觀의 「要領記」- 社會主義學說大要 (其四)」, 『開闢』43, 50쪽. 이 부분은 『社會主義學說の大要』의 "社會の經濟的基礎が變化するにつれて, 其の上部構造たる政治法律等一切の制度が○○されると云ふのである."(堺利彦, 1922, 53쪽)를 번역한 것이다.

자)의 진보계단이라고 할 수 잇다. 그래서 금일의 자본가적 생산 관계는 사회적 생산과정에 在한 최후의 알력형식을 成한 것이다. 玆에 알력이라 稱하는 것은 개인적 알력의 의미가 안이오 각 개인의 사회적 생활조건으로서 生하는 알력을 의미함이다.[55]

〈B〉 이 자본가적 사회의 내부에서, 발전한 생산력은, 동시에 이에 알력을 해결식힐만한 물질적 조건을 맨든다. 그럼으로 이 **자본가적 사회구성**(강조는 인용자)과 함께 인류사회의 역사는 그 종결을 고한다.[56]

〈A〉에서 '경제적 사회구성'은 사카이 도시히코의 경우는 1912년 『정치경제학비판을 위하여』 서문의 '유물사관요령기'를 일역한 이래 '社會の經濟的進化'로 일역하였지만,[57] 정백은 이를 '경제적 사회구성'으로 번역하고 있다. 〈B〉에서도 '사회구성체'를 정백은 '자본가적 사회구성'으로 번역하고 있는데, 사카이 도시히코는 '자본가적 사회형체'[58]로 일역하고 있다. 정백이 사카이 도시히코의 일역과 상이한 번역어를 선택한 것은 1921년

---

55) 사까이 도시히꼬, 1924, 「唯物史觀의「要領記」- 社會主義學說大要 (其四)」, 『開闢』 43, 55쪽. 이 부분의 현대 역은 다음과 같다. "크게 개괄해 보면 아시아적, 고대적, 봉건적, 그리고 현대 부르주아적 생산 양식들을 경제적 사회구성체의 순차적인 시기들이라고 할 수 있다. 부르주아적 생산관계들은 사회적 생산 과정의 마지막 적대적 형태인데, 여기서 적대적이라고 말하는 것은 개인적 적대라는 의미에서가 아니라 개인들의 사회적 생활 조건들로부터 싹터 온 적대라는 의미에서이다."(칼 맑스, "정치 경제학의 비판을 위하여"; 최인호 외 역, 1992, 『칼 맑스 프리드리히 엥겔스 저작 선집』 2, 박종철출판사, 478쪽).
56) 사까이 도시히꼬, 1924, 「唯物史觀의「要領記」- 社會主義學說大要 (其四)」, 『開闢』 43, 55쪽. 이 부분의 현대 역은 "부르주아 사회의 태내에서 발전하는 생산력들은 동시에 이러한 적대의 해결을 위한 물질적 조건들을 창출한다. 이 사회 구성체와 더불어 인간 사회의 前史는 끝을 맺는다."(칼 맑스, 최인호 외 역, 1992, 478쪽)이다.
57) 堺利彦, 1922, 60쪽.
58) 堺利彦, 1922, 61쪽.

발행된 가와카미 하지메의 『唯物史觀硏究』에 수록된 '유물사관요령기'의 일역을 참조했기에 가능한 것이다.59)

그렇다면 정백은 왜 대중잡지에 게재할 맑스주의자의 논저로 사카이 도시히코의 『社會主義學說の大要』를 선택했을까? 이에 대해 정백은 서문을 대신하는 글에서 다음과 같이 서술하고 있다.

> '사회주의'라는 한갓 막연한 이름의 동경보다도 한 거름 더 나가 體育的('體系的'의 誤記; 인용자) 설명을 바라는 경향이 뵈이나 尙今ㅅ것 何等의 이론에 대하야 체계적 소개가 업슴으로 그 요구에 응하야 尤先 시급한대로 알기 쉽고 간단명료한 통속 책으로서의 본서를 택하엿슴니다.60)

즉 사카이 도시히코의 『社會主義學說の大要』가 일반 대중이 사회주의에 대해 체계적으로 알고자 하는 요구를 충족시켜 줄 수 있는, 사회주의 즉 맑스주의의 체계를 간단명료하게 소개하고 있는 대중서이기 때문이라는 것이다. 또한 저자인 사카이 도시히코가 일본 사회주의운동 내에서 차지하는 위상과도 밀접히 연관되어 있다.61)

이러한 이유로 인해 중국의 경우 맑스주의 수용 과정에서 가와카미 하지메의 일역본이나 저작이 가장 중요한 통로였던데 비해,62) 식민지 조선

---

59) 河上肇는 '경제적 사회구성'과 '사회구성체'의 번역어로 '社會の經濟的組織'과 '社會組織'을 사용하였다. 그러나 1921년 『唯物史觀硏究』에 게재된 일역부터 '經濟的 社會構成'과 '社會構成'으로 수정하였다(河上肇, 1921, 『唯物史觀硏究』, 弘文堂書房, 9쪽). 또한 '유물사관요령기'를 '唯物史觀の公式'으로 번역하였다.
60) 堺利彦, 1923, 「社會主義學說大要」, 『開闢』 40, 72쪽.
61) 당대 식민지 조선인들이 사카이 도시히코를 "學者인 동시에 主義者로도 유명한"(「新刊紹介」, 『東亞日報』 1925. 6. 29)이로 인식하고 있었다.
62) 이에 대해서는 三田剛史, 2003, 『甦る河上肇 - 近代中國の知の源泉』, 藤原書店 참조.

에서는 사카이 도시히코의 일역본과 저작이 그러한 역할을 했다고 할 수 있다.

『開闢』에 연재되었던 「社會主義學說大要」는 1925년 5월 20일 개벽사 출판부에서 『社會主義學說大要』라는 단행본으로 출판되었다. 『社會主義學說大要』의 목차는 다음 〈표 21〉과 같다.

〈표 21〉 『社會主義學說大要』의 목차

章	節
第1章 푸로레타리아의 獨立한 學問	第1節 眞理와 時代 第2節 階級鬪爭과 進化論 第3節 社會主義와 資本主義의 立地
第2章 唯物史觀의 解說	第1節 唯物論과 唯心論 第2節 唯物史觀과 唯心史觀 第3節 唯物史觀의 要領記解說
第3章 歷史進化의 事實的 解明	第1節 動物과 人間과의 區別 第2節 共産社會로 私産社會에 第3節 階級과 國家의 發生

* 출전: 堺利彥, 鄭栢 譯, 1925, 『社會主義學說大要』, 開闢社出版部.

그렇다면 『社會主義學說大要』와 『개벽』에 연재되었던 「사회주의학설대요」 사이에는 어떠한 차이점이 있는가? 『社會主義學說大要』는 기본적으로 『개벽』에 연재되었던 「사회주의학설대요」의 오탈자를 수정한 것이지만, 몇 가지 점에서는 중요한 차이를 보인다.

첫째 체제의 변화가 있다는 점이다. 〈표 21〉과 〈표 20〉을 비교해 보면 그 차이점을 발견할 수 있다. '3장 11절' 체제로 구성되었던 『社會主義學說の大要』를 충실히 반영했던 「사회주의학설대요」와는 달리 『社會主義學說大要』는 '3장 9절' 체제로 구성이 변경된 것이다. 이는 1장 4절인 '무

산계급의 학문' 부분과 『社會主義學說の大要』에서도 5/7가 삭제된 상태였던 3장 4절인 '社會主義社會の必然性' 부분을 생략했기 때문이다.

7쪽 분량의 1장 4절을 생략한 이유는 알 수 없지만, 생략된 부분이 검열과 관련하여 삭제된 것이 아니라는 점에서 단행본으로 출판하는 과정에서 분량의 문제와 관련되어 있는 듯하다.63) 이에 비해 3장 4절을 생략한 것은 후술하겠지만 검열의 문제와 관련이 있고, 대중서를 표방한 『社會主義學說大要』의 경우 독자들의 가독성 문제를 고려한 조치이기도 했다.

둘째 「사회주의학설대요」에는 번역되어 있던 내용 가운데 출판 과정에서 검열로 인해 삭제된 부분이 있다는 점이다. 검열로 삭제된 곳은 모두 3곳인데, 문장의 일부가 삭제된 경우와 내용 전체가 삭제된 경우가 있다.

⟨C⟩ 資本制度가 必然的으로 崩壞하고 몃 千年 來의 私有財産制度가 全혀 消滅하고, 인제는 軋轢도 업고, 階級도 업고, 貧富도 업는(강조는 인용자) 新社會가 出現합니다. 그것이 모다 生産力 發達의 自然的 結果외다.64)

⟨D⟩ 從來로 우리는 文明時代에서 사는 줄 아럿지마는 人類의 歷史는 아직도 「前紀」에 所屬되엿습니다. **이 資本家 社會가 崩壞하고 그 다음 大共産制度의 社會로 드러 갈 때**,(강조는 인용자) 길고 긴 歷史의 前紀는 그 終結을 告하고 처음으로 眞正한 文明時代, 卽 歷

---

63) 실제로 『社會主義學說大要』의 2장 1절인 '唯物論과 唯心論' 부분에서도 검열과 무관하게 "現在 우리가 生活하고 잇는 이 社會는 實노 監獄과 다름이 업습니다. 그것이 좀 더 大規模的이오 사람들이 좀 더 만히 드러잇슴에 不過합니다. 그 不自由한 生活 그 괴로운 生活은 다 마찬가지외다"(사카이 도시히코, 1923, 「唯物史觀과 唯心史觀 - 社會主義學說大要 (其三)」, 『開闢』 42, 28쪽)라는 부분이 생략되었다(堺利彦, 鄭栢 譯, 1925, 『社會主義學說大要』, 開闢社出版部, 39쪽).
64) 사까이 도시히꼬, 1924, 「唯物史觀의 「要領記」 - 社會主義學說大要 (其四)」, 『開闢』 43, 55쪽; 堺利彦, 鄭栢 譯, 1925, 66쪽.

史本紀로 드러 가는 것이외다.[65]

⟨E⟩ 重複해 말합니다마는 封建制度의 內部에 資本階終('資本階級'의 誤記; 인용자)이 이러난 것과 가티 資本制度의 內部에 勞動階級이 이러낫습니다. 그러한 즉 前의 資本制度가 發達하기 爲하야(卽 生産力이 增大하기 爲하야) 從來의 封建制度라 하는 社會關係가 障碍가 되엿던 것과 가티 이번에는 現存의 大機械를 使用하야 多數의 勞働者가 協力하야 生産하기 爲해서는(卽 더 生産力을 增大하기 爲해서) 今日의 資本制度가 또 障碍가 되엿습니다. 만일 資本家라 하는 것이 업고 즉 큰 工場을 個人으로 支配하고 所有하는 關係가 업스면 生産力은 더욱 增大합니다. 일건 生産力이 더 增大하랴 해도 資本家가 그것을 私有物로 獨占하야 잇는 까닭에 그 發達이 阻止됨니다. 資本家는 人民 全部의 必要를 爲해서 生産해 주지 안습니다. 彼等은 利益을 爲해서 生産事業을 經營하고 잇슴으로 利益이 나지 아니하면 生産을 아니합니다. 生産力을 充分히 動作케 하지 못합니다. 生産力을 이 우에 더 增大하기 爲해서는 資本家의 私有財産制度라 하는 것이 障碍가 되여 집니다. 그래서 이 障碍되는 制度 障碍되는 階級을 하는 運動이 이러낫습니다.(以下 4頁 削除: 원문) 그래서 前부터 말한 바와 가티 우리는 이에서 비로소 人類의 歷史前記('歷史前紀'의 誤記; 인용자)를 맛치고 처음으로 참 文明時代에 드러옵니다. 즉 우리 人類가 처음으로 自由의 天國에 드러오는 것입니다. 나 自身으로 해서는 벌서 나희도 무던이 먹은 고로 그러한 조흔 時節을 볼는지 하는 것은 매우 疑問입니다마는 諸君과 가튼 靑年들은 반드시 그것을 볼 터 입니다. 참 부러운 일입니다. 그럼으로 諸君이 他日에 그와 가튼 훌융한 社會에 生活하는 때에 옛날 堺某가 이런 이야기를 하엿는데 지금은 어니 땅에 뼈가 뭇첫는가 하고 그러한 이야기라도 때때 하여 주심을 바랍니다.[66]

---

65) 사까이 도시히꼬, 1924, 「唯物史觀의 「要領記」 - 社會主義學說大要 (其四)」, 『開闢』 43, 56쪽; 堺利彦, 鄭栢 譯, 1925, 67쪽.
66) 堺利彦, 1924, 「歷史進化의 事實的 解明 - 社會主義學說講論」, 『開闢』 45, 83-84쪽.

〈C〉·〈D〉의 강조된 부분이 삭제된 문장인데, 삭제된 내용은 모두 자본주의의 필연적인 붕괴와 사회주의의 필연적인 도래를 주장하는 부분이다. 이에 비해 〈E〉는 『社會主義學說の大要』에서 검열로 삭제된 4쪽을 포함해서 모두 6쪽 분량의 내용 전체가 삭제된 경우로, 3장 3절인 '계급과 국가의 발생' 가운데 자본주의 사회의 해체와 관련된 일부 부분과 3장 4절인 '사회주의사회의 필연성' 부분의 전체가 삭제되었다. 이렇듯 〈C〉·〈D〉·〈E〉는 모두 동일한 내용에 대한 삭제가 이뤄진 것이다.

셋째 『社會主義學說の大要』에는 없는 번역자의 주가 첨가되어 있다는 점이다. 「사회주의학설대요」에는 전술한 바와 같이 정백이 첨가한 5개의 주가 첨가되어 있는데, 『社會主義學說大要』의 출판 과정에서 1개의 주를 더 첨가한 것이다. 1개의 주는 '백성(百姓)'[67]인데, 이는 일본사에 대한 지식이 없는 독자들에게 본문의 내용을 이해하는데 도움을 주고자 첨가한 것이다.

사회주의사상의 수용 문제와 관련하여 『社會主義學說大要』의 내용 가운데 가장 주목되는 부분은 사회주의와 진화론의 관계를 언급한 1장 2절인 '계급투쟁과 진화론'과 『정치경제학비판을 위하여』 서문의 '유물사관 요령기'를 해설한 2장 3절이라고 할 수 있다. 사카이 도시히코는 사회주의와 진화론의 관계를 다음과 같이 언급하고 있다.

---

67) "當時에 一種의 農奴로 부렷는데 此를 農民이라 譯함"(堺利彦, 鄭栢譯, 1925, 52쪽). 『社會主義學說の大要』에 '百姓'(堺利彦, 1922, 49쪽)으로 되어 있던 것을, 「社會主義學說大要」에서는 아무런 설명 없이 '農民'(사까이 도시히꼬, 1924, 「唯物史觀의「要領記」- 社會主義學說大要 (其四)」, 『開闢』 43, 48쪽)으로 번역하였다. 『社會主義學說大要』에 '註'를 첨가한 鄭栢은 그 이하의 번역문에서 '百姓'을 모두 '農民'으로 번역하고 있다.

進化論은 生物界의 進化의 法則이오, 社會主義는 人間社會의 進化法則이라고 하는 것임으로 社會主義者가 進化論에 贊成하는 것은 進化라는 이 말에 對하야 立場이 가튼 까닭입니다. 動物이나, 人間社會나 어느 것을 勿論하고 모든 것은 進化變遷하야 간다는 것입니다. 따라서 뿔쪼아지의 社會가 未來永劫으로 繼續될 것은 아니오, 資本制度가 未來의 永劫으로 繼續할 것은 아닙니다. 如何한 社會나 如何한 制度나 間斷히 업시 進化하고 變遷하여 갑니다.[68]

즉 '진화'를 변화와 발전이라는 차원에서 이해하고 있는 것이다. 그리고 이러한 '진화'를 인간사회에 적용하면 지금은 철옹성 같아 보이는 현재의 자본주의 체제도 결국은 '필연적'으로 붕괴하여 "알력도 업고, 계급도 업고, 빈부도 업는 신사회",[69] 즉 사회주의사회가 도래하게 된다는 것이다.

그렇다면 이러한 '필연적' 역사진화의 동력은 무엇인가? 그냥 가만히 손을 놓고 기다리고 있어도 그러한 세상은 도래하는 것인가? 이에 대해 사카이 도시히코는 다음과 같이 주장한다.

社會革命은 時期가 成熟하는 때에는 必然的으로 닐어 난다고 하지마는 그럿타고 그것은 決코 사람이 팔장을 끼고 坐而待之만 하야도 足하다는 意味는 안입니다. 時期가 成熟해 오면 卽 物質的 條件이 完備해 오면 그것에 適應한 사람들의 머리속에 自然히 將來의 希望이 생기며 엇더한 種類의 사람들이 그 希望을 實現시키려는 熱情이 닐어 나며 또 그 希望을 實現시키려는 努力이 發합니다. 그것이 卽 必然입니다.[70]

---

68) 堺利彦, 鄭栢 譯, 1925, 23-24쪽.
69) 사까이 도시히꼬, 1924,「唯物史觀의「要領記」- 社會主義學說大要 (其四)」,『開闢』43, 55쪽.
70) 堺利彦, 鄭栢 譯, 1925, 65쪽.

'階級鬪爭'이란 말은 이「要領記」에는 쓰지 안핫스나 上에 말한 것과 가티 商工階級이 武士階級의 反抗하야 마츰내 그것을 쓰러트리고 마는 싸움을 맑스와 엥겔스는 '階級鬪爭'이라고 일홈을 붓첫습니다. 兩人의 共著인 그 有名한 『共産黨宣言』 劈頭에 "在來 一切 社會의 歷史는 階級 鬪爭의 歷史"라고 말햇습니다.[71]

즉 '사회주의의 필연성'과 함께 사카이 도시히코가 '필연적' 역사진화의 동력으로 강조한 것은 맑스와 엥겔스가 『공산당선언』의 모두에서 강조한 '계급투쟁'이다. 바로 이러한 계급투쟁에 대한 강조가 정백이 사카이 도시히코의 이 책에 주목하고 번역까지 하게 된 주된 이유이다.

식민지 조선에서 사회주의사상의 수용과 관련하여 1921년 『정치경제학비판을 위하여』 서문의 '유물사관요령기' 번역이 '사회주의의 필연성'이라는 문제가 강조되던 단계라면, 『社會主義學說大要』의 번역은 '사회주의의 필연성'이라는 문제에 더하여 '계급투쟁'을 통한 사회주의로의 혁명적 이행을 강조하는 단계로의 전환을 잘 보여주는 것이라고 할 수 있다.

이러한 인식은 신생활사그룹 이래 민중사 관계자들이 물산장려논쟁 과정에서 국내 상해파의 '생산력 증대'를 통한 혁명 '대기주의'에 반대하여 '계급투쟁'을 통한 혁명을 주장했던 맑스주의 혁명론에 대한 인식의 연장선에 위치하는 것이다. 그리고 이러한 인식은 1924년 이후 공산주의그룹들이 전위당을 조직하기 위해 전개한 활동 및 그 논의와 맞물린다는 점에서 매우 의미 있는 것이다.

『社會主義學說大要』의 번역은 또한 맑스주의에 대한 정백과 민중사의 '인식'을 아직은 자신들의 '언어'로 기술하는 것보다는 하나의 일관된 시각

---

71) 堺利彦, 鄭栢 譯, 1925, 58쪽.

과 체계를 가지고 서술된 일본의 대표적 맑스주의자 사카이 도시히코의 저작을 통해 표현하고자 한 시도라고 할 수 있다. 이는 맑스주의 원전 번역을 통해 맑스주의를 인식하려고 시도했던 민중사의 문제의식과도 맞닿아 있는 것이다.

『社會主義學說大要』는 일관된 시각과 체계를 갖는 저작이라는 점에서 종래 식민지 조선에 단편적으로 소개되던 사회주의 관련 글들과 차별성을 갖는다. 그러나 내용면에서는 너무 '유물사관'에 집중된 점으로 인해 '맑스주의'를 체계적으로 이해하기에는 일정한 한계를 가질 수밖에 없는 저작이기도 하다. 이러한 두 측면은 『社會主義學說大要』를 통해 맑스주의를 이해하거나 인식했던 수많은 독자들에게 일정한 영향으로 작용하였다.

제 3 부

맑스주의 인식의 심화와 레닌주의

제 1 장
일월회의
맑스주의 인식과 레닌주의

1. 일월회와 출판물을 통한 맑스주의 선전

1925년 1월 3일 북성회(北星會) 회원이던 안광천(安光泉), 이여성 등의 사회주의자들은 도쿄에서 사회주의 사상운동단체인 일월회(一月會)를 조직하였다.1) 이들은 북성회가 김약수 일파의 주의선전에 이용되는 것을 비판하였는데, 김약수 일파가 귀국하자 북성회를 해산하고 일월회를 조직한 것이다.2)

일월회는 조직 후 다음과 같은 강령을 발표하였다.

一. 大衆本位의 新社會의 實現을 圖함.
一. 모든 壓迫과 搾取에 對하여 階級的·性的·民族的임을 不問하고 民衆과 같이 組織的으로 싸울 것.
一. 嚴正한 理論을 闡明하여 民衆運動에 資供할 일.3)

---

1) 『東亞日報』 1925. 1. 6.
2) 日本內務省 警察局 保安課, 1925, 「大正十四年中ニ於ケル在留朝鮮人ノ狀況」; 朴慶植 編, 1975, 『在日朝鮮人關係資料集成』 1, 三一書房, 163쪽.
3) 『東亞日報』 1925. 1. 16; 安光泉, 1925. 3, 「1925年 1月에 滿天下同志들게」, 『思想運動』 1권

일월회가 "엄정한 이론을 천명하여 민중운동에 자공(資供)"한다는 방침을 천명한 것은 민족해방운동이란 경제적 싸움이자 정치적 싸움인 동시에 사상적 싸움이라는 그들의 이론투쟁에 대한 인식에 기반하고 있는 것이다.

그리고 이러한 강령을 실현하기 위해 두 가지 측면에 주력하기로 결정하였다. 첫째는 사회주의운동의 통일을 위해 활동하기로 한 것이다. 그리고 이를 위해 '조선 내의 사회운동의 분립에 대하여 절대 중립을 고수하며 그 입장으로부터 적극적으로 전선의 통일을 촉진한다'[4]라는 방침을 천명하였다.

둘째는 '과학적 이론에 입각한 엄정한 비판의 파지(把持)'를 주장한 것이다.[5] 이를 실현하기 위한 일환으로 기관지 『사상운동(思想運動)』을 발행하는 사상운동사(思想運動社)와 조선문 인쇄소인 동성사(同聲社)를 설치하였다.[6] 『사상운동』은 「창간사」를 통해 스스로의 위상을 "현재를 비판하고 장래를 창조할 이론적 일진(一陣)의 일비지력(一臂之力)"[7]으로 규정하였다.

이후 일월회는 과학적 이론의 연구와 선전에 활동을 집중하였는데, 특히 맑스주의 원전의 번역에 주력하였다. 이는 사회주의의 선전과 사회주의의 주장은 법률상 범죄에 해당하고 사회주의의 연구만 용인되던 식민지

1호, 3쪽.
4) 高津正道, 1926, 「朝鮮無産階級の團體及び在日本朝鮮團體」, 『解放』 5권 5호, 36쪽.
5) 安光泉, 1925. 3, 「1925年 1月에 滿天下同志들께」, 『思想運動』 1권 1호, 2-3쪽.
6) 『思想運動』 1권 1호에는 "이 인쇄소는 世界文化를 背景하고 內地에 文化宣傳을 本務로 하여 우리의 사정을 廣히 外界에 傳播하는 것으로 그 중대한 임무를 등에 지고 戰鬪場裡에서 奮鬪와 努力으로써 그 사명을 다하고자 하오니"라는 광고가 실려 있다. 同聲社 印刷所 주임은 河錫勳이었다(『思想運動』 1권 1호 뒤표지 '개업광고').
7) 1925. 3, 「創刊辭」, 『思想運動』 1권 1호.

조선의 상황에서 일월회가 택할 수 있는 최선의 선택이었다.[8] 실제로 1925년 3월 창간호부터 편집방침이 변경되기 전인 1926년 1월까지 기간을 대상으로『사상운동』에 게재된 맑스주의 원전 번역물은 다음 〈표 22〉와 같다.

〈표 22〉『사상운동』게재 맑스주의 원전 번역물

	저 자	제 목	역 자	게재 호
1	맑스·엥겔스	社會主義者의 社會主義評: 社會主義及共産主義 文書	언필	1권 1호 (1925. 3)
2	엥겔스	카-ㄹ 맑스의 葬式	赤旋風	1권 2호 (1925. 3)
3	엥겔스	科學的社會主義	新春	1권 4호 (1925. 5)
4	엥겔스	엔겔스 遺稿	虎	
5	레닌	맑쓰略傳	C.F	
6	맑스	꼬오타綱領에 대한 맑쓰의 批判(一)	金皆骨	2권 1호 (1925. 8)
7	레닌	露西亞靑年에게	언필생	2권 3호 (1925. 10)

즉 이 기간 동안 모두 7종의 맑스주의 원전 번역물이『사상운동』에 게재되었다. 이는 1925년까지 식민지 조선에서 공간된 맑스주의 원전 번역물이『정치경제학비판을 위하여』서문의 '유물사관요령기'와 '민중사 팜플렛' 2종(『賃金·勞働及資本』,『價値·價格及利潤』) 등 모두 3종이었던 점과 비교할 때, 일월회가 과학적 이론의 소개라는 자신들의 목표를 위해 맑스주의 원전의 번역과 그 소개에 얼마나 적극적으로 임했는지 알 수 있다.

---

8) 編輯室, 1926. 1,「本誌 內容을 곳치면서」,『思想運動』3권 1호, 7쪽.

그러나 일제의 계속되는 탄압으로 인해『사상운동』은 휴간 2회, 벌금 2회, 발행금지 4회를 당했고, 식민지 조선에서는 창간호부터 모조리 압수되었다. 일월회는 일제의 법률적 제재와 이로 인한 경제적 압박을 타개하기 위해 1926년 1월『사상운동』의 편집방침을 변경하였다. 즉 어려움을 타개하기 위한 방법으로 비판의 수준을 낮추고 잡지의 페이지를 대폭 축소하기로 한 것이다.9)

그리고『사상운동』에는 대중용으로「대화란」,「질문란」,「사회주의강좌」,「신술어해석(新術語解釋)」 등의 코너를 개설하여 독자들과 만나 나가기로 하였다.10) 이후「대화란」을 통해서는 '심적 개조냐? 물적 개조냐?' 하는 문제와 '졸업생과 생활비'의 문제가 다루어 졌고,11)「질문란」을 통해서는 '무산계급문화', '부르주아지', '프롤레타리아트', '노동력'의 개념 문제 등이 다루어졌다.12) 또한「사회주의강좌」를 통해서는 '신사회와 노동',13) '공상적 사회주의 및 과학적 사회주의',14) '부르죠아의 진화론과 사회주의 진화론'15) 등 좀 더 전문적인 내용들이 논의되었다. 이와 함께「신술어해석」을 통해 인터내셔널, 볼셰비키, 멘셰비키, 생디칼리슴, C.G.T, I.W.W, 사보타주, 신디케이트, 데모크라시, 파시즘, 산업혁명, 우경과 좌경, 군국

---

9) 宇, 1925. 8,「卷頭言: 붓을 더질 날!」,『思想運動』2권 1호, 1쪽: 編輯室, 1926. 1,「本誌 內容을 곳치면서」,『思想運動』3권 1호, 7쪽.
10)『思想運動』의 특색이던 '社會主義講座'와 '質問欄', '對話欄'은 이후 1926년 5월 폐지되었다(1926. 5,「編輯餘言」,『思想運動』3권 6호).
11) ① 杜宇, 1926. 1,「對話欄」,『思想運動』3권 1호 ② 如星, 1926. 2,「對話欄」,『思想運動』3권 2호.
12) ① 于, 1926. 1,「質問欄」,『思想運動』3권 1호 ② 1926. 2,「質問欄」,『思想運動』3권 2호 ③ PW生, 1926. 4,「質問欄」,『思想運動』3권 4호.
13) 1926. 1,「社會主義講座」,『思想運動』3권 1호.
14) 뽀륵하르트, 乎于 譯, 1926. 2,「社會主義講座」,『思想運動』3권 2호.
15) 빤네콕, 如星 譯, 1926. 4,「社會主義講座」,『思想運動』3권 4호.

주의 등 다양한 개념들에 대한 소개도 병행되었다.16)

대신 종래『사상운동』을 통해 전개하던 '과학적 이론의 소개와 선전'은 권독사(勸讀社)가 담당하도록 하였다. 권독사는 1925년 3월경 "부르주아들에게는 부르주아계급을 옹호하는 이론이 있다. 피등(彼等)에게 대항하는 우리는 우리 자체의 이론-사회과학의 지식-을 가져야 한다"17)라는 취지 아래 사상운동사의 산하에 만들어졌던 권독부(勸讀部)를 독립시켜 만든 일월회 산하의 조직이었다.

원래 권독부의 주요한 업무는 일반 사회주의 서적과 사회문제총서, 팜플렛, 잡지 등을 취급하는 것이었다.18) 그리고 1925년 7월에는 '권독부 팜플렛' 제1집으로 크로포트킨의『청년(青年)에게 소(訴)함』을 번역·출판하였다. 그러다 1926년 1월『사상운동』의 편집방침 변화와 맞물려 권독사로 독립하게 된 것이다.19) 권독부의 책임은 송언필(宋彦弼)과 하필원(河弼源)이 담당하였는데,20) 권독사로 변경된 이후에는 송언필이 대표이자 편집인 겸 발행인으로 활동하였다.21)

---

16) ① 海山, 1926. 1,「新術語解釋」,『思想運動』3권 1호 ② 山海, 1926. 2,「新術語解釋」,『思想運動』3권 2호 ③ K, 1926. 4,「新術語解釋」,『思想運動』3권 4호 ④ 友狄, 1926. 5,「新術語解釋」,『思想運動』3권 6호.
17) 1925. 3,『思想運動』1권 2호, 뒤표지「告!!」.
18) 초기에는 주로 일본공산당의 합법 이론지인『マルクス主義』와『社會思想』,『新人』,『社會主義研究』,『我等』등의 일본어 잡지를 취급하였다.
19) 1926. 2,「編輯餘言」,『思想運動』3권 2호.
20) 宋彦弼·河弼源, 1925. 3,「告!!」,『思想運動』1권 2호. 宋彦弼과 河弼源은 思想運動社 勸讀部의 '主務'였다.
21) 北澤新次郎, 李承駿 譯, 1926,『社會改造의 諸思潮』, 勸讀社出版部,「판권」참조. 일제의 자료를 통해 1926년 4월 출간된 권독사 팜플렛 7집(『科學的社會主義』)의 편집인이 송언필임을 확인할 수 있는데(朝鮮總督府警務局 編, 1941,『朝鮮總督府 禁止單行本目錄』, 朝鮮總督府警務局, 34쪽.), 이를 통해 송언필이 1926년 중반까지 권독사의 책임자로 활동한 것을 알 수 있다.

권독사는 권독사출판부를 통해 1926년 2월 '권독사 팜플렛' 제2집인 『사회개조(社會改造)의 제사조(諸思潮)』를 발행하는 것을 시작으로 1926년 한 해 동안 6권의 팜플렛을 발간하였다. 특히 팜플렛의 발행 시기는 1926년 2월부터 4월까지로 집중되었는데, 이는 이 기간이 권독사가 가장 활발하게 활동한 시기임을 보여 주는 것이다. 권독사는 1926년 11월 28일 일월회의 해체 성명 이후에도 조직을 해체하지 않고 유지하였고, 이후 1927년 팜플렛 8집과 9집을 발행하였다.[22] 권독사는 모두 9종의 팜플렛을 간행하였는데, 다음의 〈표 23〉은 권독사가 발행한 팜플렛 목록이다.

〈표 23〉 권독사 팜플렛 목록

	저 자	서 명	역 자	발행월
1	크로포트킨	青年에게 訴함	勸讀社 編輯部	1925. 7.
2	北澤新次郎	社會改造의 諸思潮	李承駿	1926. 2.
3	맑스	第一인터-나슈날 創立宣言及規約	勸讀社 編輯部	1926.
4	平林初之輔	資本主義의 解剖	勸讀社 編輯部 編述	1926. 3.[23]
5	安光泉 編[24]	通俗社會主義經濟學		1926. 3.
6	레닌	맑스와 맑스主義	勸讀社 編輯部	1926. 4.
7	엥겔스	科學的社會主義	勸讀社 譯編	1926. 4.
8	宋彦弼 編[25]	勞農露國重要人物의 面影과 略傳		1927.
9	엥겔스	空想的社會主義	安光泉[26]	1927.

---

22) 『勞農露國重要人物의 面影과 略傳』과 『空想的社會主義』의 발행 사실과 발행 시기는 다음 몇 가지를 통해 확인하였다. 1927년 4월 理論鬪爭社에서 발행한 『理論鬪爭』 1권 2호의 내지 광고(勸讀社出版及取次書籍目錄)에는 두 권 모두 '근간'으로 표시되어 있다. 그러나 『東亞日報』 1927년 9월 17일자 '신간소개'와 1928년 7월 新興科學社에서 발행한 『新興科學』 1권 2호의 내지 광고(勸讀社出版及取次書籍目錄)에는 발행 사실이 적시되어 있다.

권독사 팜플렛은 송언필이 편집한『노농로국중요인물의 면영(面影)과 약전』을 제외하면 모두 번역서였다. 이는 당시 식민지 조선에서 과학적 이론의 윤곽만이라도 얻으려면 그 재료를 외국 출판물에서 구하지 않을 수 없었던 상황과 무관하지 않았다.27) 또한 권독사의 구성원들이 아직은 자신들의 '인식'과 '언어'로 맑스주의와 관련된 저술을 하는 것보다 맑스나 레닌, 또는 일본의 사회주의자들의 저작을 번역·출간하는 것이 '과학적 이론의 소개와 선전'이라는 취지에도 맞다고 생각했기 때문이다. 번역서가 압도적인 것은 이런 상황을 타개하기 위한 권독사의 노력이었다고 할 수 있다. 이는 민중사가 번역을 통해 맑스주의를 선전하려 한 것과도 맥을 함께 하는 것이다.

권독사가 발행한 팜플렛은 내용에 따라 크게 두 가지로 구분할 수 있다. 첫 번째는 맑스주의적 분석 틀로 자본주의의 메커니즘을 분석한 책들이다.『자본주의(資本主義)의 해부(解剖)』와『통속사회주의경제학(通俗社會主義經濟學)』이 바로 그것이다. 이 가운데『통속사회주의경제학』은 안광천이 야마카와 히토시의『資本主義のからくり』와 부하린의『공산주의입문』을 중심으로 맑스와 엥겔스의 저작들, 그리고 관련 서적들을 참조하여

---

23)『思想運動』3권 4호, 1926. 4,「勸讀社 팜플렛 광고」.
24) 권독사 팜플렛 광고에는 모두 '勸讀社 編輯部 編'으로 되어 있다. 그러나『思想運動』2권 2호에 게재된 안광천 명의의 글(安光泉, 1925. 9,「資本主義社會의 解剖(三)」,『思想運動』2권 2호)과『通俗社會主義經濟學』의 내용을 비교해 보면 두 글은 일치한다. 따라서 이를 통해 추론하였다.
25)『東亞日報』1927년 9월 17일자 '신간소개'에 의하면 편자는 권독사 편집부로 되어 있다. 그러나『思想運動』(1926. 4,「新興露國 重要人物의 略傳(二)」,『思想運動』3권 4호)에 송언필이 편집한 크랏신, 루낫챠ㄹ스키-, 스타-린, 부하린, 라데ㄱ크, 젤틴스키-, 리트비노프' 등 7명에 대한 소개가 게재되어 있다. 이를 통해 추론하였다.
26)「新刊紹介」,『東亞日報』1927. 9. 17.
27) MB生, 1926. 2,「研究課程」,『思想運動』3권 2호, 40쪽.

경제적 지식의 일단을 소개할 목적으로 집필한 것이다.28) 이 책은 '자본주의사회의 삼대특징', '착취', '자본', '공황·전쟁', '경제조직의 변천' 등 5장으로 구성되어 있다. 이에 비해 『자본주의의 해부』는 히라바야시 하츠노스케[平林初之輔]의 저작을 번역한 것으로 책은 '자본주의사회의 조직'과 '자본주의 경제학설' 등 두 부분으로 구성되어 있다.

두 번째는 맑스주의 원전 번역물이다. 『제일(第一)인터-나슈날 창립선언급규약(創立宣言及規約)』29)과 『맑스와 맑스주의』, 『과학적사회주의(科學的社會主義)』 그리고 『공상적사회주의(空想的社會主義)』가 바로 그것이다. 특히 레닌의 『칼 맑스』를 번역한 『맑스와 맑스주의』와 엥겔스의 『유토피아에서 과학으로의 사회주의의 발전』을 번역한 『과학적사회주의』와 『공상적사회주의』는 맑스와 엥겔스, 레닌을 통해 맑스주의의 체계를 고찰하고 있다는 점에서 사회주의사상의 수용사에서 주목되는 저작들이다. 또한 『맑스와 맑스주의』와 『과학적사회주의』는 각각 레닌과 엥겔스의 저작 가운데 최초로 공간된 저작물이라는 의미도 갖고 있다.

이외에 사회주의에 대한 안내서 성격의 책으로, 다양한 사회주의를 소개하고 있는 『사회개조의 제사조』도 번역되었다. 이 책은 길드사회주의자로 와세다대학 교수였던 기타자와 신지로[北澤新次郎]의 『社會改造の諸思潮』를 번역한 것으로, '현재 질서'인 자본주의의 폐해와 '미래 질서'인 사

---

28) 참조한 책은 "카우쓰키 著 『資本論解說』, 쏜룩하르트 著 『通俗資本論』, 운터-만 著 『맑스經濟學』, 쏙하린 著 『共産主義入門』, 山川均 著 『資本論大綱』, 山川均 著, 『資本主義のからくり』, 河上肇 著 『資本論略解』, 하인드만 著 『社會主義經濟學』, 堺利彦 編 『社會主義經濟學』, 쏜룩하르트 著 『맑스經濟學大綱』 등"이다(安光泉 編, 1926, 『通俗社會主義經濟學』, 勸讀社出版部, 1쪽).
29) 1864년 10월 쓰여 진 국제노동자협회, 즉 제1인터내셔널의 발기문과 임시규약을 번역한 것이다. 이에 대한 일역은 『社會主義研究』 6권 2호(1922. 9. 1)에 게재되어 있다.

회주의의 건설에 답하기 위한 목적으로 번역된 것이다.30)

또한 주목되는 것은 크로포트킨의 『靑年에게 訴함』을 번역했다는 점이다. 이 저작은 1926년 2월 이미 초판이 품절되었고,31) 1928년 3판이 발행될 정도로 대중적인 성공을 거두었다.32) 권독사는 이 책을 번역하는 이유에 대해 크로포트킨이 귀족출신임에도 일생을 민중과 함께 했다는 점과 출판된 지 40년 만에 20여개 국어로 번역되어 세계 청년의 혈조(血潮)를 약동시킨 점을 들고 있다.

일월회가 맑스주의를 어떻게 인식하고 있었는가는 기관지『사상운동』과 권독사 팜플렛으로 발간된 맑스주의 원전 번역물을 통해 확인할 수 있다. 일월회는 『사상운동』 창간호를 통해 『공산당선언』 일부를 과감하게 게재하였다.33) 이는 일월회와 『사상운동』의 지향성을 상징적으로 보여 준 것이다. 「사회주의자의 사회주의평: 사회주의급(及)공산주의문서」란 제목으로 게재된 이 글은 『공산당선언』 제3장인 「사회주의와 공산주의 문헌」을 완역한 것이다.34) 이 글은 비록 『공산당선언』의 완역은 아니었지만 일반 대중들에게 한국어로 『공산당선언』을 직접 소개한 공간된 최초의 번역물이라는데 의미가 있다고 할 것이다. 번역자는 일월회의 사상운동사 권독부 책임자였던 송언필이다. 그는 『공산당선언』의 번역 이유로 사상이란 그 시대의 정치와 경제상태의 반영인데, 현재 반동적인 사상과 자본

---

30) 식민지 조선에서의 『社會改造의 諸思潮』 번역에 대해서는 박종린, 2016, "1920년대 사회주의사상의 수용과 『社會改造의 諸思潮』의 번역", 『역사문제연구』 35 참조.
31) 1926. 2, 『思想運動』 3권 2호, '신간소개' 광고.
32) 1928. 7, 『新興科學』 1권 2호, 「勸讀社出版及取次書籍目錄」.
33) 맑스·엥겔스, 언필 譯, 1925. 3, 「社會主義者의 社會主義評: 社會主義及共産主義文書」, 『思想運動』 1권 1호.
34) 이 글은 "共産黨宣言書를 읽을 自由를 가지지 못한 讀者들게 만흔 興熱"을 주었다고 한다 (1925. 3, 「編輯餘言」, 『思想運動』 1권 2호).

가적인 사상 그리고 공상적인 사상들이 발호함을 보고 이에 대처하고자 번역했음을 밝히고 있다.35)

또한『사상운동』1권 4호에는「엥겔스 유고」라는 엥겔스의 글이 게재되었다.36) 이 글은 1847년 엥겔스가 공산주의자동맹의 강령 초안으로 작성한 것으로 맑스주의 사상사에서『공산당선언』의 중요한 전 단계라고 평가받는『공산주의의 원칙들』을 번역한 것이다. 모두 25개의 문답을 포함하고 있는데,『사상운동』에 게재된 번역문은 12개의 문답만을 포함하는 부분역이다. 이에 대해 번역자는 "이하에도 10조목에 잇스나 우리의게 허락된 자유는 그것을 소개하기에는 너무 박약"하다란 말로 일제의 사상통제에 대해 언급하면서,「엥겔스 유고」의 대의가 "현제도에 포함된 모순과 결함의 지적과 장래 사회 윤곽의 묘사"에 있음을 강조하고 있다.37)

그리고『사상운동』1권 2호에는 적선풍(赤旋風)의 번역으로 엥겔스의「카-ㄹ 맑스의 장식(葬式)」이란 글이 실려 있다. 이 글은 1883년 3월 17일 런던 교외의 하이게이트 묘지에서 거행된 맑스의 장례에서 엥겔스가 행한 유명한 연설을 번역한 글이다. 엥겔스는 이 연설에서

> 다윈이 有機的 自然의 發展의 法則을 發見하엿슴과 갓치 맑쓰는 人間의 歷史의 發展法則을 發見하얏다. …… 맑쓰는 또 今日의 資本主義的 生産方法의 그러고 그 結果 構成된 부르죠아 社會의 特殊한 運動方法까지도 發見하얏다. 부르죠아 經濟學者 及 社會主義的 批評家의 이때까지의 모든 硏究가 暗黑裏에 彷徨하든 때에 剩餘價値의 發見에 依하여 이곳에 돌연히 光明이 빗치기 始作하엿다.38)

---

35) 맑스·엥겔스, 언필 譯, 1925. 3, 39쪽.
36) 엥겔스, 虎 譯, 1925. 5,「엥겔스 遺稿」,『思想運動』1권 4호.
37) 엥겔스, 虎 譯, 1925. 5, 52쪽.

라고 하여 다윈이 자연의 발전 법칙을 발견했다면, 인간 역사의 발전 법칙, 즉 '유물사관'과 '잉여가치'라는 두 가지의 발견을 맑스의 생애를 결산하는 위대한 공적으로 기리고 있다.

이러한 글들과 함께 일월회의 맑스주의 인식을 잘 보여 주고 있는 것은 엥겔스의『유토피아에서 과학으로의 사회주의의 발전』과 레닌의『칼 맑스』를 번역한 권독사 팜플렛이었다.

레닌의『칼 맑스』를 번역한『맑스와 맑스주의』에 대해 살펴보도록 하자. 레닌의『칼 맑스』는 그라나트사의 백과사전에 게재하기 위해 1914년에 집필한 글이다.[39] 그 전문은 1925년 소련공산당 중앙위원회 부속 레닌주의연구소의『맑스·엥겔스·맑스주의』를 통해 발표되었다.『맑스와 맑스주의』가 발간된 1926년 4월까지 발간된 이 저작에 대한 일역본은 1925년 사회사상사(社會思想社)의『마르크스평전』이 유일하다. 그런데『마르크스평전』은『칼 맑스』의 후반부인 '사회주의', '프롤레타리아트 계급투쟁의 전술', '프롤레타리아트독재' 부분이 생략되고 '맑스약전'과 '맑스학설'의 두 부분으로 구성되어 있다. 현재 실물을 확인할 수는 없지만 권독사 팜플렛인『맑스와 맑스주의』도 사회사상사의 일역본을 완역했다면 '맑스약전'과 '맑스학설'의 두 부분으로 구성되었을 것이다.[40]

이 시기 일월회는 왜 엥겔스의『유토피아에서 과학으로의 사회주의의 발전』과 레닌의『칼 맑스』를 번역 출판했는가? 이 문제에 대해 번역자들은 명시적으로 언급하고 있지 않지만 과학적 이론의 소개라는 일반적인

---

38) 엥겔스, 赤旋風 譯, 1925. 3,「카-ㄹ 맑스의 葬式」,『思想運動』1권 2호, 3쪽.
39) レーニン, 1925,「原著 第1版 序文」,『マルクス評傳』, 社會思想社, 2쪽.
40)『思想運動』1권 4호에 C.F의 번역으로 '맑스略傳'이 완역되어 있다(레닌, C.F 譯, 1925. 5,「맑쓰略傳」,『思想運動』1권 4호).

이유 이외에도 이 저작들에 대한 번역이 맑스나 엥겔스 그리고 레닌 등의 저술, 즉 맑스주의 원전을 통해 맑스주의를 체계적으로 인식하려는 의도적인 시도였다는 점에서 주목된다.『유토피아에서 과학으로의 사회주의의 발전』과『칼 맑스』는 모두 맑스주의의 체계를 개괄하고 있는 저작이라는 점에서 더욱 그러하다.41) 즉 1923년 민중사가 일본의 대표적인 맑스주의자인 사카이 도시히코의『社會主義學說大要』를 통해 맑스주의의 체계를 인식하려 했다면 1925년 이후 일월회는 맑스주의 원전을 통한 맑스주의의 체계를 이해하려 했던 것이다.

그렇다면 엥겔스의『유토피아에서 과학으로의 사회주의의 발전』과 함께 레닌의『칼 맑스』를 번역한 이유는 무엇인가? 이는 일월회가 인식하고 있던 레닌주의와 밀접하게 연관되는 문제이다.

그렇다면 일월회는 레닌주의를 어떻게 생각하고 있었는가? 쟌 스텐의「맑스主義란 무엇인가」를 번역한 김한(金寒)은 '역자소언(譯者小言)'을 통해 아래와 같이 레닌주의에 대한 자신의 견해를 밝혔다.

> 資本主義의 崩壞時代 - 帝國主義時代 新戰爭을 製造하고 잇는 今日에 와서는 맑쓰主義를 말할 時에 恒常 우리는 레-닌主義를 말한다. 이 레-닌主義는 果然 무엇인가? 맑쓰主義와 달은 무엇을 包含한 新社會主義인가 레-닌主義는 맑쓰主義에 대한 主觀的 補足이 안이며 修正派的 맑쓰주의도 아니다. 單히 人類歷史의 보담 더 以上의 發展의 事實을 表現한 것이다. 레-닌은 맑쓰의 方法及學說에 따라 世界史의 새로운 經驗

---

41) 이 시기 작성된 맑스주의에 대한 '硏究課程'을 보면 堺利彦이 번역한『空想より科學へ』(『유토피아에서 科學으로의 社會主義의 發展』의 日譯)과 레닌의『マルクス傳』(『칼 맑스』의 日譯)이 '일반적 理論' 항목에 들어가 있음을 볼 수 있다(MB生, 1926. 2, 「硏究課程」, 『思想運動』3권 2호, 40쪽).

을 硏究하엿고 勞動運動에 對한 새로운 實際問題를 解決하엿스며 이로 써 맑쓰學說과 밋 그의 方法을 더욱 더 豊富하게 하엿을 뿐이다. 레-닌 은 맑쓰의 發見한 辨證法的唯物論의 方法을 徹底히 適用하야 이 武器로 써 帝國主義時代의 勞動運動에 當面한 모든 主要한 理論的 及 實際的 問題를 解決하엿다. 그는 露西亞의 모든 問題를 辨證法的唯物論의 方 法으로 分析하엿스며 世界資本主義의 最後階段인 帝國主義의 內面을 餘地업시 暴露식혓다. 우리는 레-닌主義를 理解하려면 맑쓰主義를 理 解하여야 한다. 레-닌主義는 卽 맑쓰主義의 그대로 世界現狀의 보담 더 以上의 發展을 提示하엿슴으로.42)

또한 베라 쿤의 「레닌이즘의 ABC」를 번역한 여재(與哉)도 '역자부기(譯 者附記)'를 통하여 "레-닌이즘은 물론 맑시쯤 이외의 何物도 아니다. 그것 은 제국주의시대의 자본주의붕괴기의 사회주의혁명발전기의 맑시즘이 다. 레-닌은 맑시즘의 입장으로서 이 세계사상에 대한 신시대를 설명하는 동시에 이것에 대항할 프로레타리아트의 전술을 제출한 것"43)이라고 언 급하고 있다. 즉 일월회는 레닌주의를 제국주의시대의 맑스주의로, 맑스 의 학설과 방법으로 이론적 실천적 문제를 해결하여 맑스주의를 더욱 풍 부하게 한 '진정한 맑스주의'44)라고 인식하고 있었다. 레닌에 대한 전기적 소개나 단편적인 언급이 아니라 맑스주의 체제 속에 위치지우는 이러한 레닌주의에 대한 인식 때문에 엥겔스의 『유토피아에서 과학으로의 사회 주의의 발전』과 함께 레닌이 맑스주의를 개괄적으로 정리한 『칼 맑스』가 함께 번역된 것이다.

또한 이러한 연장선에서 일월회는 레닌주의란 어떠한 것이며, 초보로부

---

42) 쟌 스텐, 金寒 譯, 1926. 5, 「맑스主義란 무엇인가」, 『思想運動』 3권 6호, 16쪽.
43) 베라 쿤, 與哉 譯, 1926. 2, 「레닌이즘의 ABC」, 『思想運動』 3권 2호, 39쪽.
44) 崔益翰, 1926. 5, 「맑스唯物論的辨證法의 槪說」, 『思想運動』 3권 6호, 5쪽.

터 조직적으로 연구하려는 이들의 이해를 돕기 위해 레닌주의에 대해 베라 쿤이 작성한 「레닌이즘의 ABC」와 같은 글을 『사상운동』에 게재하기도 하였다.45)

따라서 이제 맑스주의에 대해 논하면서 "맑스주의가 그 원칙을 획득한 주요한 지식적 원천은 독일고전철학 고전경제학 급(及) 불란서사회주의이엿섯다. 맑스주의는 19세기에 잇서서 이상의 세 가지 주요한 지식적 경향을 토대로 수립된 것이다"46)라는 레닌이 『칼 맑스』에서 정리한 맑스주의에 대한 정의를 논하는 것은 일반적인 경향이 되어 갔다.

또한 일월회는 과학적 이론에 대한 갈망을 해소하기 위해 일반적 이론, 유물사관연구, 경제학, 제국주의론, 농촌문제, 사회사, 경제사, 조합 및 정당사, 러시아연구, 부인문제 등 10개 주제로 구성된 커리큘럼을 제시하기도 하였다.47)

---

45) 레닌주의를 자본주의, 제국주의의 이론, 자본주의로부터 사회주의에로 추이하는 원동력, 식민지의 해방운동, 자본주의의 국제적 모순, 혁명의 이론, 푸로레타리아의 독재, 푸로레타리아XXXXX, 공산당인터나쇼날 및 각국공산당의 조직 등 9개의 주제로 나누어 중요한 요목과 문헌을 제시한 것으로, 레닌주의 학습의 길잡이용이었다(베라 쿤, 輿哉 譯, 1926. 2, 「레닌이즘의 ABC」, 『思想運動』 3권 2호).
46) 쟌 스텐, 金寒 譯, 1926. 5, 16쪽.
47) "본지 産婆役의 一人인 韓林君의 苦心한 結果 '硏究課程'이라는 好材料가 紙面關係로 이번 號에 揭載치 못하여 次號에 반드시 揭載"(1926. 1, 「編輯餘言」, 『思想運動』 3권 1호)한다고 했는데, 「硏究課程」은 『思想運動』 3권 2호에 揭載되었고, 필자는 MB生으로 되어 있다. '一般的 理論' 항목에는 다음과 같은 책들이 제시되고 있다(MB生, 1926. 2, 「硏究課程」, 『思想運動』 3권 2호, 40-42쪽).
*堺利彦-『社會主義大義』, 『社會主義學說大要』, 『現代社會生活の不安と疑問』, 크로포트킨-『靑年에게 訴함』, 森戸辰男-『靑年學徒に訴ふ』, 北原龍難-『常識の社會主義』, 山川均-『資本主義のからくり』, 山川・田所 共編-『プロレタリア經濟學』, 堺利彦 譯-『空想より科學へ』, 水谷長三郎 譯-『科學的社會主義序論』, 河上肇-『社會組織と社會革命』, 레닌-『マルクス傳』.

일월회의 맑스주의 인식에서 가장 특징적인 것은 맑스주의 원전을 통해 맑스주의의 체계를 직접 고찰하려 한 최초의 시도라는 점과 레닌주의를 맑스주의의 체계 속에서 인식하였다는 점이다. 이는 기본적으로 사회주의 운동의 발전과 함께 증대하던 과학적 이론에 대한 요구와 밀접히 연관된 것이다.

2. 맑스주의 원전의 번역과 『유토피아에서 과학으로의 사회주의의 발전』

1) 『유토피아에서 과학으로의 사회주의의 발전』과 일역본

『유토피아에서 과학으로의 사회주의의 발전』은 1878년 7월 독일어로 출간된 엥겔스의 저작 『오이겐 뒤링 씨의 과학 변혁』과 직접 관련되어 있다. 『오이겐 뒤링 씨의 과학 변혁』은 「서설」·「제1편 철학」·「제2편 정치경제학」·「제3편 사회주의」로 구성되어 있는데, '변증법적 유물론과 사적 유물론'·'정치경제학'·'과학적 사회주의'라는 맑스주의의 세 가지 구성 요소와 그것들 사이의 내적 연관성에 대해 서술한 저작이다.[48] 맑스주의 세계관을 완결적으로 서술했다고 평가되는 『오이겐 뒤링 씨의 과학 변혁』은 『공산당선언』, 『자본론』과 함께 맑스주의의 가장 중요한 저작으로 인식되어 왔다.

『유토피아에서 과학으로의 사회주의의 발전』은 『오이겐 뒤링 씨의 과

---

48) 『오이겐 뒤링 씨의 과학 변혁』에 대해서는 프리드리히 엥겔스, 『오이겐 뒤링 씨의 과학 변혁』, 1885; 최인호 외 옮김, 1994, 『칼 맑스 프리드리히 엥겔스 저작 선집』 5, 박종철 출판사 참조.

학 변혁』의 내용 가운데 가장 핵심적인 부분을 뽑고, 거기에 내용을 덧붙여 독립적인 '대중용'49) 책자로 발행한 것이다. 그 과정에 대해서는 엥겔스의 다음과 같은 언급이 주목된다.

> 내가 감히 **해설적 보충을 가한 유일한 장**(강조는 인용자)은 제3편의 2장이다:「이론적 개설」. …… 나의 친구 라파르그를 위해 프랑스어로 번역할 목적으로 본서의 세 개의 장(서설의 1장과 제3편의 제1장 및 2장: 원문)을 손보아서 독립적인 소책자로 묶은 바 있는데, 프랑스어 판을 대본으로 이딸리아어 판과 폴란드어 판이 나온 후에 다음과 같은 제목으로 독일어 판의 발행이 주선되었다.『유토피아에서 과학으로의 사회주의의 발전』. …… 이 모든 판에서 보충이 가해진 것은 문제의 장뿐인데……50)

즉『오이겐 뒤링 씨의 과학 변혁』의 제3편 2장인「사회주의」의 '이론적 개설' 부분에만 보충을 가했다는 것이다. 그러나『오이겐 뒤링 씨의 과학 변혁』과『유토피아에서 과학으로의 사회주의의 발전』을 비교해 보면, 실제로는 〈표 24〉와 같이 모두 다섯 곳에 보충이 가해진 것을 확인할 수 있다.

---

49) 엥겔스는『유토피아에서 과학으로의 사회주의의 발전』의 내용이 "독일 노동자들에게도 별로 어렵지 않다고 할 수 있을 것 같다"(프리드리히 엥겔스, 「독일어 초판 서문」, 1882; 프리드리히 엥겔스, 나상민 옮김, 2006, 『공상에서 과학으로』, 새날, 127쪽)라고 언급하였다.
50) 프리드리히 엥겔스, 「제2판 서문」, 『오이겐 뒤링 씨의 과학 변혁』, 1885; 최인호 외 옮김, 1994, 『칼 맑스 프리드리히 엥겔스 저작 선집』 5, 박종철출판사, 11쪽.

〈표 24〉 『유토피아에서 과학으로의 사회주의의 발전』의 내용 구성

章	내용 구성
I	『오이겐 뒤링 씨의 과학 변혁』「서설」'I. 일반론', 「제3편 사회주의」'I. 역사적 개설' // '첨가 ①'·'첨가 ②'
II	『오이겐 뒤링 씨의 과학 변혁』「서설」'I. 일반론' // '첨가 ③'
III	『오이겐 뒤링 씨의 과학 변혁』「제3편 사회주의」'II. 이론적 개설' // '첨가 ④'·'첨가 ⑤'

* 출전: 프리드리히 엥겔스,『오이겐 뒤링 씨의 과학 변혁』, 1878; 프리드리히 엥겔스,『유토피아에서 과학으로의 사회주의의 발전』, 1880; 최인호 외 옮김, 1994,『칼 맑스 프리드리히 엥겔스 저작 선집』 5, 박종철출판사.

그렇다면 엥겔스의 서술은 무엇을 언급한 것인가? 그것은 엥겔스가 "해설적 보충을 가한 유일한 장"이라고 서술한 부분과 관련이 있다. 즉 '첨가 ①'부터 '첨가 ④'까지는 서술하고 있는 내용을 좀 더 이해하기 쉽게 하기 위해 내용을 첨가한 것이다.[51] 이에 비해 '첨가 ⑤'는 '제III장'을 개괄적으로 정리한 내용으로, '중세사회'와 '자본주의 혁명' 그리고 '프롤레타리아 혁명' 등에 대한 '해설적 보충'을 첨가한 것이다.[52]

---

51) '첨가 ①'(프리드리히 엥겔스,『유토피아에서 과학으로의 사회주의의 발전』, 1880; 최인호 외 옮김, 1994,『칼 맑스 프리드리히 엥겔스 저작 선집』 5, 박종철출판사, 438쪽 28줄-439쪽)은 생시몽의 사회주의에 대한 내용을 보충한 것이고, '첨가 ②'(프리드리히 엥겔스, 『유토피아에서 과학으로의 사회주의의 발전』, 1880; 최인호 외 옮김, 1994, 446쪽)는 공상적 사회주의에 대한 내용을 보충한 것이다. '첨가 ③'(프리드리히 엥겔스,『유토피아에서 과학으로의 사회주의의 발전』, 1880; 최인호 외 옮김, 1994, 453쪽 29줄-454쪽 4줄)은 두 문장을 보충하였고, '첨가 ④'(프리드리히 엥겔스,『유토피아에서 과학으로의 사회주의의 발전』, 1880; 최인호 외 옮김, 1994, 465쪽 26줄-466쪽 13줄)는 트러스트에 대한 내용을 보충한 것이다. 이 부분들은 독일어 제4판이 발행된 1891년에 수정된 것이다(프리드리히 엥겔스,「독일어 제4판 서문」, 1891; 프리드리히 엥겔스, 나상민 옮김, 2006, 131쪽).
52) 프리드리히 엥겔스,『유토피아에서 과학으로의 사회주의의 발전』, 1880; 최인호 외 옮김, 1994, 472쪽 19줄-474쪽 20줄. '첨가 ⑤' 이하 부분은『유토피아에서 과학으로의 사

맑스주의의 전 체계를 요령 있게 잘 정리하여 "과학적 사회주의의 입문"53)서로 평가되는 『유토피아에서 과학으로의 사회주의의 발전』은 그 위상에 걸맞게 서구 각국에서 매우 복잡한 번역 및 출판 과정을 거쳤다. 다음의 〈표 25〉는 1892년까지 서구어로 공간된 주요 번역본을 정리한 것이다.

〈표 25〉 1892년까지 공간된 『유토피아에서 과학으로의 사회주의의 발전』의 리스트

언어	출판연도	서 명	번역자	비 고
불어	1880	Socialisme Utopique et Socialisme Scientifique	Paul Lafargue	폴란드어, 스페인어
독어	1883	Die Entwicklung des Sozialismus von der Utopie zur Wissenschaft		이탈리아어, 러시아어, 덴마크어, 네덜란드어, 루마니아어
영어	1892	Socialism: Utopian and Scientific	Edward Aveling	
		The Development of Socialism from Utopia to Science	Daniel De Leon	

* 비고: '비고'란의 언어는 '언어'란의 언어로 저술 또는 번역된 版을 번역의 저본으로 해서 번역되었다.

〈표 25〉에서 보는 바와 같이 『유토피아에서 과학으로의 사회주의의 발전』은 1880년 폴 라파르그의 번역으로 프랑스에서 처음 출간되었다.54) 이는 전술한 바와 같이 『오이겐 뒤링 씨의 과학 변혁』의 중요 부분을 번

회주의의 발전』의 가장 핵심적인 부분인 '제Ⅲ장' 가운데서도 그 결론에 해당되는 부분이다. 이로 인해 동아시아에서 『유토피아에서 과학으로의 사회주의의 발전』을 처음으로 번역한 堺利彦은 이 부분을 '제4장(結論 = 歷史進化の槪括)'으로 따로 구분하기도 하였다(堺生, 1906, 「科學的社會主義」, 『社會主義硏究』 4, 41-43쪽).
53) 카를 마르크스, 「프랑스어판 서문」, 1880: 프리드리히 엥겔스, 나상민 옮김, 2006, 14쪽.
54) Friedrich Engels, traduction francaise par Paul Lafargue, 1880, *Socialisme Utopique et Socialisme Scientifique*, Derveaux Libraire-Éditor.

역한 후 일부 내용을 첨가해서 1880년 3월부터 5월까지 3회에 걸쳐 *La Revue socialiste*(≪사회주의평론≫)에 연재했던 것으로,55) 이후 맑스의「서문」을 첨가하여 단행본으로 묶은 것이다.

독일어로 된 원본은 불역본보다 늦은 1883년 취리히에서 출판되었다.56) 이후 수정 없이 1883년에 제3판까지 발행되었고, 일부 내용이 수정된 제4판은 1891년 베를린에서 출판되었다.57) 영역본은 영국사회민주연맹의 리더였던 에드워드 에이블링(Edward Aveling: 1849-1898)과 미국사회주의 노동당의 리더인 다니엘 드 레온(Daniel De Leon: 1852-1914)의 번역으로 서명을 달리한 2종이 런던과 뉴욕에서 1892년에 각각 출간되었다.58)『유토피아에서 과학으로의 사회주의의 발전』은 1891년까지 독어본 발행 부수가 2만부에 이르렀고, 1892년 영역본이 발행되면서 맑스주의 원전 가운데 가장 많은 10개의 언어로 보급될 정도로 대중적인 성공을 거두었다.59)

동아시아에서『유토피아에서 과학으로의 사회주의의 발전』은 1906년 7월 일본에서 처음 번역·출판되었다. 다음의 〈표 26〉은『유토피아에서

---

55) 카를 마르크스,「프랑스어판 서문」, 1880; 프리드리히 엥겔스, 나상민 옮김, 2006, 9쪽.
56) Friedrich Engels, *Die Entwicklung des Sozialismus von der Utopie zur Wissenschaft* (Hottingen-Zürich, Druck der Schweizerischen Genossenschaftdruckerei, 1882). 초판의 서지사항은 출판연도가 1882년으로 되어 있다. 그러나 "초판이 나온 1883년 3월 이후"라는 엥겔스의 말처럼 실제는 1883년에 출판되었다(프리드리히 엥겔스,「독일어 제4판 서문」, 1891; 프리드리히 엥겔스, 나상민 옮김, 2006, 130쪽).
57) Friedrich Engels, 1891, *Die Entwicklung des Sozialismus von der Utopie zur Wissenschaft*, Verlag der Expeditipon des 'Vorwärts' Berliner Volksblatt.
58) ① Frederick Engels, translated by Edward Aveling, 1892, *Socialism: Utopian and Scientific*, Swan Sonnenschein & Co; Charles Scribner's Sons ② Frederick Engels, translated by Daniel De Leon, 1892, *The Development of Socialism from Utopia to Science*, New York Labor News Company. ①에는 1892년 4월 엥겔스가 영역본을 위해 직접 집필한「영문판 서문」이 첨부되어 있다.
59) 프리드리히 엥겔스,「영어판 서문」, 1892; 최인호 외 옮김, 1994, 409쪽.

과학으로의 사회주의의 발전』이 식민지 조선에서 『科學的社會主義』라는 제목으로 출간된 1926년 4월 이전까지 일본에서 공간된 『유토피아에서 과학으로의 사회주의의 발전』의 일역본 리스트를 정리한 것이다.

〈표 26〉 1926년까지 공간된 『유토피아에서 과학으로의 사회주의의 발전』의 일역본

	출판시기	제 목	게재지·출판사	번역자	비 고
1	1906. 7	「科學的社會主義」60)	『社會主義研究』 4	堺利彦	
2	1918. 3	「空想的社會主義と科學的社會主義」61)	『新社會』 4-6	堺利彦	1 改譯
3	1920. 1	『科學的社會主義』	文泉堂	遠藤無水	
4	1920. 7	「科學的社會主義と唯物史觀」	『社會問題研究』 17	河上肇	
5	1921. 5	『空想的及科學的社會主義』62)	大鐙閣	堺利彦	2 改譯
6	1921. 8	「科學的社會主義と唯物史觀」, 『唯物史觀研究』	弘文堂書房	河上肇	4 전재
7	1924. 9	『空想から科學へ: 空想的及科學的社會主義』63)	白揚社	堺利彦	5 改譯

〈표 26〉을 통해 식민지 조선에서 『科學的社會主義』가 출간되기 전까지 공간된 『유토피아에서 과학으로의 사회주의의 발전』의 일역본은 모두 7

---

60) エンゲルス, 堺利彦 譯, 1906, 「科學的社會主義」, 『社會主義研究』 4, 1-43쪽. 제목은 「科學的社會主義」이지만, 『유토피아에서 과학으로의 사회주의의 발전』 전체에 대한 번역이다. 단 「영문판 서문」은 빠져 있다.
61) エンゲルス, 堺利彦 譯, 1918. 3, 「空想的社會主義と科學的社會主義」, 『新社會』 4권 6호, 1-23쪽. 『유토피아에서 과학으로의 사회주의의 발전』 제1장과 제2장에 대한 번역이다. 제3장이 게재될 예정이었던 『新社會』 4권 7호(1918. 4)는 '발매금지'되었다(エンゲルス, 堺利彦 譯, 1921, 『空想的及科學的社會主義』, 大鐙閣, 「序文」 1-2쪽).
62) 일역본 가운데 처음으로 엥겔스가 1892년 집필한 「영문판 서문」을 「序論 - 唯物論と宗教思想」으로 번역하여 巻末에 첨부하고 있다(エンゲルス, 堺利彦 譯, 1921, 141-224쪽).
63) 관동대지진 이후 『空想的及科學的社會主義』의 일부 내용을 수정하고, 출판사를 변경하여 다시 출판한 것이다(エンゲルス, 堺利彦 譯, 1924, 『空想から科學へ: 空想的及科學的社會主義』, 白揚社, 「序文」 3쪽).

종임을 알 수 있다. 또한 『유토피아에서 과학으로의 사회주의의 발전』의 일역본 리스트를 통해 몇 가지 특징을 확인할 수 있다.

첫째 『유토피아에서 과학으로의 사회주의의 발전』의 일역본이 매우 빠른 시기 출간되었다. 〈표 26〉에서 보는 바와 같이 대부분의 일역본은 '겨울의 시대'가 끝나고 일본 사회주의운동이 활성화되면서 출간되었다. 그러나 사카이 도시히코의 첫 번째 번역본은 1906년에 출간된 것이 눈에 띈다.

『유토피아에서 과학으로의 사회주의의 발전』이 이렇게 빨리 번역될 수 있었던 이유는 『유토피아에서 과학으로의 사회주의의 발전』이 『공산당선언』 및 『자본론』과 함께 맑스주의의 3대 '경전(經典)'으로 평가되었기 때문이다.[64] 실제로 1906년까지 일본어로 번역되어 공간된 맑스주의 원전은 고토쿠 슈스이와 사카이 도시히코의 번역으로 1904년 11월 『平民新聞』 창립 1주년 기념호에 게재된 『공산당선언』이 유일하였다.[65]

둘째 일본에서 『유토피아에서 과학으로의 사회주의의 발전』의 번역은 사카이 도시히코와 가와카미 하지메에 의해 주도되었다. 이들은 『유토피아에서 과학으로의 사회주의의 발전』의 번역뿐만 아니라, 일본에서 맑스주의 원전의 번역과 관련하여 주도적인 역할을 수행하였다.

그렇다면 『유토피아에서 과학으로의 사회주의의 발전』의 일역본 사이에는 어떤 차이가 있는가? 첫째 『유토피아에서 과학으로의 사회주의의 발전』을 번역한 부분이 상이하다. 사카이의 일역본들은 모두 본문 전체를 번역한 것인데 비해,[66] 가와카미와 엔도 무스이[遠藤無水: 1881-1962]의

---

64) 堺生, 1906, 「科學的社會主義」, 『社會主義研究』 4, 1쪽. 이러한 인식은 1920년대 식민지 조선에서도 계속되어, 이 세 책은 "無産階級의 三大聖書"로 호칭되었다(엥겔스, 勸讀社 譯編, 1926, 『科學的社會主義』, 勸讀社出版部, 「序」 2쪽).
65) Park Jong-rin, 2009, "Irwolhoe and the Introduction of Marxism into Korea in the 1920s", *Korea Journal* 49-1, p.47.

일역본은 모두 제3장만을 번역한 것이다.

둘째 번역의 저본이 상이하다. 사카이의 일역본은 모두 에이블링의 영역본을 저본으로 한 '중역'이다.[67] 이에 비해 가와카미는 독어 원본을 저본으로 참조하였고,[68] 엔도는 에이블링의 영역본과 사카이의 일역본을 참고하고 있다.[69] 후술하겠지만 『유토피아에서 과학으로의 사회주의의 발전』 일역본의 여러 가지 저본들 가운데 에이블링의 영역본은 식민지 조선에서 번역의 저본이 된다는 점에서 동아시아의 『유토피아에서 과학으로의 사회주의의 발전』 번역사에서 매우 중요한 위치를 차지한다.

셋째 내용을 구분하고 제목을 붙이는 경우가 있다. 독어 원본이나 영역본의 경우는 3개의 '장'으로 만 구분되어 있고, 각 장별로 '절'이 존재하지 않는다. 독어 원본을 저본으로 사용한 가와카미의 번역본의 경우는 '절'이 구분되어 있지 않다. 그러나 사카이는 1906년 최초의 번역부터 각 '장'에 제목을 붙이고, 내용을 구분하여 각 장별로 '절'을 구분하여 제목을 붙였

---

[66] 「영문판 서문」은 ① エンゲルス, 堺利彦 譯, 1921, 『空想的及科學的社會主義』, 大鐙閣 ② エンゲルス, 堺利彦 譯, 1926, 『空想から科學へ: 空想的及科學的社會主義』, 白揚社에만 첨부되어 있다.

[67] 堺生, 1906, 1쪽. 堺利彦도 1927년에는 독어 원본을 직접 번역하여 『社會主義の發展』이라는 제목으로 출간하였다(エンゲルス, 堺利彦 譯, 1927, 『社會主義の發展: 空想的社會主義から科學的社會主義へ』, 白揚社).

[68] 河上肇, 1921, 「科學的社會主義と唯物史觀」, 『唯物史觀研究』, 弘文堂書房, 288쪽. 河上肇는 '1886년 출판된 독일어 원본 제2판'을 저본으로 이용하였다고 하였는데, 『유토피아에서 과학으로의 사회주의의 발전』의 독일어 제2판은 전술한 바와 같이 '1886년'이 아니라 '1883년'에 출판되었다. 또한 河上肇가 참조했다고 언급한 '1907년 출판된 Lewis의 Landmarks of Scientific Socialism'은 『유토피아에서 과학으로의 사회주의의 발전』이 아니라 『오이겐 뒤링 씨의 과학 변혁』의 영어 번역본(Frederick Engels, translated and edited by Austin Lewis, 1907, Landmarks of Scientific Socialism, Charles H. Kerr & Company)이다.

[69] エンゲルス, 遠藤無水 譯, 1920, 『科學的社會主義』, 文泉堂, 「序」 3쪽.

다.[70] 엔도의 경우는 사카이의 영향으로 내용을 구분하고 제목을 붙이는 형식을 취했지만, 제목 자체는 사카이와 상이하였다.[71]

넷째 주요 개념의 번역어의 경우 일부 차이가 존재한다. 『유토피아에서 과학으로의 사회주의의 발전』의 일역본을 비교해 보면 원문의 내용을 훼손하는 정도는 아니지만 주요 개념의 번역어에 일정한 차이가 보인다. 다음의 〈표 27〉은 『유토피아에서 과학으로의 사회주의의 발전』의 일역본의 주요 개념 번역어를 비교한 것이다.

〈표 27〉 『유토피아에서 과학으로의 사회주의의 발전』 일역본의 주요 개념어 비교

	프롤레타리아트	부르주아지	임금노동	마르크(mark)
『社會主義硏究』 4	平民階級	紳士閥	賃銀勞働	共産的自治村
『科學的社會主義』	平民階級	紳士階級	賃銀勞働	共産的自治體
『空想的及 科學的社會主義』	프로레타리아 (勞働階級)	부르죠아지- (資本階級, 紳士閥)	賃銀勞働	共有自治制
『唯物史觀硏究』	無産者團	有産者團	賃銀勞働	마르크

* 출전: 『社會主義硏究』 4; 『科學的社會主義』; 『空想的及科學的社會主義』; 『唯物史觀硏究』.

---

70) 『空想的及科學的社會主義』와 『空想から科學へ: 空想的及科學的社會主義』의 경우 모두 제1장은 9개 절, 제2장은 5개 절, 제3장은 12개 절로 구성되어 있다. 그러나 「科學的社會主義」의 경우는 제1장은 '8개' 절, 제2장은 5개 절, 제3장은 '11개' 절, 그리고 '제4장'이 독립되어 있다. '제4장(結論 = 歷史進化の槪括)'은 『空想的及科學的社會主義』의 제3장 12절과 동일한 것이다. 제1장 '8절'도 『空想的及科學的社會主義』의 제1장 8절과 9절을 합친 것과 동일하다.
71) 遠藤無水는 『科學的社會主義』의 본문을 8개(① 唯物史觀の出發點と近世社會主義の立脚地 ② 資本家的生産法に胚胎する社會主義制度 ③ 社會的生産と個人的領有との矛盾の結果 ④ 富の集積は同時に貧の集積なり ⑤ 資本主義生産の自白と生産力の示威 ⑥ 資本主義の絶頂は其の自滅點 ⑦ 生産の發展に伴ふ階級制度の廢滅 ⑧ 平民運動の理論=科學的社會主義)로 구분하였다.

〈표 27〉에서 보는 바와 같이 '임금노동'의 경우는 모두 '임은노동'이라고 동일하게 번역하고 있다. 그러나 '부르주아지'의 경우는 '紳士閥'·'紳士階級'·'부르죠아지-(資本階級, 紳士閥)'·'有産者團' 등으로 모두 상이하게 번역하였다. '프롤레타리아트'의 경우는 '平民階級'이라고 동일하게 번역하거나 '프로레타리아(勞働階級)'·'無産者團' 등으로 다르게 번역하는 등 다양한 사례가 보인다.

사카이 도시히코의 경우는 〈표 25〉에서 보는 바와 같이 번역본을 계속 개정하였다. 그리고 그 과정에서 '장'과 '절'의 제목에 대한 수정이 이루어졌는데, 다음의 〈표 28〉은 사카이 도시히코의 일역본 목차를 비교한 것이다.

〈표 28〉 사카이 도시히코의 일역본 목차 비교

서명		「科學的社會主義」	『空想的及科學的社會主義』	『空想から科學へ』
	1	空想的社會主義	空想的社會主義	空想的社會主義
	2	マルクスの二大發見	マルクスの二大發見	辨證法と形而上學[72]
	3	科學的社會主義	科學的社會主義	科學的社會主義
節	1	歷史の唯物觀	歷史の唯物觀	唯物史觀[73]
	2	近世社會主義	近世社會主義	近世社會主義
	3	社會的生産と資本家的領有	社會的生産と資本家的領有	社會的生産と資本家的領有
	4	平民階級と紳士閥	プロレタリヤとブルジョアジ-	プロレタリヤとブルジョアジ-[74]
	5	生産界の無政府狀態	生産界の無政府狀態	生産界の無政府狀態
	6	産業界の豫備軍	産業界の豫備軍	産業界の豫備軍[75]
	7	恐慌	恐慌	恐慌
	8	資本の大合同 = 國有	資本の大合同	資本の大合同[76]

	9	平民階級, 政權を握る	勞動階級, 政權を握る	勞動階級, 政權を握る[77]
	10	國家及び階級の廢滅	×××××	×××××
	11	自由の王國	自由の王國	自由の王國[78]
	12	結論 - 歷史進化の槪括[79]	結論 - 歷史的進化の槪括	結論 - 歷史的進化の槪括[80]
서문		번역 없음.	序論 - 唯物論と宗敎思想	序論 - 唯物論と宗敎思想

* 출전: エンゲルス, 堺利彦 譯, 1906, 「科學的社會主義」, 『社會主義硏究』 4; エンゲルス, 堺利彦 譯, 1921, 『空想的及科學的社會主義』, 大鐙閣; エンゲルス, 堺利彦 譯, 1924, 『空想から科學へ: 空想的及科學的社會主義』, 白揚社.
* 비고: 목차가 상이한 부분을 진하게 표시하였다.

　이러한 수정은 〈표 27〉에서 보는 바와 같이, 주요 개념의 번역에서도 이루어졌다. '평민계급(平民階級)'과 '신사벌(紳士閥)'로 번역했던 '프롤레타리아트'와 '부르주아지'의 번역어를 '프롤레타리아(勞働階級)'과 '부르죠아지-(資本階級, 紳士閥)'로 수정한 것이 대표적이다.

---

72) 『社會主義の發展』에서는 다시 'マルクスの二大發見'으로 수정되었다(エンゲルス, 堺利彦 譯, 1927, 31쪽).
73) 『社會主義の發展』에서는 '唯物史觀の前提'로 수정되었다(エンゲルス, 堺利彦 譯, 1927, 51쪽).
74) 『社會主義の發展』에서는 'プロレタリアトとブルジヨアジ-'로 정확하게 수정되었다(エンゲルス, 堺利彦 譯, 1927, 59쪽).
75) 『社會主義の發展』에서는 '産業豫備軍'으로 수정되었다(エンゲルス, 堺利彦 譯, 1927, 65쪽).
76) 『社會主義の發展』에서는 '資本の集中'으로 수정되었다(エンゲルス, 堺利彦 譯, 1927, 71쪽).
77) 『社會主義の發展』에서는 '勞動階級の政權掌握'으로 수정되었다(エンゲルス, 堺利彦 譯, 1927, 76쪽).
78) 『社會主義の發展』에서는 '自由の國'으로 수정되었다(エンゲルス, 堺利彦 譯, 1927, 82쪽).
79) '3장 12절'이 3이 아니라 '제4장'으로 독립되어 있다(エンゲルス, 堺利彦 譯, 1906, 41-43쪽).
80) 『社會主義の發展』에서는 '結論'이란 부분이 삭제되어, '歷史的進化の槪括'로 수정되어 있다(エンゲルス, 堺利彦 譯, 1927, 68쪽).

2) 권독사의 『과학적 사회주의』

『유토피아에서 과학으로의 사회주의의 발전』은 1925년 5월과 6월에 걸쳐 「科學的社會主義」라는 제목으로 『사상운동』에 연재되면서 식민지 조선에 처음으로 번역·게재되었다. 번역자는 '신춘(新春)'이라는 필명을 사용하였는데, 그가 누구인지는 알 수 없다. 그러나 『사상운동』은 일월회의 기관지로, 주로 회원들이 필자로 참여하고 있었다는 점에서 일월회와 관련 있는 인물일 가능성이 매우 크다.

「과학적사회주의」의 번역과 관련하여 신춘은 자신이 참고한 『유토피아에서 과학으로의 사회주의의 발전』의 저본과 번역 방식에 대해 짧지만 매우 다양한 정보를 담고 있는 다음과 같은 '역자소언(譯者小言)'을 남겼다.

> 이 「科學的社會主義」는 엔겔스의 名著 『空想及科學的社會主義 = "Socialism, utopian and scientific"』中 第三章을 飜譯한 것이외다. 原本은 市俄古 Charles H. Kerr & Company의 1918年 發行인 英譯을 토대로 삼아 堺氏와 河上氏의 日譯을 參考로 햇습니다. 堺氏(英譯에서 譯出; 원문)의 譯과 河上(獨語에서 譯出: 원문)氏의 譯의 것과는 多少間 相異된 點이 잇섯스나 譯者는 獨文에 全然 文盲임을 서러히 역이고 英譯本에 忠實코저 햇습니다. 題目의 區分과 命名은 原文에는 업섯스나 堺氏가 命名 區分한 것을 그대로 採用햇습니다.81)

이 '역자소언'을 통해 몇 가지 사실을 확인할 수 있다. 첫째 「과학적사회주의」는 『유토피아에서 과학으로의 사회주의의 발전』 전체를 번역한 것

---

81) 엔겔스, 新春 譯, 1925. 5, 「科學的社會主義」, 『思想運動』 1권 4호, 39쪽.

이 아니라 '제Ⅲ장'만을 따로 번역한 것이라는 것이다.82)

둘째「과학적사회주의」는 사카이 도시히코의 일역본을 참조하여 영역본에는 없는 '절'의 구분과 제목을 붙였다는 것이다. 『사상운동』에 연재된 「과학적사회주의」의 목차를 정리한 〈표 29〉를 사카이의 일역본 목차를 비교한 〈표 28〉과 비교해 보면, 『사상운동』 연재「과학적사회주의」의 목차가 사카이의 일역본들 가운데 1921년에 발행된 『空想的及科學的社會主義』의 목차와 동일하다는 것을 확인할 수 있다.

〈표 29〉 『사상운동』 연재 「과학적사회주의」의 목차

제 목	
1. 歷史의 唯物觀	4. 프로레타리아와 부르죠아지-
2. 近世社會主義	5. 生産界의 無政府狀態
3. 社會的 生産과 資本家的 領有	6. 産業界의 豫備軍

* 출전: 엥겔스, 新春 譯, 1925, 「科學的社會主義」, 『思想運動』 1권 4호.

셋째「과학적사회주의」는 Charles H. Kerr & Company의 1918년 판 영역본을 번역의 저본으로 하였으며,83) 사카이와 가와카미의 일역본을 함

---

82) 『思想運動』 1권 4호(1925. 5)에는 '제Ⅲ장' 1-6절에 대한 번역이 게재되어 있다. 나머지 7-12절은 『思想運動』 1권 5호에 게재되었는데, 현재 『思想運動』 1권 5호는 실물을 확인할 수 없었다.
83) 에이블링이 번역한 『유토피아에서 과학으로의 사회주의의 발전』의 영역본은 미국의 경우 전술한 바와 같이 1892년 뉴욕의 Charles Scribner's Sons에서 발행되었으나, 1900년부터는 Charles H. Kerr & Company에서 발행되었다. Charles H. Kerr & Company의 영역본에는 1900년 초판이 발행될 때 Charles H. Kerr가 쓴 「Note by American Publisher」라는 글이 첨부되었는데, 1908년 판부터는 「Publisher's Note」라는 Charles H. Kerr의 글로 교체되었다. Charles H. Kerr & Company의 영역본은 1900년 초판 발행 이후 1908년까지 미국에서만 3만부가 팔릴 정도로 대중적인 성공을 거두었다(Charles H. Kerr, 「Publisher's Note」: Frederick Engels, translated by Edward Aveling, 1908, *Socialism: Utopian and*

께 참조하였다는 것이다. 사카이의 일역본은 전술한 바와 같이 『空想的及科學的社會主義』가 사용되었고, 가와카미의 일역본은 『唯物史觀硏究』에 수록된 「科學的社會主義と唯物史觀」을 참조하였다.

『정치경제학비판을 위하여』 서문의 '유물사관요령기'가 사카이의 일역본을 단순히 '중역'한 것인데 비해, 1923년 민중사 편집부가 번역한 『賃金·勞働及資本』 등은 가와카미와 사카이의 일역본을 저본으로 하여 영역본을 참조한 '중역'이었다. 즉 일역본을 단순히 '중역'하던 단계에서, 일역본을 기본으로 하면서 번역자가 독해할 수 있는 다른 언어의 번역본을 비교하던 단계를 거쳤던 것이다. 이에 비해 『사상운동』 연재 「과학적사회주의」의 경우는 영역본을 기본으로 하면서 일역본을 참조하는 단계로 번역의 방식이 변화한 것이다.

그렇다면 『사상운동』 연재 「과학적사회주의」의 번역상의 특징은 무엇인가? 첫째 영역본을 저본으로 두 일역본을 모두 참조한 신춘은 주요 개념의 번역어를 선택적으로 사용하고 있다는 점이다. 전술한 바와 같이 사카이 도시히코의 일역본을 참조하여 '절'을 구분하고 제목을 붙였다. 그러나 주요 개념의 번역에는 사카이와 가와카미의 번역어를 취사선택하기도 하고, 본인의 독자적인 번역어를 사용하기도 하였다.

다음의 〈표 30〉은 에이블링의 영역본과 사카이와 가와카미의 일역본, 그리고 신춘의 『사상운동』 연재본과 후술할 권독사 편집부 편역본의 주

Scientific, Charles H. Kerr & Company). 新春이 번역의 저본으로 사용한 1918년 版 이전에 1900년·1903년·1907년·1908년·1914년 版의 발행이 확인된다. 1900년 초판부터 1907년 판까지가 동일한 구성이고, 1908년 판부터 1914년 판까지도 동일한 版이다. 필자는 Charles H. Kerr & Company의 1907년·1908년·1914년 版을 이용하였다. Charles H. Kerr & Company에 대해서는 Allen Ruff, 2011, *"We Called Each Other Comrade": Charles H. Kerr & Company, Radical Publishers*, Oakland, PM Press 참조.

요 개념어 가운데 몇몇을 비교한 것이다.

〈표 30〉『유토피아에서 과학으로의 사회주의의 발전』 영역본·일역본·국역본의 주요 개념어 비교(1)

	노동력	전유	단순 협업	매뉴팩처	대공업
Aveling	labor-power	appropriation	simple co-operation	manufacture	modern industry
堺利彦	勞力	領有	단순한 協力的 手工業	分業的 工場手工業	근세 기계공업
河上肇	勞動力	占有	手工業 單一合力	手工的 工場工業	대공업
新春	勞動力	領有	단순한 협동	공장적 수공업	근대적 산업
勸讀社	勞力	所有	단순한 협동	공장적 수공업	근세 대공업

* 출전: Frederick Engels, translated by Edward Aveling, 1907, *Socialism: Utopian and Scientific*, Charles H. Kerr & Company; エンゲルス, 堺利彦 譯, 1921, 『空想的及科學的社會主義』, 大鐙閣; エンゲルス, 河上肇 譯, 1921, 「科學的社會主義と唯物史觀」, 『唯物史觀研究』, 弘文堂書房; 엔겔스, 新春 譯, 1925, 「科學的社會主義」, 『思想運動』 1권 4호; 엥겔스, 勸讀社 譯編, 1926, 『科學的社會主義』, 勸讀社出版部.

〈표 30〉에서 보는 바와 같이 신춘은 '노동력'과 '전유(專有)'에 대해, 각각 가와카미의 '노동력'과 사카이의 '영유(領有)'라는 번역어를 선택하고 있다. 그러나 '단순 협업'·'매뉴팩처'·'대공업'에 대해서는 일역본의 번역어와는 달리 자신의 독자적인 번역어를 사용하고 있다. 이러한 번역 방식은 이전까지 일역본을 기본으로 사카이와 가와카미의 번역어를 선택적으로 수용하던 방식과는 상이한 것이다. 이는 신춘이 영역본을 저본으로 해서 일역본을 참조하였기 때문에 가능한 것이다.

둘째 단순한 번역에만 그치지 않고 신춘이 '주'를 활용하여 『유토피아에서 과학으로의 사회주의의 발전』의 이해를 돕고 있다는 점이다.『사상운동』연재「과학적사회주의」에는 무려 79개의 주가 달려 있다.

주는 크게 개념을 해설하기 위한 것과 문맥의 이해를 돕기 위해 첨언한 것으로 구분할 수 있다. 전자 유형의 주는 '공유림'[84]·'방차(紡車)'[85]·'수직기(手織機)'[86]·'수공적산업(手工的產業)'[87] 등 4개인데, 주로 개념이나 단어에 대한 간략한 해설이다. 이에 비해 후자 유형의 주는 40개인데, 다음 자료와 같이 괄호를 이용하여 문맥의 이해를 돕고 있다.

> 그런대 只今에 이르러서는(卽 社會的 生產인 今日에 이르러: 원문) 그 勞動機關의 所有者는 그 生產物은 決코 그의 生產한 것이 아니고 他人의 勞動의 產物임에도 不顧하고 其生產을 領有하고 있다.[88]

또한『사상운동』연재「과학적사회주의」에는 1920년대의 다른 맑스주의 원전 번역과는 달리, 번역어 뒤에 '낄드(guilds)'나 '일쟁투물(一爭鬪物)(battle-ground)'[89]처럼 괄호를 통해 영어를 첨부하는 방식의 번역 주가 35개나 달려 있는 것도 특이한 점이다.

『유토피아에서 과학으로의 사회주의의 발전』은 식민지 조선에서 1926

---

84) "江邊 其他 一定한 所有主 업는"(엔겔스, 新春 譯, 1925, 43쪽).
85) "물네 等類"(엔겔스, 新春 譯, 1925, 41쪽).
86) "베틀"(엔겔스, 新春 譯, 1925, 41쪽).
87) "手工品"(엔겔스, 新春 譯, 1925, 42쪽).
88) 엔겔스, 新春 譯, 1925, 43쪽.
89) 엔겔스, 新春 譯, 1925, 46쪽. 新春이 '一爭鬪物'로 번역한 것은 '전장'(프리드리히 엥겔스,『유토피아에서 과학으로의 사회주의의 발전』, 1880; 최인호 외 옮김, 1994, 461쪽)이라는 개념이다. 이 개념을 사카이 도시히코는 '戰場'(エンゲルス, 堺利彦 譯, 1921, 101쪽)으로, 가와카미 하지메는 '鬪爭場'(エンゲルス, 河上肇 譯, 1921,「科學的社會主義と唯物史觀」,『唯物史觀硏究』, 305쪽)으로 번역하고 있다.

년 4월 '권독사 팜플렛' 제7권인 『科學的社會主義』라는 제목으로 처음 번역·공간되었다.90) 『科學的社會主義』는 식민지 조선에서 번역·공간된 맑스주의 원전 가운데 최초의 엥겔스 저작이라는 의미를 갖는다.

『科學的社會主義』는 권독사 '역(譯)'이 아니라 권독사 '역편(譯編)'으로 되어 있다. 이는 이 책의 '본문'과 '부록'이 각각 다른 책을 번역하여 편집하였기 때문이다. 즉 본문은 『유토피아에서 과학으로의 사회주의의 발전』의 '제III장'을 번역한 것이고, 부록인 「엥겔스 약전」은 본문과 무관한 독립적인 글이다.91)

그렇다면 『科學的社會主義』의 번역자는 누구인가? 이와 관련된 정보는 전무하나, 두 가지 가능성이 존재한다. 첫째는 송언필일 가능성이다. 전술한 바와 같이 그는 권독부의 책임자였고, 권독사로 조직이 변경된 이후에는 권독사의 대표이자 편집인 겸 발행인으로 활동하였기 때문이다.

둘째는 안광천일 가능성이다. 1927년 『유토피아에서 과학으로의 사회주의의 발전』의 '제I장'과 '제II장'을 번역하여 '권독사 팜플렛' 제9집으로 발간한 『空想的社會主義』의 번역자가 안광천이기 때문이다.92)

---

90) 필자가 참고한 『科學的社會主義』에는 '판권'이 없어 정확한 발행 시기를 확인할 수 없다. 그러나 「序」에 "1926년 4월 10일 레-닌生日을 記念하면서 脫稿"(엥겔스, 勸讀社 譯編, 1926, 『科學的社會主義』, 勸讀社出版部, 「序」 2쪽)라고 서술되어 있는 점과 『思想運動』 3권 4호(1926. 4)의 '권독사 팜플렛 광고'에 '近刊'으로 되어 있는 점을 통해 '4월'로 유추하였다. 그리고 朝鮮總督府警務局이 편집한 『朝鮮總督府 禁止單行本目錄』에 의하면 발행일이 '1926년 4월 24일'로 기록되어 있다(朝鮮總督府警務局 編, 1941, 『朝鮮總督府 禁止單行本目錄』, 朝鮮總督府警務局, 34쪽).
91) 『科學的社會主義』는 엥겔스의 사진(1쪽)·「序」(2쪽)·목차(1쪽)·본문(40쪽)·부록(15쪽)·'本書에 關한 參考書'와 '엥겔스 著作年表'(4쪽)·권독사 팜플렛 광고(1쪽) 등으로 구성되어 있다.
92) "三大 空想家 싼 씨몬, 푸-리에-, 로버-트 오-웬 等 批判, 맑쓰의 三大(二大의 誤記; 인용자) 發見의 紹介"라는 「新刊紹介」의 내용을 통해(「新刊紹介」, 『東亞日報』 1927. 9. 17), 『空

그렇다면 『科學的社會主義』의 번역 저본은 무엇인가? 이와 관련하여 권독사 편집부는 「서(序)」를 통해 『科學的社會主義』의 번역 저본과 번역 방식에 대해 다음과 같은 유용한 정보를 제공하고 있다.

> 『科學的社會主義』의 各 小題目은 堺利彦氏 日譯에 따라서 添加하엿다. 飜譯 基本冊은 英譯을 爲主로 하고, 堺氏 及 河上氏의 日譯을 參考하엿다. 原文에는 부튼 句를 譯文에는 끈은 것도 잇고 原文에는 끈은 것을 譯文에는 부친 것도 잇스나, 原文을 傷하지 안키 爲하야 만히 努力한 세음이다.[93]

즉 첫째 『科學的社會主義』는 사카이 도시히코의 일역본을 참조하여 영역본에는 없는 '절'의 제목을 붙였다는 것이다. 〈표 31〉과 〈표 32〉를 비교해 보면, 『科學的社會主義』의 목차는 기본적으로 사카이의 1921년 판 『空想的及科學的社會主義』나 1924년 판 『空想から科學へ: 空想的及科學的社會主義』의 목차에 기반하고 있다. 그러나 단순한 번역은 아니다. 즉 3절의 경우처럼 사카이가 '영유(領有)'로 번역한 개념을 '소유(所有)'로 번역하는 등 주요 개념을 다르게 번역한 경우도 존재한다.

想的社會主義』가 『유토피아에서 과학으로의 사회주의의 발전』의 '제Ⅰ장'과 '제Ⅱ장'을 번역한 것임을 유추할 수 있다. 『空想的社會主義』는 현재 실물을 확인할 수는 없지만, 『東亞日報』의 「新刊紹介」와 1928년 7월 발행된 新興科學社의 『新興科學』 1권 2호의 「勸讀社出版及取次書籍目錄」을 통해 발행 사실을 확인할 수 있다.
93) 엥겔스, 勸讀社 譯編, 1926, 「序」 2쪽.

⟨표 31⟩ 『科學的社會主義』의 목차

구분	제 목	
본 문	1. 唯物史觀	7. 恐慌
	2. 近世社會主義	8. 資本의 大合同
	3. 社會的生産과 資本家的所有	9. 勞動階級의 政權掌握
	4. 프롤레타리아트와 쌕르쬬아지	10. 國家의 ××
	5. 生産의 無政府狀態	11. 自由의 王國
	6. 産業豫備軍	12. 歷史的進化의 槪觀
부 록	엥겔스의 略傳	

* 출전: 엥겔스, 勸讀社 譯編, 1926, 『科學的社會主義』, 勸讀社出版部.
* 비고: 『空想的及科學的社會主義』·『空想から科學へ: 空想的及科學的社會主義』와 목차가 상이한 부분을 진하게 표시하였다.

따라서 『空想的及科學的社會主義』의 목차와 동일한 『사상운동』 연재 「과학적사회주의」의 목차와는 차이가 있음을 알 수 있다. 이러한 차이는 단순히 목차의 상이함에 그치지 않는다. 전술한 ⟨표 30⟩이나 후술하는 ⟨표 32⟩에서 보이는 바와 같이, '노동력'·'생산관계'·'생산방식' 등 주요 개념의 번역어도 상이함을 알 수 있다.

또한 본문의 번역도 차이를 보인다. 다음의 ⟨A⟩와 ⟨B⟩에서 주요 개념의 번역어나 문맥이 상이함을 확인할 수 있다. 따라서 권독사 편집부의 번역과 신춘의 번역은 동일한 이의 번역이라고 볼 수 없다.

⟨A⟩ 社會化한 生産과 資本家的 所有의 矛盾은 이제 各個 工場의 生産組織과 全 社會의 生産의 無政府狀態의 對抗으로서 나타나게 되엇다.[94]

---

[94] 엥겔스, 勸讀社 譯編, 1926, 14-15쪽. 이 부분의 현대 역은 다음과 같다. "사회적 생산과 자본주의적 전유 사이의 모순은 이제 개별 공장 내에서의 생산의 조직화와 사회 전체 내

〈B〉 社會化된 生産과 資本家的인 領有間에 橫在한 矛盾은 只今 個個의 工場中에 잇는 生産의 組織的 統制와 社會에 잇는 生産의 無政府的 狀態間에 잇는 反目對抗으로써 나타낫다.[95]

둘째『科學的社會主義』는 영역본을 번역의 저본으로,[96] 사카이와 가와카미의 일역본을 함께 참조하였다는 것이다. 사카이의 일역본은『空想的及科學的社會主義』와『空想から科學へ: 空想的及科學的社會主義』를 모두 참고하였고,[97] 가와카미의 일역본은『唯物史觀研究』에 수록된「科學的社會主義と唯物史觀」이 사용되었다. 따라서『科學的社會主義』의 번역도『사상운동』연재「과학적사회주의」의 경우와 같이 영역본을 기본으로 하면서 일역본을 참조하는 특징을 보인다. 이러한 맑스주의 원전의 번역 방식 변화는 사회주의운동의 발전과 함께 원본에 기반한 맑스주의 원전 번역의 요구가 증대한 것을 적극적으로 반영한 것이다.

그렇다면『科學的社會主義』의 번역상의 특징은 무엇인가? 첫째 영역본을 저본으로 두 일역본을 모두 참조한 권독사 편집부는 주요 개념의 번역어를 선택적으로 사용하고 있다는 점이다. 주요 개념의 번역에는 사카이와 가와카미의 번역어를 취사선택하기도 하고, 권독사 편집부의 독자적인

에서의 생산의 무정부 상태 사이의 대립으로 표현된다."(프리드리히 엥겔스,『유토피아에서 과학으로의 사회주의의 발전』, 1880; 최인호 외 옮김, 1994, 461쪽).
95) 엥겔스, 新春 譯, 1925, 46쪽.
96) 권독사 편집부는 新春과는 달리 번역의 저본이 된 특정한 영역본 판본을 언급하고 있지 않다. 그러나 에이블링이 번역한『유토피아에서 과학으로의 사회주의의 발전』의 영역본 가운데, 20세기 대중적인 성공을 거둔 Charles H. Kerr & Company의 版을 이용했을 가능성이 매우 크다.
97) 1921년 판인『空想的及科學的社會主義』는 '舊譯'으로, 1924년 판인『空想から科學へ: 空想的及科學的社會主義』는 '新譯'으로 구분하고 있다(엥겔스, 勸讀社 譯編, 1926,「엥겔스 著作年表」참조).

번역어를 사용하기도 하였다.

〈표 32〉는 『유토피아에서 과학으로의 사회주의의 발전』의 영역본과 일역본, 그리고 국역본의 주요 개념어 가운데 몇몇을 비교한 것이다.

〈표 32〉 『유토피아에서 과학으로의 사회주의의 발전』 영역본·일역본·국역본의 주요 개념어 비교(2)

	생산관계	생산방식	생산수단	부르주아지	프롤레타리아트
Aveling	mode of production	method of production	means of production	bourgeoisie	proletariat
堺利彦	生産方法	生産法	生産機關	부르죠아지- (資本階級, 紳士閥)	프로레타리아 (勞働階級)
河上肇	生産關係	生産方法	生産手段	有産者團	無産者團
新春	生産方法	生産方式	生産機關	부르죠아지-	프로레타리아
勸讀社	生産關係	生産方法	生産機關	뿌르죠아지- (有産階級)	프롤레타리아 (無産階級)

* 출전: Frederick Engels, translated by Edward Aveling, 1907, *Socialism: Utopian and Scientific*, Charles H. Kerr & Company; エンゲルス, 堺利彦 譯, 1921, 『空想的及科學的社會主義』, 大鐙閣; エンゲルス, 河上肇 譯, 1921, 「科學的社會主義と唯物史觀」, 『唯物觀研究』, 弘文堂書房; 엥겔스, 新春 譯, 1925, 「科學的社會主義」, 『思想運動』 1권 4호; 엥겔스, 勸讀社 譯編, 1926, 『科學的社會主義』, 勸讀社出版部.

〈표 32〉에서 보는 바와 같이 권독사 편집부는 '생산관계'와 '생산방식'에 대해서는 가와카미의 '생산관계'와 '생산방법'을 번역어로 선택하고 있는 반면, '생산수단'의 경우는 사카이의 '생산기관'을 번역어로 선택하고 있다. 그러나 '부르주아지'와 '프롤레타리아트'의 경우는 사카이나 가와카미의 번역어와는 다른 독자적인 번역어를 사용하고 있다. 이러한 번역 방식은 전술한 신춘(新春)의 번역과 같이 영역본을 저본으로 해서 일역본을

참조하였기 때문에 가능한 것이다.

둘째 단순한 번역에서 벗어나 '주'를 활용하여 『유토피아에서 과학으로의 사회주의의 발전』의 이해를 돕고 있다는 점이다. 『科學的社會主義』에는 모두 37개의 주가 달려 있다. 그런데 그 가운데 사카이와 가와카미의 주를 번역한 것이 각각 11개씩으로 모두 22개이다. 나머지 15개는 권독사 편집부가 번역 과정에서 자신의 견해를 정리해서 첨가한 것이다.

〈C〉 生産機關의 社會的 所有는 다만 現行의 모든 生産上 人爲的 制限을 除去하게 될 뿐 아니라 (現在에 잇서서는 生産上 不可避의 伴隨物이며 더욱히 恐慌의 때에는 그 極度에 達하는: 원문) 生産力과 生産物의 積極的 浪費와 荒廢를 除去하게 된다.98)

〈D〉 資本家的 生産方法은 그 出發 當初부터 그 中에 胎在하여 잇는 二種의 矛盾(即 上述한 프롤레타리아트와 뿌르죠아지-의 對立이 其一이오, 各個 工場의 生産組織과 全 社會의 生産의 無政府狀態의 對立이 其二다: 원문) 中에서 活動하고 잇섯다.99)

주는 크게 문맥의 이해를 돕기 위해 첨언하는 것과 내용을 설명하기 위한 것, 그리고 개념 자체를 해설하기 위한 것으로 구분할 수 있다. 첫 번째 유형은 모두 18개인데, 〈C〉와 같이 괄호를 이용하여 문맥의 이해를 돕고 있다. 두 번째 유형은 모두 14개인데, 〈D〉와 같이 역시 괄호를 이용하여 내용을 설명하고 있다.

이에 비해 세 번째 유형의 주는 5개인데, 이는 주로 개념에 대한 간략한

---

98) 엥겔스, 勸讀社 譯編, 1926, 34쪽. ()안의 내용은 河上肇의 주를 번역한 것이다(エンゲルス, 河上肇 譯, 1921, 「科學的社會主義と唯物史觀」, 『唯物史觀硏究』, 328쪽).
99) 엥겔스, 勸讀社 譯編, 1926, 15쪽.

해설이다. 그 가운데 '제조국(製造國)',100) '프롤레타리아트',101) '뿌르죠아지-'102) 등 3개는 권독사 편집부의 것이고, '자연적 분업',103) '맑'104) 등 2개는 사카이의 주를 번역한 것이다.

셋째 일역본에서는 삭제되었거나 복자(伏字)로 처리된 부분을 모두 살려서 번역하였다는 점이다. 『유토피아에서 과학으로의 사회주의의 발전』의 결론에 해당하는 부분인 12절의 '프롤레타리아 혁명, 모순의 해결' 이하 부분은 사카이의 일역본에는 검열로 삭제되어 있고,105) 가와카미의 일역본에는 주요한 개념들이 伏字로 처리되어 있다.106) 그런데 『科學的社會主義』의 경우는 모든 부분이 번역되어 있다. 이는 전술한 바와 같이 번역의 저본이 일역본이 아니라 영역본이었기 때문에 가능한 것이다.

부록인 「엥겔스 略傳」은 전술한 바와 같이 본문과 무관한 독립적인 글이다. 모두 여섯 개의 부분으로 구성되어 있는 「엥겔스 약전」은 권독사 편집부가 엥겔스와 관련된 다수의 책을 참고하여 번역하고 편집한 것이다.

권독사 편집부가 「엥겔스 약전」을 작성하는데 기본이 된 것은 사카이

---

100) "經濟的 重要한 地位에 잇는 나라"(엥겔스, 勸讀社 譯編, 1926, 9쪽).
101) "無産階級"(엥겔스, 勸讀社 譯編, 1926, 10쪽).
102) "有産階級"(엥겔스, 勸讀社 譯編, 1926, 10-11쪽).
103) "卽 何等 計劃업시 自然的으로 漸漸 發生한 分業"(엥겔스, 勸讀社 譯編, 1926, 5쪽).
104) "共同自治制"(엥겔스, 勸讀社 譯編, 1926, 13쪽). '맑'은 '마르크(mark)'이다.
105) 『空想的及科學的社會主義』의 경우는 모든 부분이 삭제되어 있다(エンゲルス, 堺利彦 譯, 1921, 140쪽). 『空想から科學へ: 空想的及科學的社會主義』의 경우는 "국가의 정치적 권위도 잠든다"라는 부분과 "이러한 과업의 역사적 조건과 아울러 그 과업의 본성 자체를 깊이 캐는 것, 그리하여 이 과업을 행동으로 옮길 소명을 지닌 오늘날의 피억압 계급에게 그들 자신의 행동의 조건과 본성을 의식하게 하는 것은 프롤레타리아 운동의 이론적 표현인 과학적 사회주의의 임무이다."(프리드리히 엥겔스, 『유토피아에서 과학으로의 사회주의의 발전』, 1880; 최인호 외 옮김, 1994, 474쪽)라는 부분이 삭제되어 있다(エンゲルス, 堺利彦 譯, 1924, 104쪽).
106) エンゲルス, 河上肇 譯, 1921, 「科學的社會主義と唯物史觀」, 『唯物史觀研究』, 334-335쪽.

도시히코의「エンゲルス傳」이다.「엥겔스 약전」의 기본 구성이 사카이의 글과 동일하기 때문이다.「エンゲルス傳」은 1906년『社會主義研究』1호에 게재되었다가,[107] 이후 번역을 수정하여 1920년 야마카와 히토시와 함께 편집한『マルクス傳』에 부록으로 수록되었다.[108] 그런데「エンゲルス傳」은 칼 카우츠키가 1887년『오스트리아노동연감』을 위해 집필한 엥겔스의 평전을 일역한 것이다.[109]

그러나「엥겔스 약전」이 단순히 사카이의 일역본을 번역한 것은 아니다.『科學的社會主義』의 '본서에 관한 참고서'에는 권독사 편집부가 참고한 엥겔스와 관련된 다음과 같은 책을 확인할 수 있다.

山川・堺,『맑스傳』, 大鐙閣版
嘉治・後藤,『맑스와 엥겔스』, 京都弘文堂版[110]

전자는 전술한 사카이와 야마카와 히토시의『マルクス傳』이고, 후자는 가지 류이치[嘉治隆一: 1896-1978]와 고토 노부오[後藤信夫: 1898-1991]가 저술한『マルクスとエンゲルス』이다.[111] 즉 사카이의 일역본을 기본으로 가지 류이치 등의 책도 함께 참조하여「엥겔스 略傳」을 집필한 것이다. 특히 엥겔스의 생애를 개략적으로 서술한 첫 번째 부분과 다음 서술 등은

---

107) Karl Kautsky, 堺利彦 譯, 1906,「エンゲルス傳」,『社會主義研究』1, 47-57쪽.
108) Karl Kautsky, 堺利彦 譯, 1920,「エンゲルス傳」, 堺利彦・山川均 共編,『マルクス傳』, 大鐙閣.
109) Karl Kautsky, 堺利彦 譯, 1920,「附錄」27쪽. 遠藤無水도『科學的社會主義』의 부록으로 칼 카우츠키의 엥겔스평전을「エンゲルス傳」으로 일역하여 수록하였다(カウツキ-, 遠藤無水 譯, 1920,「エンゲルス傳」,『科學的社會主義』, 文泉堂).
110) 엥겔스, 勸讀社 譯編, 1926,「엥겔스略傳」, 16쪽.
111) 嘉治隆一・後藤信夫, 1925,『マルクスとエンゲルス』, 弘文堂書房.

권독사 편집부가 작성한 것이다.

> 1887년에는 그 有名한 著書 中의 一인『反듀-링論』이 發表되엇나니, 그것은 當時에 社會民主黨으로부터 革命的 色彩를 업새고 社會主義를 中産階級의 觀念알에 隷屬식힐여고 努力하든 듀-링을 批評한 것이니, 科學的社會主義는 그것으('그것으로'의 '誤記'; 인용자) 因하야 어든 바이 만타. **내가 이 冊子에 譯載한**(강조는 인용자)『科學的社會主義』는 本是 이 著書의 第三章이다.112)

그렇다면 권독사 편집부는 왜 1926년이라는 시점에 맑스주의 원전 가운데『유토피아에서 과학으로의 사회주의의 발전』'제Ⅲ장'을 번역·출판하였는가? 이 문제에 관해 권독사 편집부는『科學的社會主義』에서 명시적으로 그 이유를 밝히고 있지 않다. 그러나『유토피아에서 과학으로의 사회주의의 발전』'제Ⅲ장'에 대한 권독사 편집부의 다음과 같은 서술은 이와 관련하여 주목을 요한다.

> 社會主義를 九層雲外로부터 ㄱ을어 내려서 無産階級運動의 原則的 根據가 되게 한 것은 分明히 近代科學의 힘이니, 社會主義는 科學的 社會主義가 된 後에 비로소 完全히 無産階級의 理論的 表現이 된 것이다. ……『科學的社會主義』는『資本論』·『共産黨宣言』과 아울너 無産階級의 三大聖書라고 尊敬밧는 것이니 그것은 兩人이 세운 社會主義를 가장 簡單하게 表現한 것이다.113)

즉『유토피아에서 과학으로의 사회주의의 발전』'제Ⅲ장'을 번역·출판

---

112) 엥겔스, 勸讀社 譯編, 1926,「엥겔스略傳」, 11쪽.
113) 엥겔스, 勸讀社 譯編, 1926,「序」1-2쪽.

한 이유는 "반동적의 것, 자본가적의 것, 공상적의 것이 아즉 발호"[114]하는 현실에서 과학적 사회주의, 즉 맑스주의의 요령을 가장 대중적이고 간략하게 정리하고 있는 책이『유토피아에서 과학으로의 사회주의의 발전』이기 때문이라는 것이다.

『유토피아에서 과학으로의 사회주의의 발전』의 번역・출판은 전술한 바와 같이 종래 식민지 조선의 사회주의자들이 일본의 사회주의자인 사카이 도시히코의『社會主義學說大要』등을 통해 맑스주의의 체계를 이해하려 했던 것에서 나아가, 맑스주의 원전을 통해 맑스주의의 체계를 인식하려한 의도적인 시도라는 점에서도 주목된다. 이는 사회주의운동의 발전에 따른 이 시기의 과학적 이론에 대한 요구와도 밀접하게 연관되는 것이다.[115]

---

114) 맑스・엥겔스, 언필 譯, 1925. 3,「社會主義者의 社會主義評: 社會主義及共産主義文書」,『思想運動』1권 1호, 39쪽.
115) 안광천은 1926년 식민지 조선에서 전개된 사회운동의 특징을 '이론투쟁'의 강조라고 정리하였다(乎于生,「丙寅一年間 朝鮮社會運動槪觀(其三)」,『東亞日報』1927. 1. 3). 乎于生은 安光泉의 필명이다.

제 2 장

사회과학연구사의
맑스주의 인식과 유물사관 강조

1. 사회과학연구사와 출판물을 통한 맑스주의 선전

1926년 6월 29일자『조선일보(朝鮮日報)』'신간소개'란에는 "계리언(堺利彦) 저 차재정(車載貞) 역 科學硏究社(사회과학연구사의 오기; 인용자) 팜플렛 (2)"라는 소개와 함께 사회과학연구사에서 출간된『巴里콤뮨』이라는 책이 소개되어 있다.1) 그런데『파리콤뮨』을 번역·출간했다는 사회과학연구사의 존재가 매우 생경하다. 그렇다면 사회과학연구사는 과연 어떤 조직인가? 이와 관련하여 1926년에 전개된 식민지 조선의 사회운동을 정리한 안광천의 다음 글들은 짧지만 사회과학연구사의 활동과 성격을 유추할 수 있는 매우 유용한 정보를 제공하고 있다.

> 理論鬪爭은 각 방면으로부터 고조되었다. 맑스주의 파악의 이론은 철학적으로까지 심입하게 되었다.『思想運動』과『朝鮮之光』에는 無産階級理論의 기초인 唯物辨證法이 자주 실렸다. 東京에 勸讀社가 창립되고 京城에 社會科學硏究社가 설립되었다.2)

---
1)「新刊紹介」,『朝鮮日報』1926. 6. 29.

社會科學硏究社가 創立되어 많은 出版物을 發行 또는 取扱하게 된 것도 1926년의 一大 新理象(新現象의 오기; 인용자)이었다.[3]

즉 1926년 초[4] 경성에서 조직된 사회과학연구사는 맑스주의 관련 논저를 간행하고 취급하는 것을 주요 업무로 하던 도쿄의 권독사와 같은 성격의 단체라는 것이다. 실제로 사회과학연구사는 창립과 함께 자신들이 전개할 주요 사업을 아래와 같이 천명하였다.

一. 主義思想에 關한 硏究
一. 주義思想에 關한 出版(著作及飜譯)
一. 講演講座의 開催
一. 硏究材料의 收集及供給[5]

맑스주의에 입각한 연구를 통해 도출한 연구 성과를 사회주의자들에게 제공하거나, 맑스주의에 관한 서적과 잡지 등의 출판물을 간행하는 것을 자신들의 주요한 임무로 설정한 것이다. 이후 사회과학연구사가 주력한 것은 '주의사상(主義思想)' 즉 맑스주의에 관한 연구와 그와 관련된 서적의 저작 및 번역·출판이었다. 사회과학연구사의 이러한 활동은 사상의 연구와 출판을 통해 맑스주의를 선전하고자 한 민중사나 권독사와 매우 유사한 것이다.

---

2) 乎于生, 「丙寅一年間 朝鮮社會運動槪觀(其三)」, 『東亞日報』 1927. 1. 3.
3) 乎于生, 「丙寅一年間 朝鮮社會運動槪觀(其一)」, 『東亞日報』 1927. 1. 1.
4) 현재까지 이용 가능한 자료들 가운데 사회과학연구사의 조직 시점을 확인할 수 있는 자료는 없다. 단 '사회과학연구사 팜플렛' 제1권인 『無産階級의 歷史的 使命』의 발간 시점이 1926년 3월 15일이라는 기록(朝鮮總督府, 1941, 『朝鮮總督府禁止單行本目錄』, 朝鮮總督府警務局, 225쪽)에 의거하여 유추하였다.
5) 堺利彦, 車載貞 譯, 1926, 『巴里콤뮨』, 社會科學硏究社, 「社告: 本社의 事業」.

사회과학연구사의 저작 및 번역은 '사회과학연구사 팜플렛'이라는 이름으로 간행되었는데, 간행할 팜플렛은 미리 기획을 통해 사전에 계획되었다. 사회과학연구사 팜플렛 제2권으로 발행된 『巴里콤뮨』의 내지 광고에는 이미 간행되었거나 향후 간행할 14종의 팜플렛 목록이 〈표 33〉과 같이 제시되어 있다.[6]

〈표 33〉 사회과학연구사 기간(旣刊) 및 출간 예정 팜플렛 목록

	저자 또는 역자	書名	정가
1	李丙儀	無産階級의 歷史的 使命	10錢
2	李丙儀	메이데이	예고
3	李丙儀	勞働組合組織論	예고
4	車載貞	파리콤뮨	15錢
5	車載貞	社會主義와 進化論	20錢
6	車載貞	自由社會의 男女關係	30錢
7	李 珖	맑쓰評傳	15錢
8	除光浩	無産青年運動	예고
9	朴衡秉	近世植民政策의 起源과 由來[7]	예고
10	朴衡秉	近世婦人運動의 槪要	예고
11	朴衡秉	人類社會와 經濟制度	예고
12	朴衡秉	資本主義制度	예고

---

6) 堺利彦, 車載貞 譯, 1926, 「社會科學研究社出版及販賣書籍目錄」 참조. 이 목록은 사회과학연구사의 旣刊 및 未刊 팜플렛을 정리한 '本社 팜푸레트'와 사회과학연구사가 판매를 대행한 民衆社나 勸讀社 등의 팜플렛을 정리한 '朝鮮文 팜푸레트'로 구성되어 있다.

| 13 | 朴衡秉 | 資本主義의 發達 | 예고 |
| 14 | 李承駿 | 人一生의 經濟學 | 예고 |

* 비고: 정가가 표시된 팜플렛 가운데 1926년 6월 10일 시점에 실제 발간된 것은 '사회과학연구사 팜플렛' 제1권인 『無産階級의 歷史的 使命』과 제2권인 『巴里콤뮨』뿐이다.

〈표 33〉을 통해 사회과학연구사의 주된 관심 분야가 무엇인지 알 수 있는데, 이를 통해 몇 가지 특징을 파악할 수 있다. 첫째, 번역서의 비율이 매우 높다는 점이다. 목록에는 원저자가 명기되어 있지 않지만 필자의 조사에 의하면 〈표 33〉에 제시된 총 14종 가운데 7종은 확실한 번역서이다. 즉 『파리콤뮨』의 원저자는 사카이 도시히코이다.[8] 『무산계급의 역사적 사명』과 『노동조합조직론』의 원저자는 야마카와 히토시이며,[9] 『메이데이』는 야마카와 기쿠에[山川菊榮]의 저작이다.[10] 또한 『사회주의와 진화론』의 원저자는 파네콕이고,[11] 『자유사회의 남녀관계』의 원저자는 카펜터이다.[12] 또한 『맑쓰평전』은 레닌의 저작이다.[13]

둘째, 번역서는 일본 사회주의자들의 저작이거나 그들이 번역한 일역본

---

7) 출판되지 않았지만 1926년 4월부터 7월까지 3회에 걸쳐 동일한 제목으로 『開闢』에 연재되었다. ① 朴衡秉, 1926a, 「近世植民政策의 起源과 由來(其一)」, 『開闢』 68 ② 朴衡秉, 1926b, 「近世植民政策의 傾向: 近世植民政策의 起源과 由來(其二)」, 『開闢』 69 ③ 朴衡秉, 1926c, 「近世植民政策의 終幕: 近世植民政策의 起源과 由來(其三)」, 『開闢』 71.
8) 堺利彦, 1925a, 『パリ・コンミユンの話』, 無産社.
9) ① 『無産階級의 歷史的 使命』은 1919년 8월 13일 쓰여 진 29쪽 분량의 글로(山川均, 1922, 『歷史を創造する力』, 三德社, 29쪽) 『歷史を創造する力』이라는 책에 수록되어 있다. 이 글은 9개의 부분으로 구성되어 있는데, 전반부의 6개 부분은 1922년 9월 신생활사그룹의 일원인 鄭栢에 의해 번역되어 『新生活』 9호에 게재된 적이 있었다. ② 山川均, 1924, 『勞働組合組織論』, 科學思想普及會.
10) 山川菊榮, 1922, 『メーデー』, 水曜會出版部.
11) パンネコック, 堺利彦 譯, 1923, 『社會主義と進化論』, 無産社.
12) カアペンター, 堺利彦 譯, 1915, 『自由社會の男女關係』, 東雲堂書店.
13) レーニン, 社會思想社 譯, 1925, 『マルクス評傳』, 社會思想社.

이 대다수라는 점이다. 『사회주의와 진화론』과 『자유사회의 남녀관계』의 일역자는 사카이 도시히코이고, 『맑쓰평전』의 일역은 사회사상사에 의해 이뤄졌다. 이들 저작을 번역한 '사회과학연구사 팜플렛'은 일역본을 다시 번역한 중역본이다. 이를 통해 식민지 조선의 사회주의사상이 '일본'이라는 '통로'를 통해 수용되고 있음을 다시 한 번 확인할 수 있다.

셋째, 저자 또는 역자로 참여한 이들 대다수가 서울파 사회주의자들이라는 점이다. 이 시기 박형병(朴衡秉)과 이병의(李丙儀)는 조선공산당과 경쟁 관계에 있던 서울파의 전위조직인 고려공산동맹에 참여하고 있었고, 차재정과 이광(李珖)은 서울청년회 등 서울파 조직에서 활동하고 있었다.

그렇다면 〈표 33〉 목록에서 발행 예고되었던 팜플렛들 가운데 실제로 발행된 것은 어느 정도인가? 다음의 〈표 34〉는 실제 발행된 사회과학연구사의 팜플렛을 정리한 것이다.

〈표 34〉 사회과학연구사 팜플렛 목록

	저자	역자	書名	발행일
1	山川均	李丙儀	無産階級의 歷史的 使命	1926. 3. 15[14]
2	堺利彦	車載貞	巴里콤뮨	1926. 6. 10
3	레닌	李 珖 編譯	맑쓰評傳-맑쓰와 맑씨씀의 梗槪	1926. 7. 31
4	파네콕	車載貞	맑스說과 자원說(社會主義와 進化論)	1926.
5		李樂永 述	唯物史觀大意	?
6	山川均	李丙儀	勞働組合組織論	1927. 6. 9[15]
7	堺利彦	李丙儀	辯證法的唯物論	1927. 8. 23
8	칼 맑스	朴衡秉 譯述	賃金·勞働及資本	1927. 9. 20

9	朴衡秉		社會進化論	1927. 9. 17
10	칼 맑스	朴衡秉 譯註	價値·價格及利潤	1927.10. 20

〈표 34〉와 〈표 33〉을 비교해 보면 14종 가운데 실제 발행된 것은 『무산계급의 역사적 사명』·『파리콤뮨』·『맑쓰평전: 맑쓰와 맑씨씀의 경개(梗概)』·『맑스설과 짜원설(사회주의와 진화론)』·『노동조합조직론』등 5종뿐임을 알 수 있다. 1927년 말까지 활동한 것으로 보이는16) 사회과학연구사의 주요 활동은 이처럼 출판물 간행을 통한 맑스주의 선전이었고, 그 성과인 '사회과학연구사 팜플렛'은 최종적으로 10종이 발행되었다.17)

'사회과학연구사 팜플렛' 10종 가운데 저술은 박형병의 『社會進化論』이 유일하고,18) 나머지는 모두 번역서이다. 번역서는 맑스주의 원전 3종과

---

14) 朝鮮總督府, 1941, 225쪽.
15) 『勞動組合組織論』에 대한 신간소개는 이 책이 "資本主義의 發達과 組合의 形態, 當面의 問題로 된 合同主義, 結束力의 大小, 組織의 一致 等"으로 구성되었다고 기술하고 있다(「新刊紹介: 勞動組合組織論」, 『東亞日報』 1927. 6. 17). 그리고 일제의 자료 가운데 李丙儀가 『合同主義와 自由聯合主義』를 저술했다는 기록이 보인다(朝鮮總督府, 1941, 58쪽). 그런데 『勞動組合組織論』과 『合同主義와 自由聯合主義』는 서로 별개의 책이 아니라, 山川均이 저술한 동일한 책(山川均, 1924, 『勞働組合組織論 - 合同主義と自由聯合主義』, 科學思想普及會)이다. 『勞働組合組織論 - 合同主義と自由聯合主義』는 모두 6개의 장으로 구성되어 있는데, 그 가운데 제 4장이 바로 '合同主義と自由聯合主義'이다. 제 4장은 15개의 절로 구성되어 있는데, 『東亞日報』의 신간소개에 언급된 내용들은 이 15개의 절에 모두 포함되어 있다. 따라서 현재 실물을 확인할 수 없어 단정할 수는 없지만, '사회과학연구사 팜플렛' 제6권인 『勞働組合組織論』은 『勞働組合組織論 - 合同主義と自由聯合主義』의 제 4장을 번역한 것으로 생각된다.
16) 「百事顧問」, 『中外日報』 1927. 11. 17.
17) 1926년에 4종, 1927년에 5종이 발행되었다. '사회과학연구사 팜플렛' 제5권인 『唯物史觀大意』는 사회과학연구사의 다른 팜플렛과는 달리 발행 시기나 내용에 대한 구체적인 정보를 얻을 수 없다. 단 '사회과학연구사 팜플렛'과 관련된 광고들과 일제의 자료(1929, 「鮮內發行ノ思想關係出版物」, 『朝鮮出版警察月報』 8, 京城地方法院 檢事局)를 통해 그 발행이 확인될 뿐이다.

사카이 도시히코와 야마카와 히토시 등 일본 맑스주의자들의 저작 4종이 대다수를 차지하고 있다. 또한 '사회과학연구사 팜플렛'의 원저는 일본 사회주의자들의 저작이나 일역본이 7종이나 되는데, 이는 모두 사카이와 야마카와의 저작이다.19)

그렇다면 '사회과학연구사 팜플렛'에 대해 살펴보도록 하자. 『파리콤뮨』은 사카이 도시히코의 저술로 1925년 12월 '무산사 팜플렛' 제7권으로 발행한 『パリ・コンミユンの話』를 차재정이 번역한 것이다.20) 이 책은 1871년 3월 18일부터 5월 28일까지 72일간 존재했던 파리콤뮨의 전사(前史)와 성립 이후 콤뮨을 둘러싸고 전개된 다양한 계급들의 길항관계를 간결하게 서술하고 있다.

번역서라는 한계는 있지만 식민지 조선에서 파리콤뮨을 전일적(專一

---

18) '사회과학연구사 팜플렛'은 저술의 경우는 저자 이름 뒤에 '著'를, 번역서의 경우는 역자 이름 뒤에 '譯'을 표기하고 있다. 또한 譯註를 사용한 경우는 역자 이름 뒤에 '譯註'란 표시를 하고 있다. 그런데 李樂永의 『唯物史觀大意』는 이러한 예와는 다르게 이름 뒤에 '述'(堺利彦, 李丙儀 譯, 1927, 『辯證法的唯物論』, 社會科學硏究社, 「廣告: 本社 팜플렛트」)이나 '編'(「社會主義 팜플렛트」, 『東亞日報』 1926. 9. 7)으로 표기되어 있다. 현재 실물을 확인할 수 없어 정확하지는 않지만, 李樂永의 독창적인 저술은 아니었던 것으로 생각된다.
19) ① 山川均, 1922, 「無産階級の歷史的使命」, 『歷史を創造する力』, 三德社 ② 山川均, 1924, 『勞働組合組織論』, 科學思想普及會 ③ 堺利彦, 1925a, ④ パンネコツク, 堺利彦 譯, 1923, 『社會主義と進化論』, 無産社 ⑤ 堺利彦, 1926, 『辯證法的唯物論』, 無産社 ⑥ マルクス, 堺利彦 譯, 1922b, 『勞働と資本』, 無産社 ⑦ マルクス, 堺利彦 譯, 1923, 『利潤の出處』, 無産社. 堺利彦과 관계있는 5종의 저작은 모두 無産社의 '무산사 팜플렛'이라는 점이 특징적이다.
20) 『パリ・コンミユンの話』는 본문과 부록으로 구성되어 있다. 12개 부분의 본문은 "二個月間의 勞動者天下, 普佛戰爭과 巴里政府의 降伏, 國民兵의 大活躍, 三月十八日의 一揆, 巴里콤뮨의 成立, 第一戰의 大敗北, 多數派와 少數派, 內政의 各方面, 煙硝와 火繩・柱塔의 引倒, 싸리케-드의 接戰, 赤旗와 三色旗, 피투성이 週間의 最後" 등으로 구성되어 있다. 『パリ・コンミユンの話』의 부록인 「파리콤뮨과 볼셰비키혁명」은 『巴里콤뮨』에는 생략되어 있다.

的)으로 다룬 최초의 글이라는 점에서 주목된다. 노동계급이 정권을 장악한 효시로 파리콤뮨에 주목하고, 이를 러시아혁명과 연결시키고 있는데, "로서아혁명은 곳 파리콤뮨의 후계이며 파리콤뮨은 곳 로서아혁명의 선구"21)라는 언급이 이를 잘 보여준다. 파리콤뮨을 '노동자의 천하'이자 노동자의 공화국이며, 소비에트의 전신(前身)으로 높이 평가하고 있다.

일본에서 발행된 『パリ・コンミユンの話』와 6개월이라는 시차를 두고 출간된 『파리콤뮨』은 일본을 통한 근대 사상의 수용이라는 문제에서 식민지 조선의 사상계와 일본 사상계의 '동시기성'을 잘 보여 주는 중요한 사례라 할 것이다.

『변증법적유물론』 역시 사카이의 저술로 1926년 10월 발행된 '무산사팜플렛' 제12권인 『辯證法的唯物論』을 이병의가 완역한 것이다.22) 변증법의 역사와 철학사에서 대립한 유물론과 유심론의 관계, '신유물론'인 변증법적 유물론의 정립 과정에서 헤겔과 포이어바흐 그리고 맑스의 역할, 변증법적 유물론의 주요 개념 등을 개략적으로 서술하고 있다.

식민지 조선에 맑스주의가 수용되는 초기에는 '해방의 이데올로기'로 수용된 측면이 강하다는 점과 관련하여 '유물사관요령기'와 같은 유물사관과 관련되는 논저들이 집중적으로 번역되거나 읽혀졌다. 그러나 이러한

---

21) 堺利彦, 車載貞 譯, 1926, 1쪽.
22) 본문은 "新語의 流行, 辯證法의 歷史, 唯物論의 歷史, 唯心論의 發生, 唯心論의 發達, 唯物論의 全盛, 新唯物論에의 道, 헤-겔哲學, 포이엘싸하, 맑쓰學, 푸로레타리아哲學, 칸트로 還元, 데이쓰겐과 레-닌, 新唯物論, 唯物論的 社會學, 辯證法의 思考法, 矛盾·鬪爭·均衡, 漸進과 突變" 등 18개 부분으로 구성되어 있다. 부록으로 「데이쓰겐의 哲學」이 첨부되어 있는데, 이는 山川均의 글이다. 본문과 부록에서 중요하게 언급되고 있는 '데이쓰겐'은 엥겔스가 『루드비히 포이어바흐와 고전철학의 종말』에서 자신과 맑스, 그리고 헤겔과도 독립적으로 변증법적 유물론을 발견했다고 언급한 독일의 노동자출신 철학자인 요제프 디츠겐이다.

흐름은 레닌주의가 본격적으로 수용되는 1920년대 중반부터 변화를 보인다. '이론투쟁'이 강조되면서 유물사관과 함께 변증법적 유물론과 관련된 논저들의 번역과 소개가 활발해지는데, 이러한 흐름을 대표한 것이 바로 『변증법적유물론』이다.

'사회과학연구사 팜플렛' 가운데 가장 이채로운 것은 박형병이 저술한 『社會進化論』이다. 『사회진화론』은 '사회과학연구사 팜플렛' 가운데 유일한 저술이자, 1920년대 식민지 조선에서 조선인 맑스주의자가 집필한 맑스주의에 관한, 특히 유물사관과 변증법적 유물론에 대한 인식을 확인할 수 있는 저술이라는 점에서도 희귀한 예에 속하는 저작이다.[23]

1924년 어느 청년회에서 공개강연을 하게 된 것이 계기가 되어 '사회진화의 필연성'이라는 주제에 대해 본격적인 관심을 갖게 된[24] 박형병은 이후 여러 차례의 강연회에서 이 주제로 강연하였다.[25] 그리고 그를 정리해서 1927년 3월부터 6월까지 『조선지광』에 「사회진화의 필연성을 논함」이란 제목으로 글을 연재하였다.[26] 그 해 9월 『조선지광』에 연재하였던 글을 묶어 '사회과학연구사 팜플렛' 제9권인 『사회진화론』을 출간하였다.

---

[23] 『社會進化論』은 1927년 9월 17일자로 초판이 발행된 후, 반년도 되지 않은 1928년 3월 제2판이 발행되었다(朴衡秉, 1931, 『社會進化論』, 三光書林, 「再版에 臨하야」). 제3판은 1929년 4월 15일자로 三光書林에서 발행되었다.
[24] 朴衡秉은 "내가 이 題目을 選擇하기는 지금으로부터 3年 前 1월에 某靑年會 公開講演 演士의 責任을 맛텃든 때이엿다"(朴衡秉, 1927, 『社會進化論』, 社會科學硏究社, 1쪽)라고 회고하였다.
[25] 1925년 2월 3일 서울청년회 주최의 강연회에서 "社會進化의 必然性"이라는 제목으로 강연하였고(「新春大講演會」, 『東亞日報』 1925. 2. 1), 그 해 8월 28일 이리청년회 주최의 강연회에서는 "社會의 發達과 進化"라는 제목으로 강연하였다(「裡里學術講演」, 『東亞日報』 1925. 9. 1). 또한 1926년 2월 27일 춘천청년회 주최의 강연회에서는 "人類社會의 史的考察"이라는 연제로 강연하였다(「男女講演開催, 春川靑年會서」, 『東亞日報』 1926. 2. 28).
[26] 朴衡秉이 「社會進化의 必然性을 論함」을 탈고한 것은 1927년 4월 14일이다(朴衡秉, 1927, 78쪽).

『사회진화론』이라는 제목은 스펜서의 '사회진화론'을 연상시키지만, 책의 내용은 『조선지광』에 연재될 때의 제목과 같이 '사회진화의 필연성'을 맑스주의의 입장에서 설명한 것이다.

『조선지광』에 연재된 글과 『사회진화론』의 내용은 전적으로 동일하다. 단 『조선지광』에 연재될 때 검열로 삭제되었던 부분의 일부가 『사회진화론』에 복원되어 있다. 『조선지광』에서 삭제되었던 부분은 다음과 같이 주로 계급투쟁을 설명하는 부분에 집중되어 있다.

<u>階級鬪爭은 반다시 經濟的 理解相反의 關係로써 始作하야서 階級鬪爭의 過程(第一期는 經濟的 鬪爭, 第二期는 政治的 鬪爭)을 過程하엿다. 즉 階級鬪爭은 經濟的 發達의 原因으로 始作하야서 社會進化를 促進하는 政治的 原因이 되엿다.</u>27)

그렇다면 박형병이 『사회진화론』을 집필한 이유는 무엇이며, 그를 통해 무엇을 이야기하고자 했는가? 이를 고찰하기 위해 『사회진화론』의 내용을 축차적으로 검토하고 그 성격에 대해 살펴보도록 하자.

박형병은 「사회진화의 필연성을 논함」을 다음과 같이 1883년 3월 17일 런던 교외 하이게이트 묘지에서 거행된 맑스의 장례식에서 엥겔스가 행한 유명한 연설로 시작하고 있다.

다빈이 有機的 自然의 發展法則을 發見함과 同樣으로 맑스는 人類의 歷史의 發展法則을 發見하엿다.28)

---

27) 朴衡秉, 1927, 68쪽. 밑줄은 『朝鮮之光』에 연재될 때(朴衡秉, 1927, 「社會進化의 必然性을 論함(完)」, 『朝鮮之光』 68, 64쪽) 삭제되엇다가 『社會進化論』에서 복원된 부분을 인용자가 표시한 것이다.

박형병이 엥겔스의 조사를 통해 '잉여가치'와 함께 맑스가 발견한 두 가지 공헌 가운데 하나인 '유물사관', 즉 '인류역사의 발전법칙'을 검토하고 논증한 것은 이 책의 집필 의도를 보여준다는 점에서 매우 상징적이다.

박형병은 먼저 기존의 여러 가지 역사관들을 검토한 후, 그 한계를 비판하고 있다. 즉 기존의 역사관들은 역사상의 사실들을 단지 우연이나 돌발적 상황 때문에 발생하는 것으로 파악하였고, 그로 인해 단순히 그 사건들만을 나열해 왔다는 것이다. 따라서 인류역사가 어떤 필연적 원인에 의해 움직이고 변화해 왔는가라는 점에 대해 무관심했다는 것이 비판의 핵심이다. 기존 역사관들을 비판한 박형병은 엥겔스의 견해에 입각하여 다음과 같이 주장한다.

> 人類歷史는 '광의 鬪爭史'이요 '生活의 變遷史'이요 '民衆의 汗血史'이라 아니할 수 업다. 이러한 不斷의 變化, 不斷의 鬪爭, 不斷의 汗血로써 人類生活史의 裏面을 連續하엿고 社會進化의 必然的 法則을 實現하여 왓다.29)

즉 사회의 진화와 발달이 의식주와 그를 소유하기 위한 사회적 변화와 투쟁에 기반한다는 것이다. 그리고 「사회진화의 필연성을 논함」을 집필한 목적이 바로 사회의 진화와 발달을 이끄는 사회진화의 필연적 법칙을 발견하고 설명하는 것임을 밝히고 있다.30)

또한 '인류의 경제적 생활 발달 단계'를 생산방법, 교환방법, 경제단위, 정치조직, 기구, 생활재료 등을 통해 분류하는 종래의 기준은 각각 자기

---

28) 朴衡秉, 1927, 40쪽.
29) 朴衡秉, 1927, 3-4쪽.
30) 朴衡秉, 1927, 42쪽.

연구의 표준과 목적에만 치우친 분류로 인류생활의 전체를 포함하지 못하는 불완전한 것이라고 비판한다. 대신 생산관계의 변동과 발달에 따라 사회의 모든 역사가 변동과 진화한다는, 즉 인류역사의 변동과 진화의 요인이 사회의 생산관계의 변화에서 기인한다는 맑스주의의 분류를 수용해야 한다고 주장한다.

그리고 생산관계를 기준으로 인류의 역사를 '원시공산제도사회', '희랍라마(希臘羅馬)의 고대사회', '중세봉건제도사회', '근세자본주의제도사회' 등 네 단계로 구분하고 있다.[31] 이후 『사회진화론』 지면의 50%를 할애하여 "인류의 기원으로부터 인류사회의 경제적 발달 내지 변천의 대체 사실"[32]을 '원시공산제도사회', '희랍라마의 고대사회', '중세봉건제도사회', '근세자본주의제도사회'의 순서로 상세한 검토를 진행하고 있다.

이러한 검토를 기반으로 박형병은 사회진화의 필연적 법칙을 논하기 위해서는 맑스의 유물사관설과 맑스가 유물사관을 압축적으로 정리한 『정치경제학비판을 위하여』 서문의 '유물사관요령기'에 대한 인식이 필요하다고 주장한다. 또한 그를 위해서는 '변증법적 사고법'에 대한 이해가 선행되어야 하는데, 박형병은 '변증법적 사고법'을 다음과 같이 정의한다.

> 辨證法的 思考法은 事實을 歷史的으로 考察하야서 社會를 一定不變하는 것으로 보지 아니하고 不斷的으로 變化하며 成長하는 것으로 본다. 그래서 事實을 理解치 아니하면 아니 된다.[33]

즉 '사실(事實)'을 역사적으로 고찰하여 사회를 변화하고 성장하는 것으

---

31) 朴衡秉, 1927, 10-17쪽 참조.
32) 朴衡秉, 1927, 56쪽.
33) 朴衡秉, 1927, 57쪽.

로 보는 것이 '변증법적 사고법'이며, '변증법적 사고법'을 인류사회의 역사연구에 적용하여 설명한 것이 바로 유물사관설이라는 것이다. 또한 유물사관설로 사회진화의 필연적 법칙을 고찰할 때 그 원인과 관련하여

> 唯物史觀說에 依하야 社會進化의 必然的 原因을 發見하려면 大體로 二大原因 卽 靜的(潛在的)原因과 動的 原因에 基因하지 아니하면 아니되나니 前者를 經濟的 發達의 原因, 後者를 政治的 矛盾으로 生하는 階級鬪爭의 原因이라 할 수 잇다. 그러나 階級鬪爭의 原因은 恒常 經濟的 發達의 原因에 附從하야 起하는 原因이라 할 수 잇는 고로 經濟的 發達의 原因은 主動的 原因(第一次的原因)이 되는 同時에 階級鬪爭의 原因은 被動的 原因(第二次的原因)이 된다.34)

> 階級鬪爭은 반다시 經濟的 理解相反의 關係로써 始作하야서 階級鬪爭의 過程(第一期는 經濟的 鬪爭, 第二期는 政治的 鬪爭)을 過程하엿다. 즉 階級鬪爭은 經濟的 發達의 原因으로 始作하야서 社會進化를 促進하는 政治的 原因이 되엿다.35)

라고 주장하였다. 즉 '경제적 발달'과 '계급투쟁'이라는 두 가지 원인에 주목해야 하며, 양자는 후자가 전자에 종속적임을 맑스주의 원론에 입각해 설명하고 있다.

그렇다면 이상의 논의를 통해 박형병이 『사회진화론』을 통해 가장 강조하고자 했던 것은 무엇일까? 이에 대한 대답은 박형병의 다음과 같은 언급에 잘 드러나 있다.

---

34) 朴衡秉, 1927, 62-63쪽.
35) 朴衡秉, 1927, 68쪽.

> 人類의 進化過程은 이와 갓튼 進化過程을 過程하고 必然的으로 進化하야서 現今 資本主義社會 3期에 至하엿나니 社會進化의 必然的 法則은 更히 必然的으로 '人類社會 前史'를 過程하고 '人類社會 後史'를 始作할 것이다.36)

즉 '인류사회의 전사(前史)'가 가고 '인류사회의 후사(後史)'가 온다는 것, 즉 자본주의사회의 필연적 붕괴와 사회주의사회의 필연적 도래에 대한 강조가 바로 박형병이 사회진화의 발전법칙을 발견하고 설명하려던 궁극적인 목적이었던 것이다. 이러한 그의 생각은 『정치경제학비판을 위하여』 서문의 '유물사관요령기' 마지막 부분을37) "'인류사회 전사'의 종결을 예언"38)한 것이라고 해석하고 있다는 점에서도 잘 드러난다.

사회주의의 필연성을 강조하는 이러한 인식은 『정치경제학비판을 위하여』 서문의 '유물사관요령기'가 처음으로 번역되었던 1921년 이래 식민지 조선의 맑스주의자들이 견지한 일반적인 인식이었다. 또한 '유물사관요령기'에 대한 이러한 독해는 식민지라는 조선의 현실 속에서 사회주의사상이 수용되고 확산되는 중요한 계기로 작용하였다. 『社會進化論』은 '유물사관요령기'에 기반하여 '사회주의의 필연성'을 원론적으로 강조하는 단계

---

36) 朴衡秉, 1927, 77-78쪽.
37) "아시아적, 고대적, 봉건적, 그리고 현대 부르주아적 생산 양식들을 경제적 사회구성체의 순차적인 시기들이라고 할 수 있다. 부르주아적 생산관계들은 사회적 생산 과정의 마지막 적대적 형태인데, 여기서 적대적이라고 말하는 것은 개인적 적대라는 의미에서가 아니라 개인들의 사회적 생활 조건들로부터 싹터 온 적대라는 의미에서이다. 그러나 부르주아 사회의 태내에서 발전하는 생산력들은 동시에 이러한 적대의 해결을 위한 물질적 조건들을 창출한다. 이 사회 구성체와 더불어 인간 사회의 前史는 끝을 맺는다."(칼 맑스, "정치 경제학의 비판을 위하여"; 최인호 외 역, 1992, 『칼 맑스 프리드리히 엥겔스 저작 선집』 2, 박종철출판사, 478쪽).
38) 朴衡秉, 1927, 76쪽.

에서 한 걸음 더 나아가 그 필연성을 논증했다는 점에서 박형병, 더 나아가 이 시기 식민지 조선의 맑스주의자들의 맑스주의에 대한 인식을 보여 주는 중요한 텍스트라 할 것이다.

'사회과학연구사 팜플렛' 가운데 맑스주의 원전 3종은 사회과학연구사가 맑스주의를 어떻게 인식하고 있는지를 잘 보여 준다. 사회과학연구사는 맑스의『임금 노동과 자본』과『임금·가격·이윤』을 각각『賃金·勞働及資本』과『價値·價格及利潤』으로 번역하였고, 레닌의『칼 맑스』는『맑쓰評傳: 맑쓰와 맑씨쯤의 梗槪』로 번역·출판하였다.

그렇다면 이광이 번역한『맑쓰평전: 맑쓰와 맑씨쯤의 경개』의 저본은 무엇일까? 이에 대해 이광은 서문에서 "사회사상사 역에 준하여 이중역"했음을 명확하게 밝히고 있다.[39] 즉 사회사상사의 일역본인『マルクス評傳』을 저본으로 '중역'했다는 것이다. 따라서『칼 맑스』의 후반부인 '사회주의', '프롤레타리아트 계급투쟁의 전술', '프롤레타리아트독재' 부분을 생략하고 '맑스약전'과 '맑스학설'의 두 부분만을 일역했던『マルクス評傳』과 같이,『맑쓰평전: 맑쓰와 맑씨쯤의 경개』도 '맑스약전'과 '맑스학설'의 두 부분만으로 구성되어 있다. 전술한 바와 같이 1926년 4월 일월회 권독사에 의해 번역된『맑스와 맑스주의』도『マルクス評傳』을 저본으로 중역한 것이다.

그렇다면 사회과학연구사는 왜 1926년 7월이라는 시점에서 레닌의『칼 맑스』를 번역 출판했는가? 이 물음에 대한 이광의 명시적인 언급은 없지만,『칼 맑스』가 맑스주의의 체계를 개괄하고 있는 저작이라는 점에서『맑쓰평전: 맑쓰와 맑씨쯤의 경개』의 출판은 일월회의『맑스와 맑스주의』출

---

39) 레-닌, 李珖 編譯, 1926,『맑쓰評傳: 맑쓰와 맑씨쯤의 梗槪』, 社會科學硏究社,「小序」.

판과 같이 맑스주의 원전을 통해 맑스주의를 체계적으로 인식하려는 의도적인 행위였다고 할 수 있다. 즉 민중사가 일본의 맑스주의자인 사카이 도시히코의 『社會主義學說大要』를 통해 맑스주의의 체계를 인식하려 했다면, 사회과학연구사는 레닌의 저작을 통해 맑스주의의 체계를 이해하려 했던 것이다. 이러한 시도는 전술한 바와 같이 사회운동이 발전함에 따라 과학적 이론에 대한 요구도 강해졌던 이 시기의 상황과 밀접히 관련된 것이다.

사회과학연구사가 발행한 팜플렛의 가장 큰 특징은 발행 예고된 목록에서와 마찬가지로 번역서가 압도적이라는 점이다. 그러나 이는 '사회과학연구사 팜플렛'의 특징이라기보다는 민중사의 출판물이나 '권독사 팜플렛'에서도 보이는 공통적인 현상이라 할 것이다. 이렇듯 1920년대 사회주의 사상운동단체들이 발행한 출판물들 가운데 번역서가 차지하는 비중이 압도적이었던 이유는 이 시기 식민지 조선의 맑스주의자들이 자신들이 '인식'한 맑스주의를 자신들의 '언어'로 전달하는 것보다, 체계적으로 잘 정리된 맑스주의 원전이나 일본 맑스주의자들의 책을 '번역'하여 대중들에게 선전하려 하였기 때문이다.

'사회과학연구사 팜플렛'의 집필자거나 번역자로 참여한 이들이 서울파 사회주의자라는 점 또한 특징적이다. 그런데 1926년에만 관계한 이들과 1927년까지 관계하는 이들의 성격은 일정한 차이를 보인다. 즉 1927년까지 참여한 박형병, 이병의, 이낙영 등은 서울파의 분열 이후 서울구파의 대표적 활동가로 '통일조선공산당(統一朝鮮共産黨)'에 입당했지만 ML파 중심의 당 운영에 반발하여 상해파와 연합하여 1927년 12월 춘경원당(春景園黨)을 조직하는 핵심멤버들이다. 이에 비해 1926년에만 활동한 것으로 보이는 이광은 서울신파로서 '통일조선공산당'에 참여한 이후의 사회과학연구사 활동은 보이지 않는다.[40]

사회과학연구사 관련자 가운데 가장 주목되는 이는 박형병이다. 그는 재일조선인 사회주의 사상운동단체였던 북성회의 멤버로, 1923년 귀국하여 물산장려논쟁을 계기로 두각을 나타내기 시작한 서울파의 대표적인 이론가이자 활동가였다. 사회과학연구사와 관련하여 〈표 33〉에 보이는 바와 같이 무려 5종의 출판을 예고했었고, 실제로도 2종의 맑스주의 원전 번역서와 1종의 저술을 발간하였다. 또한 『巴里콤뮨』과 『맑쓰評傳: 맑쓰와 맑씨씀의 梗槪』는 경성이 아닌 경기도 안성군 읍내에 있던 동아인쇄소(東亞印刷所)에서 인쇄되었는데,[41] 동아인쇄소는 안성출신인 박형병의 집안 소유였다.[42] 이처럼 박형병은 사회과학연구사가 존속한 기간 동안 실질적인 주도자의 역할을 한 것으로 보인다.

---

40) 이들 외에 異萬圭의 참여가 확인된다. 異萬圭의 경우는 한 도서관에 기증된 '사회과학연구사 팜플렛'의 기증자 署名을 통해 확인하였다.
41) 堺利彦, 車載貞 譯, 1926, 「판권」; 레-닌, 李珖 編譯, 1926, 「판권」.
42) 東亞印刷所는 1927년 12월 5일 주식회사로 확장하기 위한 발기인 모임을 개최한 후(「東亞印刷社準備」, 『東亞日報』 1927. 12. 7; 「東亞印刷所擴張」, 『中外日報』 1927. 12. 13), 1928년 1월 31일 자본금 5만원으로 東亞印刷株式會社를 설립하였다. 동아인쇄주식회사의 취체역 사장은 朴衡秉의 아버지인 朴承六이고, 전무 취체역인 朴華秉은 박형병의 둘째 형이며, 상무 취체역인 金台榮은 박형병의 보성고보 동기동창생이었다(「印刷會社創立」, 『東亞日報』 1928. 2. 4; 「東亞印刷創總」, 『中外日報』 1928. 2. 6; 中村資良 編, 1929, 『朝鮮銀行會社組合要錄』, 東亞經濟時報社, 207쪽). 박형병도 춘경원당 사건으로 복역하고 출옥한 후 취체역으로 동아인쇄주식회사에 참여하였다(中村資良 編, 1935, 『朝鮮銀行會社組合要錄』, 東亞經濟時報社, 203쪽).

2. 맑스주의 원전의 번역과 『임금·가격·이윤』

1) 『임금·가격·이윤』과 일역본

『임금·가격·이윤』은 원래 1865년 6월 20일과 27일 국제노동자협회 중앙평의회에서 행한 맑스의 영어 강연이 기초가 되었다. 이 강연의 원고는 맑스와 엥겔스의 생전에는 출판되지 못하고 묻혀 있었고, 엥겔스의 사후 맑스의 유고를 상속한 맑스의 막내딸 엘리노어에 의해 발견되었다.[43] 엘리노어는 맑스가 영어 집필한 글들을 모아 편집해서 출판하는 일에 주력하였는데,[44] 『임금·가격·이윤』도 엘리노어의 편집으로 1898년 *Value, Price and Profit*라는 제목으로 출간되었다. 엘리노어의 편집으로 출간된 *Value, Price and Profit*는 「서언」과 14개의 장으로 구성되어 있다.[45]

그렇다면 『임금·가격·이윤』에서 맑스는 어떤 문제에 대해 논하고자 하였나? 이에 대해 맑스는 「서언」에서 다음과 같이 언급하고 있다.

> 지금 대륙에서는 동맹 파업이라는 진짜 전염병이 맹위를 떨치고 있으며, 임금이 상승되어야 한다는 요구가 널리 퍼져 있다. 이 문제는 우리의 대회에서 다루어 질 것이다. 국제 협회의 지도자인 여러분은 이 중차대한 문제에 대해 확고한 견해를 세워야 한다. 그러므로 나로서는

---

43) 맑스와 엥겔스의 사후 그들이 남긴 유고의 상속 과정에 대해서는 정문길, 2008, 『니벨룽의 보물: 마르크스-엥겔스의 문서로 된 유산과 그 출판』, 문학과지성사 참조.
44) 엘리노어 맑스에 대해서는 김욱 옮김, 2006, 『엘리노어 마르크스』, 프로메테우스출판사 (Tsuzuki Chushichi, 1967, *The Life of Eleanor Marx, 1855-1898: A Socialist Tragedy*, Clarendon Press) 참조.
45) 맑스의 강연 원고는 원래 「서언」과 1-6장에는 제목이 없었는데, 이후 엘리노어가 편집 과정에서 제목을 붙인 것이다. *Value, Price and Profit: Addressed to Workingmen*은 엘리노어의 사후인 1898년 그녀의 남편 에드워드 에이블링이 쓴 「서문」이 첨부되어 런던의 G.Allen & Unwin 에서 출간되었다.

이 문제를 철저히 파고드는 것이 나의 의무라고 생각했다.[46]

즉 임금 인상 투쟁에 대한 자신의 견해를 제시하고자 한 것이다. 이는 당시 영국의 오웬주의자인 웨스턴이 국제노동자협회 중앙평의회에서의 연설을 통해 임금 인상을 위한 투쟁은 무의미한 것이며, 그를 주도하는 노동조합의 투쟁 또한 노동자들에게 유해한 것이라는 주장을 편 것에 대한 맑스의 논쟁적인 대응이었다. 14개의 장 가운데 1장부터 5장까지가 이 문제에 할애되어 있다.

맑스는 6장부터 14장까지 가격·가치·이윤·임금·잉여가치 등 맑스주의 경제학설의 중요한 개념들에 대해 언급하고 있다. 또한 노동조합이 "임금 제도의 폐지"를 위해 적극적으로 투쟁해야 함을 다음과 같이 강조하였다.

> 노동조합은 자본의 침략에 대한 저항의 중심지로서 훌륭한 역할을 한다. …… 노동조합은 현존 제도가 빚어 낸 결과를 반대하는 유격전에만 자신을 국한하고 이와 동시에 현존 제도가 변화하도록 노력하지 않는다면, 자신의 조직된 힘을 노동자 계급의 종국적 해방을 위한, 말하자면 임금 제도의 궁극적 철폐를 위한 지렛대로 사용하지 않는다면 실패한다.[47]

바로 이런 이유 때문에 『임금·가격·이윤』은 맑스의 『자본론』을 독해하는데 가장 좋은 길잡이라고 평가받았다.[48] 또한 맑스의 또 다른 저작인

---

[46] 칼 맑스, 1865, 『임금·가격·이윤』; 최인호 외 옮김, 1993, 『칼 맑스 프리드리히 엥겔스 저작 선집』 3, 박종철출판사, 65쪽.
[47] 칼 맑스, 1865, 『임금·가격·이윤』; 최인호 외 옮김, 1993, 118쪽.
[48] Marx-Engels-Lenin Institute, 1935, "Introduction", *Value, Price and Profit: Addressed*

『임금 노동과 자본』과 함께 맑스주의 경제학설에 대한 가장 중요한 입문서로 '대중판 소자본론'이라는 평가를 받게 되었다. 『임금·가격·이윤』이 맑스주의에서 차지하는 이러한 위상 때문에 *Value, Price and Profit*가 출간된 1898년 독일어로 번역된 이래[49] 여러 나라의 언어로 번역되어, 대중들의 맑스주의 이해에 커다란 역할을 하였다.

동아시아에서『임금·가격·이윤』이 처음으로 번역·출판된 것은 1919년 일본이다. 다음의 〈표 35〉는 식민지 조선에서『임금·가격·이윤』이『價値·價格及利潤』이라는 제목으로 사회과학연구사에서 출간된 1927년 10월 이전까지 일본에서 공간된『임금·가격·이윤』의 일역본을 정리한 리스트이다.

〈표 35〉 1927년까지 공간된『임금·가격·이윤』의 일역본 리스트

	출판시기	제 목	게재지 또는 출판사	번역자	비 고
1	1919. 6 1919. 7	「マルクスの勞働價値說」[50] 「マルクスの剩餘價値說」[51]	『社會主義硏究』1-2 『社會主義硏究』1-3	山川均	
2	1919. 10	『マルクス經濟學說要旨』[52]	經濟社	松浦要	
3	1921. 9	「勞賃,價格及び利潤」	『社會問題硏究』25	河上肇	
4	1922. 12	「勞賃,價格及び利潤」	『賃勞働と資本· 勞賃,價格及び利潤』, 弘文堂書房	河上肇	3 改譯
5	1923. 5	「價値價格及利潤」	『マルクス全集』10[53], 大鐙閣	安部浩	

---

to Workingmen, International Publishers, p.7.
49) 독일어 번역본은 영어 원저가 *Value, Price and Profit*로 출간되기 바로 직전 베른슈타인의 번역으로 독일사회민주당의 이론 기관지인 *Neue Zeit*에 *Lohn, Preis und Profit*란 제목으로 5회에 걸쳐 연재되었다(정문길, 2008, 97쪽). 독일어 번역본은 영어 원저의 제목인『가치·가격·이윤』대신『임금·가격·이윤』을 제목으로 사용하였다.

6	1923. 6	『利潤の出處』54)	無産社	堺利彦	
7	1924. 8	『勞賃,價格及び利潤』	弘文堂書房	河上肇	4 改譯
8	1925. 6	『勞賃, 價格及び利潤』	日獨書房	田中九一	

〈표 35〉를 통해 알 수 있는 것처럼 식민지 조선에서『價値·價格及利潤』이 출간되기 전까지 공간된『임금·가격·이윤』의 일역본 8종은 모두 '겨울의 시대'가 끝나면서 본격적으로 출간되었다.

『임금·가격·이윤』의 일역과 관련하여 가장 주목되는 인물은 일본의 사회주의자 가와카미 하지메와 사카이 도시히코이다. 가와카미는 1908년 영국의 에딘버러에서 출판된 영저 원저와 Lucien Sanial의 편집으로 미국의 시카고에서 출판된 책 등 두 종류의 영어 원저를 저본으로 하면서,55) 독일어 번역본을 참조하여『임금·가격·이윤』을 일역하였다. 가와카미는 제목을 독일어 번역본에 입각하여「勞賃, 價格及び利潤」이라고 붙여『社會問題研究』4호에 게재하였는데, 1921년 12월『임금 노동과 자본』의 일역본과 합본하여『賃勞働と資本·勞賃, 價格及び利潤』이란 제목으로 출간하였다.56)

---

50) 『임금·가격·이윤』의 6장을「價値と勞働」으로 번역하였다.
51) 『임금·가격·이윤』의 7장부터 10장까지를「勞働力」·「剩餘價値の生産」·「勞働の價値」·「利潤は商品を其價値通りに賣つて造られる」로 번역하였다.
52) 책의 제목에『勞賃, 價格及び利潤』이라고 병기되어 있다.
53) 맑스의 다른 글들(「經濟學批判(佐野學 譯)」·「賃銀勞働及資本(安培浩 譯)」·「自由貿易論(安培浩 譯)」)이 함께 묶여 있다.
54) 책의 표지에 제목과 함께 原名이『價値と價格と利潤』이라고 병기하고 있다.
55) 두 종류의 영어 원저는 ① Karl Marx, 1908, *Value, Price and Profit: Addressed to Workingmen*, Socialist Labour Party ② Karl Marx, 1908, *Value, Price and Profit: Addressed to Workingmen*, Charles H. Kerr 이다.
56) 河上肇, 1921, 『賃勞働と資本·勞賃, 價格及び利潤』, 弘文堂書房, 101-102쪽,「譯者序言」.

이에 비해 사카이의 일역본은 그 저본을 알 수 없다. 다만 1923년 6월 무산사 팜플렛으로 발행된 책의 제목이 『利潤の出處 - 價値と價格と利潤』이라는 점과 그 시점에 사카이의 '독어 독해 능력이 부재'했다는 점은 영어 원저를 저본으로 해서 번역했음을 유추할 수 있다. 또한 사카이는 번역 과정에서 가와카미의 일역본을 많이 참조하였음도 밝히고 있다.[57]

그렇다면 두 일역본의 공통점과 차이점은 무엇인가? 우선 공통점을 살펴보면, 구성상 모두「서언」과 1장부터 5장까지는 생략하고 6장부터 14장까지만 번역하였다는 점이다.[58] 이는 전술한 바와 같이 생략된 부분이 맑스주의 경제학설을 이해하기 위한 개념들에 대한 서술이 아니라, 임금 인상 투쟁에 대한 웨스턴의 견해를 구체적으로 반박하는 내용이라는 점과 관련되어 있다.

차이점으로는, 첫째 영역본에 입각하여 목차를 구성하고 있지만, 가와카미의 일역본과 사카이의 일역본 목차가 일정한 차이를 보인다는 점이다. 다음의 〈표 36〉은 두 일역본 목차를 비교한 것이다. 보는 바와 같이 5장부터 9장까지의 목차는 일정한 차이를 보이고 있는데, 특히 5장과 8장의 경우는 차이가 심하다. 전술한 영어 원저의 목차와 비교해 보면 가와카미 하지메의 일역본 목차가 영어 원저의 목차를 비교적 정확하게 번역하고 있음을 알 수 있다.

---

57) 堺利彦, 1923, 『利潤の出處』, 無産社, 「譯者より」.
58) 安部浩의 일역본만 전체를 번역한 완역본이다.

〈표 36〉『임금·가격·이윤』 일역본의 목차 비교

	『賃勞働と資本・勞賃, 價格及び利潤』	『利潤の出處』
1	價値と勞働	價値と勞働
2	勞働力	勞働力
3	剩餘價値の生産	剩餘價値の生産
4	勞働の價値	勞働の價値
5	商品を其の價値にて賣ることによつて得らるる利潤	利潤の得られる道
6	剩餘價値の分屬	剩餘價値の分割
7	利潤, 勞賃び價格の一般關係	利潤と賃金と價格との關係
8	勞賃の値上げが企てられ又は其の引下げが抗爭せらるる主要の場合	賃金値上運動
9	資本と勞働との鬪爭及び其の結果	資本と勞働の鬪爭

* 출전:『賃勞働と資本・勞賃,價格及び利潤』;『利潤の出處』.

둘째 주요한 개념의 번역어에서 일부 차이가 존재한다는 점이다. 두 일역본을 비교해 보면 원문의 내용을 훼손하는 정도는 아니지만 주요 개념의 번역어에 일정한 차이가 보인다. 다음의 〈표 37〉은 『임금·가격·이윤』 일역본의 주요 개념 번역어를 비교한 것인데, '상품'과 '노동' 그리고 '노동력'의 경우는 양자 모두 '상품'과 '노동' 그리고 '노동력'으로 동일하게 번역하고 있다. 그러나 '임금'과 '본원적 축적'의 경우는 상이한 용어를 사용하고 있다. '임금'의 경우 가와카미가 '노임'이라는 번역을 계속 고수하고 있는데 비해, 사카이는 '임금'이라는 용어를 사용하고 있다. '본원적 축적'에 대해서는 가와카미가 '본원적 축적'이라고 번역하고 있는데 비해 사카이는 '근원적 축적'으로 번역하고 있는 것이 대표적이다.[59]

〈표 37〉 『임금·가격·이윤』 일역본의 주요 개념의 번역어 비교

	임금	상품	노동	노동력	본원적 축적
『社會問題硏究』25	勞賃	상품	노동	노동력	本源的 蓄積
『賃勞働と資本·勞賃, 價格及び利潤』	勞賃	상품	노동	노동력	本源的 蓄積
『利潤の出處』	賃金	상품	노동	노동력	根源的 蓄積
『マルクス全集』10	勞銀	상품	노동	노력	原始的 蓄積

* 출전: 『社會問題硏究』 25; 『賃勞働と資本·勞賃, 價格及び利潤』; 『利潤の出處』; 『マルクス全集』 10.

2) 사회과학연구사의 『價値·價格及利潤』

1927년 10월 박형병의 번역으로 사회과학연구사에서 출간된 『價値·價格及利潤』은 식민지 조선에서 '공간'된 세 번째 맑스의 저작이자, 단행본의 형태로 출간된 두 번째 번역물이다. 『價値·價格及利潤』의 구성은 가와카미와 사카이 일역본의 구성과 같이 「서언」과 1장부터 5장까지는 생략되어 있고, 6장에서 14장까지 9개의 장으로 구성되어 있다.

그렇다면 박형병이 번역한 『價値·價格及利潤』의 저본은 무엇인가? 이와 관련하여 박형병은 저본을 명시적으로 밝히고 있지 않다. 그러나 『價値·價格及利潤』을 검토해 보면 가와카미의 일역본과 사카이의 일역본을 참고했다는 것을 알 수 있다. 『價値·價格及利潤』에는 가와카미의 주 11개와 사카이의 주 14개가 번역되어 있기 때문이다.

두 종류의 일역본과 함께 박형병이 『價値·價格及利潤』의 번역에 참고한 것은 영어 원저이다. 이와 관련하여 박형병은 『價値·價格及利潤』의

---

59) 安部浩의 경우 '임금'과 '본원적 축적'을 '勞銀'과 '原始的 蓄積'으로 다르게 번역하고 있다.

「역자로 부터」에서 다음과 같이 서술하고 있다.

　　이 册(*Value, Price and Profit*; 원문)은 맑스가 1856년 6월 26일 倫敦
(런던; 인용자)에서 열린 國際勞働者同盟(第一인터-나슈낼; 원문) 總會
에서 演說한 그 것의 筆記인데[60]

즉 박형병은 *Value, Price and Profit*를 검토하고 있음을 알 수 있다. 이
는 『價值·價格及利潤』의 다음 부분을 통해 좀 더 명확하게 파악할 수 있다.

　　총 자본 중 기계, 원료, 기타 모든 생산수단으로써 성립되는 부분(즉
고정자본; 원문)이 자본의 다른 부분(즉 임금에 충당되는 부분, 다시
말하면 노동을 매입하는데 드는 부분; 원문)에 비교하여서 遞增的(累
進的; 원문)으로 증대되는 것입니다.(原文 2行餘 省略; 원문)[61]

위 인용문의 말미에 박형병이 "원문 2행여(行餘) 생략"이라고 언급한 부
분은 그가 참고한 사카이의 일역본에는 언급 자체가 없다. 또한 가와카미
의 일역본에는 박형병이 생략한 원문의 이 부분이 번역되어 있다.[62] 그러
나 그 분량은 3행정도이다. 이에 비해 영어 원저를 살펴 보면 이 부분의
분량은 박형병이 '주'에 언급한 것과 같이 2행보다 조금 많음을 알 수 있
다.[63] 이는 일역본만으로는 알 수 없는 사실로 박형병이 영어 원저를 참

---

60) 칼 맑스, 朴衡秉 譯註, 1927b, 『價值·價格及利潤』, 社會科學硏究社, 「譯者로부터」.
61) 칼 맑스, 朴衡秉 譯註, 1927b, 53쪽.
62) カアル·マルクス, 河上肇 譯, 1922, 『賃勞働と資本·勞賃, 價格及び利潤』, 弘文堂書房, 158쪽.
63) 박형병이 어느 판본의 영어 원저를 참고했는지 확인할 수 없다는 점과 편집 방식에 따라 각 판본의 1행 분량이 차이가 난다는 점을 고려해야겠지만, 일단 필자가 참고한 International Publishers 판의 분량은 이와 같았다(Karl Marx, 1935, *Value, Price and Profit: Addressed*

고했음을 알 수 있다. 또한 박형병이 '주'에서 '원문'이라고 서술하고 있는 것 자체가 영어 원저를 참고하였다는 것을 뒷받침한다 하겠다.

박형병이 사회과학연구사에서 출판한 『價値・價格及利潤』은 영어 원저를 번역의 저본으로 가와카미와 사카이의 일역본을 참고하여 번역한 것이다. 일역본을 단순히 '중역'하던 단계에서, 일역본을 기본으로 독해할 수 있는 다른 언어의 번역본과 비교하던 단계를 거쳐, 원저를 기본으로 일역본을 참고하여 번역하는 단계로 나아간 것이다. '중역'과 원저를 통한 번역은 매우 의미 있는 차이를 내포한다는 점에서 맑스주의 원전 번역 방식의 주목되는 변화이다. 이러한 변화는 사회주의운동의 발전과 함께 원본에 기반한 맑스주의 원전 번역의 요구가 증대한 것을 반영한 것이라고 할 수 있다.

그렇다면 『價値・價格及利潤』의 번역상의 특징은 무엇인가? 첫째 가와카미의 일역본과 사카이의 일역본을 모두 참조한 박형병이 주요 개념의 번역어를 선택적으로 사용하고 있다는 점이다. 이와 관련하여 먼저 주목되는 것이 『價値・價格及利潤』의 목차이다. 9개의 장으로 구성된 목차는 다음과 같다.

一. 價値와 勞動
二. 勞動力
三. 剩餘價値의 生産
四. 勞動의 價値
五. 利潤의 獲得
六. 剩餘價値의 分割
七. 利潤・賃金・價格의 關係

---

to Workingmen, International Publishers, p.60).

八. 賃金의 騰落에 對한 抗爭
九. 資本과 勞動의 鬪爭 及 그 結果

이를 〈표 36〉의 가와카미와 사카이 일역본의 목차와 비교해 보면 『價值·價格及利潤』의 목차가 두 일역본의 혼용이라는 점을 알 수 있다. 즉 가와카미와 사카이가 다르게 일역하고 있는 5장부터 9장까지 가운데, 6장과 7장은 사카이의 번역을 선택하고 있고 9장은 가와카미의 번역을 따르고 있다. 또한 두 일역본의 번역 차이가 큰 5장과 8장은 일역본 가운데 어느 한 쪽을 따르지 않고, 내용을 잘 표현할 수 있도록 박형병이 두 일역본과는 상이한 제목으로 번역하고 있다.

또한 다음의 〈표 38〉에서 보는 바와 같이 주요 개념의 번역에도 이러한 양상이 나타난다. 전술한 바와 같이 가와카미와 사카이가 서로 다르게 번역하고 있는 '임금'과 '본원적 축적'에 대해, 박형병은 사카이의 번역어인 '임금'과 '근원적 축적'을 번역어로 선택하고 있다.

〈표 38〉 가와카미와 사카이의 일역본과 박형병 번역본의 주요 개념의 번역어 비교

	임금	상품	노동	노동력	본원적 축적
河上肇	勞賃	상품	노동	노동력	本源的 蓄積
堺利彦	賃金	상품	노동	노동력	根源的 蓄積
박형병	賃金	상품	노동	노동력	根源的 蓄積

* 출전: 『賃勞働と資本·勞賃, 價格及び利潤』; 『利潤の出處』; 『價值·價格及利潤』.

둘째 단순한 번역에만 그친 것이 아니라 박형병이 '주'를 활용하여 『임금·가격·이윤』의 이해를 돕고 있다는 점이다. 『價值·價格及利潤』에는

모두 64개의 주가 달려 있다. 그런데 그 가운데 가와카미와 사카이의 주를 번역한 것이 각각 11개와 14개이고,(64) 나머지 39개는 번역 과정에서 박형병이 자신의 견해를 정리해서 첨가한 것이다.

주는 크게 문맥의 이해를 돕기 위해 첨언하는 것과 개념 자체를 해설하기 위한 것으로 구분할 수 있다. 대다수를 차지하는 것은 전자의 유형으로 57개의 주가 이 유형이다. 이러한 유형의 주는 다음의 자료와 같이 괄호를 이용하여 문맥의 이해를 돕고 있다.

> 資本의 이 두 가지 要素(總 資本中 勞働賃金에 充當되는 部分을 맑스는 '可變資本'이라 하고, 可變資本 以外의 部分 卽 生産手段에 充當되는 部分을 '不變資本'이라 하엿는데 두 가지 要素라 함은 이 可變不變의 二資本을 가르침-譯註; 원문)의 比例가 이전에 一對一이엿섯다고 하면 産業이 進步함에 따라서 一對五 乃至는 他의 比例가 될 것입니다.(65)

이에 비해 후자 유형의 주는 7개인데, 이는 주로 개념에 대한 간략한 해설이다. 그 가운데 '노동일',(66) '노동주',(67) '시장가격급시장이윤률(市場價

---

64) 가와카미의 주 11개 가운데 1개는 가와카미의 것이 아니라 독일어 번역본에서 베른슈타인이 첨가한 것이다. 가와카미는 일역본에서 독일어 번역 과정에서의 '주'라는 것을 나타내기 위해 '獨逸譯本脚注'라고 표기하고 있다(カアル・マルクス, 河上肇 譯, 1922, 157쪽). 박형병도『價値・價格及利潤』에 가와카미의 '주'와 구별하기 위해 '獨逸文註'라고 특기하고 있다(칼 맑스, 朴衡秉 譯註, 1927b, 37쪽).
65) 칼 맑스, 朴衡秉 譯註, 1927b, 53쪽.
66) "六時間이라든가 八時間이라든가 勞働時間의 一定한 一日을 가르침-譯註"(칼 맑스, 朴衡秉 譯註, 1927b, 9쪽).
67) "이우에 勞働日에 대한 註에 말한 바와 가튼 의미로 勞働週라 함은 一定한 休日을 除하고 假令 五日이라든가 六日이라든가 就業日이 一定한 一週間을 가르치는 것인데 이 勞働日은 一日의 勞働時間, 勞働週는 一週間의 就業日을 말하는 것이다-譯註"(칼 맑스, 朴衡秉 譯註, 1927b, 21쪽).

格及市長利潤率)',(68) '노동일의 기리(長)',(69) '식민지제국(殖民地諸國)'70) 등 5개는 박형병의 것이고, '노동임금'71)과 '농업경영자'72)는 각각 가와카미와 사카이의 주를 번역한 것이다.

64개의 주 가운데 가와카미와 사카이의 주를 번역한 25개의 주를 제외한, 박형병이 번역 과정에서 첨가한 39개의 주는 그가 수용하고 있던 맑스주의의 편린을 잘 보여 준다. 이는 이 시기의 대표적 맑스주의자였던 박형병이 수용한 맑스주의에 대한 인식을 가늠할 수 있다는 점에서 매우 의미 있는 것이다.

그렇다면 박형병은 왜 이 시기 맑스주의 원전 가운데『임금・가격・이윤』을 번역 출판했을까? 이 문제에 관해 박형병은『價值・價格及利潤』에 명시적으로 그 이유를 밝히고 있지 않다. 그러나「역자로 부터」에『임금・가격・이윤』에 대해 다음과 같이 서술하고 있다.

> 맑스의 經濟學說의 要領을 簡單히 理解하는데 가장 適當하고 또한 正確한 案內書이다.73)

즉『임금・가격・이윤』을 번역 출판한 이유가 맑스주의 경제학설의 요령을 소개하는 것이라는 점을 명확히 한 것이다. 이는 단순히 자본주의 사회를 비판하는 것을 넘어 자본주의 체제의 메커니즘 그 자체를 이해하고

---

68) "市場價格 卽 市價를 가지고 計算한 利潤率-譯註"(칼 맑스, 朴衡秉 譯註, 1927b, 44쪽).
69) "勞動時間-譯註"(칼 맑스, 朴衡秉 譯註, 1927b, 48쪽).
70) "新開拓地를 意味하는 까닭으로 朝鮮가튼 殖民地는 適用되지 안는다.-譯註"(칼 맑스, 朴衡秉 譯註, 1927b, 51쪽).
71) "그 商品을 生産하는데 消費된 勞働에 대한 報酬 - 河上氏註"(칼 맑스, 朴衡秉 譯註, 1927b, 5쪽).
72) "勞働者를 雇傭하여서 農業을 經營하는 資本家 - 堺氏註"(칼 맑스, 朴衡秉 譯註, 1927b, 51쪽).
73) 칼 맑스, 朴衡秉 譯註, 1927b,「譯者로부터」.

선전하는 것과 관련된 문제로, 사회과학연구사가 자신들의 임무로 설정한 것이기도 하였다.

맑스주의 경제학설을 체계적이고 계통적으로 이해하기 위한 최선의 방법 가운데 하나는 맑스의 주저인 『자본론』을 번역하여 소개하는 것이라고 할 수 있다. 그러나 식민지 조선의 내외적인 조건과 식민지 조선 맑스주의자들의 주객관적 역량은 당시에 『자본론』을 번역할 수 있는 상황이 아니었다. 따라서 그 현실적인 대안으로 선택할 수 있었던 것이 바로 『임금·가격·이윤』의 번역과 출간이었다. 박형병이 '사회과학연구사 팜플렛' 제8권으로 맑스주의 원전 가운데 『임금·가격·이윤』과 짝하는 『임금 노동과 자본』을 함께 번역하였다는 점에서 더욱 그러하다. 이는 민중사가 『임금 노동과 자본』과 『임금·가격·이윤』을 함께 번역·출간했던 이유와 동일한 것이다.

제 4 부

해방 후 맑스주의 원전 번역과 그 특징

제 1 장
좌익서적의 출판과 조선좌익서적출판협의회

해방이 된지 20여일이 지난 9월 9일, 조선총독부 중앙회의실에서 주한 미군사령관인 하지가 아베 노부유키 조선총독으로부터 항복문서를 접수하면서 38도선 이남에 미군정이 시작되었다. 미군정은 대한 정책의 일환으로 10월 9일「군정 법령 제11호」를 공포하였다. 이를 통해 일제의 악법 가운데 정치범 처벌법, 예비검속법, 치안유지법, 정치범 보호관찰령, 신사법, 경찰의 사법권 등과 함께 출판법이 폐지되었다.[1]

일제강점기 출판은 '원고'와 '용지' 문제 외에도 일제의 '검열'이라는 외적 규제로 인해 어려움을 겪었는데, 해방과 함께 출판의 자유가 법적으로 구체화된 것이다.[2] 이후 대한민국 정부가 수립될 때까지 출판에 대한 검열은 법적으로 존재하지 않았다.

그렇다면 해방 후 출판계의 상황은 어떠했을까?

---

1) 『美軍政廳 官報』 1945. 10. 9; 「七惡法을 撤廢, 政治犯處罰法 等」, 『自由新聞』 1945. 10. 12.
2) 해방 직후 朝鮮出版文化協會 사무국장을 담당했던 姜周鎭은 이 시기를 "무슨 책이든 낼 수 있을 만큼 출판의 자유가 허용되던 시절"이라고 증언하였다(이경훈, 1993, 『속・책은 만인의 것 - 그 후 10년, 책 문화 현장을 편력하며』, 普成社, 333쪽).

종이 구입이 어려웠지요. 우리글로 씌어 진 책이라면 질의 높고 낮
음을 떠나 날개 돋친 듯이 팔리는 현상이 나타나기도 했는데 문제는
책을 만들 종이가 없다는 거지요. 해방 직후 용지의 생산능력은 거의
마비상태였거든요. 적으나마 비축됐던 용지조차 엄청나게 쏟아져 나
온 각종 단체의 정치·사상적 선전 팜플렛 제작에 충당되고 보니 46년
을 맞기도 전에 전량이 소모되었을 정도지요. 또 해방 직후 한꺼번에
출판사가 그야말로 우후죽순 격으로 생겨나니까 인쇄소, 제본소 사정
도 순조로울 수 없었지요.3)

먼저 생각나는 것은 한글 활자 만들던 일입니다. 일제 조선총독부의
우리말 말살정책으로 우리말 활자가 없다시피 했지 않습니까? 그런데
당시 日政이 활자는 없앴으나, 주조기나 자모를 없애라고는 안했어요.
그래서 그 한글 자모를 꺼내다가 장작불을 피워 鑄字를 했습니다.
…… 그 활자로 내가 처음 찍은 것이 『한글 첫걸음』이었습니다. 이 책
은 해방 후 최초로 발간된 교과서로서, …… 120만 부를 찍어서 다 팔
았습니다.4)

위의 증언들은 일제의 검열이라는 외적 규제가 없어진 상황임에도 불
구하고, 출판계의 상황은 이전과 별로 차이가 없었음을 잘 보여준다. 또한
폭발적인 수요와 부족한 공급이라는 반비례 현상이 나타났다. 우리말 책
에 대한 폭발적인 수요에 비해,5) 한글 활자와 인쇄용지가 턱없이 부족하
여 출판 자체가 위협받는 상황이었다. 거기다 인쇄기술자의 80% 이상을

---

3) 이경훈, 1993, 374-375쪽. 해방 직후 正音社에서 근무했던 尹在瑛의 증언이다.
4) 大韓出版文化協會 編, 1987, 『大韓出版文化協會 40年史』, 大韓出版文化協會, 43쪽. 朝鮮教
學圖書株式會社 사장 崔相潤의 증언이다.
5) 崔鉉培의 장남으로 해방 후 正音社를 이끌었던 崔暎海는 이 시기의 책에 대한 수요를 "解
放 直後에는 發刊되는 書籍마다 發刊만 되면 곧 讀者 손으로 넘어가던 것"이라고 회고하였
다(崔暎海, 1949, 「出版界의 回顧와 展望」, 『出版大鑑』, 朝鮮出版文化協會, 5쪽).

차지하던 일본인들이 귀국하면서, 가동하지 못하는 인쇄소가 속출하고 있었다.6) 해방과 함께 출판계는 말 그대로 최악의 상황에 직면하게 된 것이다.

'지방 정가'라는 용어가 출현할 정도로 우리말로 된 책에 대한 수요가 폭발적이었지만, 출판계는 정상적인 방법으로는 이러한 상황에 대응할 수 없었다.7) 이에 출판계는 두 가지 방법으로 이를 타개하고자 하였다. 하나는 일제강점기에 출간된 책의 '지형(紙型)'이 존재하는 경우로, 그 때는 지형을 이용하여 책을 '복간'하였다. 또 다른 하나는 '지형'이 존재하지 않는 경우로, 그 때는 프린트 본을 제작하였다. 폭발적인 책의 수요에 대응하기 위해 새로운 책을 집필한다는 것은 인력이나 시간 모두에서 문제가 있었기 때문이다.8)

이처럼 객관적인 제약 요소에도 불구하고 한글 책에 대한 폭발적인 수요로 인해 출판계의 성장은 두드러졌다. 1945년 말까지 등록된 출판사는 모두 45개에 불과하였는데, 1946년에는 그 수가 150여개로 증가하였다. 1947년 581개로 비약적인 증가세를 보인 출판사 수는 1948년 말에는 792개까지 급증하였다.9)

출판사의 급증은 출판물의 폭발적인 증가로 이어졌다. 해방 후부터 1948년까지 3년여의 기간 동안 대략 2,000여종 내외의 단행본이 발행되었다.10)

---

6) 趙誠出, 1997, 『韓國印刷出版百年』, 寶晉齋, 403쪽.
7) '지방 정가'란 폭발적인 수요와 공급의 부족, 유통망의 미비 등으로 인해 지방에서는 정가의 10%를 가산해서 판매하는 것을 지칭한 것이다(이중한・이두영・양문길・양평, 2001, 『우리 출판 100년』, 현암사, 97쪽).
8) 박종린, 2014b, "해방 직후 한국통사와『增訂 中等朝鮮歷史』",『민족문화연구』64, 220-221쪽.
9) 金昌集, 1949, 「出版界의 4年」, 『出版大鑑』, 朝鮮出版文化協會, 4쪽.
10) 이 기간 동안 몇 종의 단행본이 발행되었는지는 알 수 없다. 당대의 자료인『出版大鑑』에 의하면 '1,720종'이 확인되고, 최근의 조사에 의하면 '2,535종'(오영식, 2009, 『해방기 간

그렇다면 이러한 출판물 가운데 가장 큰 영향력을 가졌던 것은 무엇이었을까?

> 해방 직후, 공산주의 팜플렛이 홍수처럼 범람했던 그 시절, 나는 흡사 며칠을 굶어 눈깔이 뒤집힌 맹수처럼 그런 류의 서적들을 닥치는 대로 이것저것 독파했던 기억이 나오. 일본 경제학 전집에 수록된 공산주의 경제학설의 원조인 『경제학대강』을 비롯해서 마르크스의 『자본론』이라든가, 『反듀링론』, 레닌의 『공산주의 좌익소아병』, 『피아토니크 조직론』, 『스탈린 선집』 등을 밤을 새워 가면 충혈된 눈으로 탐독했던 나의 태도는 가히 광적이었다고 해도 좋소.11)

> 46년 봄부터 서서히 좌익사상을 선전하는 '팜플렛'이 쏟아져 나오기 시작했다. 46년 1년간은 이러한 이념 팜플렛이 서점을 가득히 메웠고 학생들은 이러한 '팜플렛'을 읽고 사상청년으로 변해 갔다. 46년 한 해 출판계는 팜플렛을 만드는 일이 전부였다 해도 과언이 아닐 것이다.12)

위의 회고를 통해 알 수 있는 것처럼 해방 후 발행된 출판물들 가운데 가장 영향력 있는 것은 좌익서적이었다.13) '범람'이라고 표현될 정도로 좌

행도서 총목록 1945-1950』, 소명출판, 17쪽)의 단행본이 발행되었다고 한다. 그러나 '2,535종'이 전부라고는 할 수 없다. 일례로 〈표 39〉와 〈표 41〉, 〈표 42〉에서 필자가 언급한 책들 가운데는 『해방기 간행도서 총목록 1945-1950』에 수록되지 않은 책들이 존재하기 때문이다. 이는 해방 후의 사회적 상황과 이데올로기 대립 등으로 인해 이 시기에 발행된 단행본과 프린트본이 도서관 등에 수집되지 못하였고, 실물을 확인할 수 없는 경우가 많기 때문이다(박종린, 2014b, 223쪽).

11) 임민택, 1990, "落書", 박인도 外 6人, 『삶을 묻는 그대에게』, 世代, 30쪽. 임민택은 해방 후 조선공산주의 청년동맹에서 활동했던 인물이다.
12) 송건호, 1987, "분단 42년과 나의 독서편력", 『역사비평』 1, 335쪽.
13) "출판물로는 좌익서적이 거의 판을 치다시피"했다는 黃宗洙의 회고가 이를 대변한다(黃宗洙, 1990, 『나의 出版小話』, 普成社, 81쪽).

익서적이 쏟아져 나왔는데, 그것은 좌익서적 수요에 대한 반응이라고 할 수 있다.[14)]

출판사의 속출과 출판물의 범람이라는 현상 속에서 좌익서적의 출판과 관련하여 중요한 위상을 가진 단체가 출현하였다. 조선좌익서적출판협의회(朝鮮左翼書籍出版協議會)가 바로 그것이다.

> 과거의 일본제국주의의 압박으로 박해를 받던 좌익서적의 출판을 동일한 계통으로 통제하야 '맑스'·'레-닌'주의의 이론을 대중에 알리기 위하야, **일전**(강조는 인용자)에 서울 모처에서 '동무사', '해방사(解放社)' 등 좌익서적 출판 관계자 대표가 모여 협의한 결과 조선좌익서적출판협의회(朝鮮左翼書籍出版協議會)를 창립하였는바[15)]

앞의 기사는 조선좌익서적출판협의회에 대한 매우 중요한 몇 가지 정보를 제공한다. 첫째, 조선좌익서적출판협의회의 조직 시점이다. 조선좌익서적출판협의회가 존재했던 기간은 해방 후 좌익서적의 출판 경향과 그 특징을 고찰하는데 매우 중요한 사항이다. 그러나 종래 조선좌익서적출판협의회의 조직 시점에 대해서는 논란이 있었다.[16)] 이와 관련하여 위의 기

---

14) 해방 직후 200여개의 고서점에서 '좌익서적'은 매상의 80~90%를 점유하였다고 한다(「哲學 책이 首位, 最近 古書적 販路」, 『朝鮮中央日報』1949. 1. 18).
15) 「左翼書籍出版協議會」, 『中央新聞』 1945. 11. 2.
16) 종래 출판계의 주된 견해는 朝鮮左翼書籍出版協議會가 1946년의 어느 시점에 조직되었다는 것이다. 이 견해는 "朝鮮出版文化協會가 胎動하게 된 것은 이 左協(朝鮮左翼書籍出版協議會; 인용자)이 組織된 後 數個月이 지난 1947년 2월경이었다."라는 朝鮮出版文化協會 사무국장 姜尙雲의 서술에 기반하고 있다(姜尙雲, 1949, 「朝鮮出版文化協會小史」, 『出版大鑑』, 朝鮮出版文化協會, 108쪽). 이후 정진숙은 "1946년 3월 朝鮮左翼書籍出版協議會라는 것이 조직되어 모택동『聯合政府論』을 간행하기도 했다."라고 하여 '1946년 3월'(鄭鎭肅, 「그때 그일들 57 - 설치는 左翼宣傳物」, 『東亞日報』1976. 3. 10)을 朝鮮左翼書籍出版協議會의 조직 시점으로 주장하였다. 이에 비해 조성출은 '1946년 9월'(趙誠

사에서 '일전'이라는 시점은 주목을 요한다. 위 기사는 『중앙신문(中央新聞)』 1945년 11월 2일자이므로, 1945년 10월 말이 조선좌익서적출판협의회가 조직된 시점임을 유추할 수 있기 때문이다.

조선좌익서적출판협의회가 언제까지 활동을 전개했는지는 불분명하다. 그러나 조선좌익서적출판협의회는 1947년 2월 하순 조선출판문화협회(朝鮮出版文化協會)의 발기인의 하나로 자신들이 거명된 것에 대해, 자신들은 조선출판문화협회와 무관하다는 입장을 공식적으로 표명하였다.[17] 이것으로 보아 1947년 어느 시기까지는 존재한 것으로 보인다.

둘째, 조선좌익서적출판협의회의 성격이다. 조선좌익서적출판협의회는 좌익서적을 출판하던 출판사들의 협의체로 조직되었는데, 좌익서적의 출판을 통해 맑스·레닌주의를 대중에게 선전하는데 주력하였다. 그리고 그러한 활동을 효율적으로 전개하기 위해 회원 출판사 사이의 중복 출판을 통제하고 조정하는 역할을 전개하였다.

그렇다면 조선좌익서적출판협의회가 주도했던 중복 출판에 대한 조정은 잘 진행되었는가? 맑스주의 원전 번역서의 경우는 〈표 41〉과 〈표 42〉를 통해 확인이 가능한데, 조선좌익서적출판협의회의 통제와 조정 기능은 매우 성공적임을 알 수 있다.[18]

出, 1997, 447쪽)을 주장하였다. 그러나 최근 '1945년 10월 무렵'(이중연, 2005, 『책, 사슬에서 풀리다 - 해방기 책의 문화사』, 혜안, 55-56쪽)이나 '1945년 하반기'(오영식, 2009, 22쪽)에 조직되었다는 주장들이 대두되었다.
17) 「出版協會와 無關」, 『獨立新報』 1947. 2. 26.
18) 조성출은 『맑스·레닌주의 경제학교정』(전4권)이 노농사와 조선문학사에서, 『스탈린선집』(전8권)은 노농사와 청년사 그리고 조선맑스·엥겔스·레닌연구소에서, 『모택동·주덕선집』(전4권)은 창인사와 신문화연구소에서 중복 출판되었다고 주장하였다(趙誡出, 1997, 447쪽). 그러나 『맑스·레닌주의 경제학교정』(전4권)은 '조선문학사'에서만 출판되었고, 『스탈린선집』(전8권)도 '노농사'에서만 출판되었다. 그리고 『모택동·주덕선집』

해방 직후 5종이 출간된『공산당선언』을 제외한다면, 조선좌익서적출판협의회가 존재했던 기간 동안 중복 출판된 출판물은『임금 노동과 자본』이 유일하기 때문이다. 그러나『임금 노동과 자본』을 출판한 대성출판사와 동화출판사는 모두 조선좌익서적출판협의회의 멤버가 아니라는 점에서『임노동과 자본』의 중복 출판은 조선좌익서적출판협의회의 통제와 조정의 문제와는 차원이 다른 문제이다. 이 시기 좌익서적의 열풍 속에서 좌익서적을 주로 출판하는 출판사가 아님에도 불구하고 좌익서적을 출판하는 출판사가 속출했는데, 동화출판사는 바로 그런 출판사의 하나라고 할 수 있다. 동화출판사의 출판물 '리스트'[19]를 살펴보면『임금 노동과 자본』의 번역본은 매우 이질적이기 때문이다.

조선좌익서적출판협의회의 활동과 기능에 대한 평가는 당대에도 긍정적이었다. 이는 민주주의민족전선의 다음과 같은 언급에서도 찾을 수 있다.[20]

> 左翼書籍이 比較的 階級的으로 民主主義 發展을 위하여 計劃的으로 進行되고 있는 것은 左翼書籍 出版業者가 營利를 副次的으로 하고 民主主義 發展을 위하여 獻身的 努力을 하고 있다는 事實에 基因한 것이다. 이 業者들은 自己自體의 統制機關으로 朝鮮左翼書籍出版協議會를 組織하고 民主主義的 分明한 出版路線을 세운 것, 이 路線에 의하여 飜譯 또는 著書를 勿論하고 原稿를 檢討하여 朝鮮建國의 民主主義的 路線

(전4권)은 창인사나 신문화연구소가 아닌 '신인사'에서 출판되었다.
19) 『흥부와 놀부』·『註解 龍飛御天歌』·『소년旗手』·『東洋史槪觀』·『부기회계』등의 책을 출판하였다(오영식, 2009, 103-104쪽).
20) 1946년 1월 19일 29개 정당·단체 대표 60여명이 民主主義民族戰線 준비위원회를 결성하였는데, 그 때 朝鮮左翼書籍出版協議會도 그 가운데 하나로 참여하였다(「民主主義民族戰線 結成, 29個 政黨團體代表 會合」,『中央新聞』1946. 1. 21).

아니면 營業的 損失을 不顧하고 出版을 中止한 것, 또 相互競爭 대신 二重出版을 피할 것 등을 嚴守하여 朝鮮左翼書籍出版協議會에 加盟한 業者의 獻身的 團結에서 將來의 一層 큰 發展을 約束하고 있는 것이다.
　　左翼書籍이 위와 같이 自由競爭을 廢止하고 또 出版에 當하여는 原稿를 選擇하는데 努力을 傾注한 結果는 左翼書籍의 質的 向上을 가져오는 한 편 量的으로 自然히 制限을 받아오게 되었기 때문에 66種에 그친 것이다. 그 代身 種類 外에는 重複된 出版物이 거의 있지 않은 結果로써 그 成果는 將來에도 民主主義 出版文化의 發展을 위하여 매우 좋은 일이라 하겠다.[21]

통제와 조정기관인 조선좌익서적출판협의회는 '민주주의적 노선'에 입각하여, 중복 출판을 지양하고 출판문화 향상에 기여했다는 것이다. 통제와 조정, 그리고 기획에 주력하던 조선좌익서적출판협의회는 그러한 기능과 함께 출판사 등록을 통해 독자적인 출판 활동도 전개하였다.[22] 다음의 〈표 39〉는 조선좌익서적출판협의회가 관련된 출판물 현황을 정리한 것이다. 이를 통해 조선좌익서적출판협의회가 출판사로써 좌익서적을 출판하는 일뿐만 아니라, 집필과 번역 및 감수 등의 활동을 전개했음을 확인할 수 있다.

---

21) 民主主義民族戰線 編, 1946, 『朝鮮解放年報』, 文友印書館, 348쪽.
22) 대표는 '溫樂中'이며, 출판사 등록번호는 '496'이다. 주소지는 '안국동 155번지'였다(1949, 「出版社 一覽表」, 『出版大鑑』, 朝鮮出版文化協會, 60쪽).

〈표 39〉 조선좌익서적출판협의회 관련 출판물 현황

발행시기	저자/역자	서명	출판사	비고
1946. 2	레닌/ 朝鮮共産黨 靑年同盟 出版部	『靑年에게 주는 演說』	朝鮮左翼書籍 出版協議會	출판/ 우리서원 판매23)
1946. 2	엥겔스/ 朝鮮左翼書籍出版 協議會	『유물변증법과 맑쓰주의』	朝鮮左翼書籍 出版協議會	출판/번역
1946. 3	毛澤東/ 申如勤	『聯合政府論』		감수24)/ 우리서원 판매25)
1946. 4	*26)/ 朝鮮左翼書籍 出版協議會 飜譯部	『中國共産黨 最近의 動向』	우리書院 出版部	번역 우리서원 판매27)
?	朝鮮左翼書籍 出版協議會	『메-데-와 朝鮮 프로레타리아-트의 使命』28)	朝鮮左翼書籍 出版協議會	출판/집필

* 출전: 레닌, 朝鮮共産黨 靑年同盟 出版部 譯, 1946, 『靑年에게 주는 演說』, 朝鮮左翼書籍出版協議會; 朝鮮出版文化協會, 1949, 『出版大鑑』, 朝鮮出版文化協會; 毛澤東, 申如勤 譯, 1946, 『聯合政府論』; 朝鮮左翼書籍出版協議會 飜譯部 譯, 1946, 『中國共産黨 最近의 動向』, 우리書院 出版部; 朝鮮左翼書籍出版協議會, ?, 『메-데-와 朝鮮프로레타리아-트의 使命』, 朝鮮左翼書籍出版協議會.

이러한 활동이 가능했던 것은 조선좌익서적출판협의회가 조직될 때, 기획과 출판 및 번역 등을 담당하는 다음과 같은 임원진을 구성하였기 때문이다.

---

23) 레닌, 朝鮮共産黨 靑年同盟 出版部 譯, 1946, 『靑年에게 주는 演說』, 朝鮮左翼書籍出版協議會, 「판권」 참조.
24) 朝鮮左翼書籍出版協議會가 감수하였다(毛澤東, 申如勤 譯, 1946, 『聯合政府論』, 「표지」 참조).
25) 毛澤東, 申如勤 譯, 1946, 「판권」 참조.
26) 중국공산당의 문건 5편과 아발린의 글 1편, 그리고 史乃展의 글 1편 등 모두 7편을 '編譯'한 것이다(朝鮮左翼書籍出版協議會 飜譯部 譯, 1946, 『中國共産黨 最近의 動向』, 「譯者序」 참조).
27) 朝鮮左翼書籍出版協議會 飜譯部 譯, 1946, 「판권」 참조.
28) '左協 리프레트 제3집'이다(朝鮮左翼書籍出版協議會, ?, 『메-데-와 朝鮮프로레타리아-트의 使命』, 朝鮮左翼書籍出版協議會, 「표지」 참조).

의장 溫樂中, 기획부장 溫樂中, 기획부원 崔成世, 崔昇宇, 李哲, 金順龍, 번역부장 李哲, 출판부장 金陽壽, 배포연락부장 李昌勳, 도서부장 李相昊29)

조선좌익서적출판협의회는 또한 조선공산당과 밀접한 관계를 가지고 있었다. 그것은 조선좌익서적출판협의회 임원들의 면면과 본부 사무소의 위치에서 잘 드러난다. 조선좌익서적출판협의회의 의장인 온낙중(溫樂中)은 일제강점기 ML파의 일원으로 조선공산당 활동을 전개하였고, 해방 후에는 민주주의민족전선 중앙위원을 지낸 인물이었다.30) 번역부장인 이철(李哲)은 경성제국대학 출신으로, 해방 후 조선인민공화국과 남조선노동당에서 활동한 인물이다.31) 또한 기획부원 가운데 김순룡(金順龍)은 김삼룡(金三龍)의 6촌 동생으로 일제강점기 경성콤그룹의 기관지 출판부원으로 활동했던 인물이었고,32) 최승우(崔昇宇)는 조선공산당 중앙위원회 산하 조선맑스·엥겔스·레닌연구소의 대표였다.33)

조선좌익서적출판협의회는 본부 사무소를 "서울 안국정 행림서원(杏林書院) 안"34)에 두었다. 그렇다면 행림서원은 어떤 곳이었나? 다음의 자료를 통해 행림서원의 위치와 그 위치가 갖는 의미를 파악할 수 있다.

---

29) 「左翼書籍出版協議會」, 『中央新聞』 1945. 11. 2.
30) 溫樂中에 대해서는 강만길·성대경 엮음, 1996, 『한국사회주의운동인명사전』, 창작과비평사, 290쪽 참조.
31) 李哲의 활동에 대해서는 그와 경성제국대학 동창인 김성칠의 기록(김성칠, 1993, 『역사 앞에서』, 창작과비평사)을 참조.
32) 金順龍에 대해서는 강만길·성대경 엮음, 1996, 88쪽 참조.
33) 全同盟共産黨 中央委員會 所屬 政治出版部 編, 李世麟 譯, 1947, 『마륵스·엔겔스·레-닌·쓰딸닌 傳記』, 「飜譯者 序」 참조; 1949, 「出版社 一覽表」, 『出版大鑑』, 朝鮮出版文化協會, 56쪽.
34) 「左翼書籍出版協議會」, 『中央新聞』 1945. 11. 2.

> 杏林書院으로부터 安國洞에 있는 2층 건물을 매수하였는데 …… 아래층에는 서적과 신문을 팔고 간판에는 우리書院이라고 붙어있었다. 2층에는 좌익계통 사람의 왕래가 심하였는데 ……35)

안국정 155번지에 위치했던 행림서원은 2층으로 된 건물이었는데, 1945년 7월 행림서원으로부터 정기섭(鄭起燮)으로 소유권이 이전되었다.36) 위의 증언에서 "좌익계통 사람의 왕래가 심"했던 행림서원 건물 2층은 혜화동에 있던 김해균(金海均)의 집과 함께 박헌영(朴憲永)이 주도한 재건파 조선공산당 아지트 가운데 하나로, 조선공산당의 재건 준비 활동이 진행되던 사무실이었다.37)

바로 그 건물 1층에는 우리서원이 입주하였다. 조선좌익서적출판협의회의 본부 사무소가 설치된 곳이 바로 우리서원이었다. 이후 우리서원은 여러 차례 주소지를 이전하였지만,38) 조선좌익서적출판협의회가 활동하던 1947년의 일정 시점까지 조선좌익서적출판협의회의 출판물을 유통시키는 기능을 담당하였다.39)

---

35) 「李觀述 第三日公判」, 『獨立新報』 1946. 10. 20. '朝鮮精版社事件'의 증인인 鄭永其의 증언이다. 그는 행림서원 건물의 소유주인 鄭起燮의 장남이다.
36) 「左翼書籍案內」, 『中央新聞』 1945. 11. 15; 「李觀述 第三日公判」, 『獨立新報』 1946. 10. 20.
37) 박갑동, 1983, 『박헌영』, 인간사, 113-148쪽.
38) '安國町 155번지'에 있던 우리서원은 1945년 12월 말 '慶雲町 69번지'(레-닌, 社會科學研究會 譯, 1945, 『國家論』, 社會科學研究會, 「판권」 참조)로 이전하였다. 1946년 2월경에는 '寬勳町 144번지'(레-닌, 朝鮮共産黨 靑年同盟 出版部 譯, 1946, 『靑年에게 주는 演說』, 朝鮮左翼書籍出版協議會, 「판권」 참조)로 다시 이전하였다가, 그 해 6월 '慶雲町 96번지'(「우리書院 通信欄 第7輯」, 『中央新聞』 1946. 6. 27; 民主主義民族戰線 編, 1946, 『朝鮮解放年報』, 文友印書館, 「내지 광고」 참조)로 이전하였다.
39) 朝鮮左翼書籍出版協議會의 '直賣所'(「左翼書籍案內」, 『中央新聞』 1945. 11. 15; 레-닌, 社會科學研究會 譯, 1945, 『國家論』, 社會科學研究會, 「판권」 참조)나 '總分配所'(엔겔쓰, 社會科學研究會 譯, 1945, 『科學的 社會主義』, 社會科學研究會, 「판권」 참조) · '總分賣所'(엔 · 레-닌, 朝鮮産業勞動調査所 譯, 1946, 『社會主義와 宗敎』, 우리문화사, 「판권」 참조;

그렇다면 조선좌익서적출판협의회에는 어떤 출판사들이 참여하였는 가? 종래 연구에서 조성출은 '건설출판사, 노농사, 대성출판사, 동광당, 동무사, 동성사, 동심사, 서울출판사, 신문화연구소, 신인사, 우리문화사, 인민사, 인민평론사, 조선맑스·엥겔스·레닌연구소, 조선문학사, 청년사, 해방출판사, 헌문사'40) 등 18개의 출판사를 조선좌익서적출판협의회의 멤버로 거명하였다. 이에 대해 오영식은 실물 확인을 통해 '노농사, 동심사, 신문예사, 우리서원출판부, 적성문화사, 해방사'41) 등 6개의 출판사가 조선좌익서적출판협의회의 회원임을 밝혔다.

조선좌익서적출판협의회에 참여했던 출판사들에 대한 공식적인 기록을 찾을 수 없는 상황에서, 사회주의 관련 출판물을 출판한 곳 가운데 지금까지 필자가 확인한 조선좌익서적출판협의회의 멤버는 다음의 15개 출판사이다.42)

「우리書院 通信欄 第7輯」, 『中央新聞』 1946. 6. 27)·'總販賣所'(레-닌, 朝鮮共産黨 青年同盟 出版部 譯, 1946, 『青年에게 주는 演說』, 朝鮮左翼書籍出版協議會, 「판권」 참조)의 기능을 담당하였다.

40) 趙誠出, 1997, 447쪽. 근거를 제시하지 않았고, 거명된 출판사들 가운데는 좌익서적 출판과는 무관한 출판사들이 다수 있다는 점에서 이러한 주장에는 문제가 있다.

41) 오영식, 2009, 22쪽.

42) 멤버 여부는 기본적으로 출판물을 확인하여 판단하였다. 동무사와 해방사는 朝鮮左翼書籍出版協議會의 조직 기사(「左翼書籍出版協議會」, 『中央新聞』 1945. 11. 2)에서 확인할 수 있다. 또한 우리서원을 통해 출판물을 판매하는 출판사의 경우는 朝鮮左翼書籍出版協議會의 멤버일 가능성이 높다고 생각한다. 신농민사와 해방출판사는 다음의 우리서원 광고에서 확인한 것이다. 『現情勢와 우리의 任務』(조선공산당 중앙위원회), 『共産主義原則』(동심사), 『소聯의 憲法』(우리문화사), 『소련 노동자농민의 生活』, 『스트라이크 指導의 一般的 原則』, 『階級鬪爭』, 『피아토니스키 組織論』(노농사), 『資本主義의 カラクリ』, 『テ-ゼ集』 2, 3(「左翼書籍案內」, 『中央新聞』 1945. 11. 15); 『레닌주의基礎』(노농사), 『紅軍從軍記』(동심사), 『一般情勢와 朝鮮의 進路』(조선공산당 중앙위원회), 『素人劇脚本 變遷』(신농민사), 『唯物史觀經濟史』(적성문화사), 『朝鮮의 土地制度와 北鮮 土地改革의 意義』(해방출판사), 『産勞時報』(「우리書院 通信欄 第7輯」, 『中央新聞』 1946. 6. 27). 출판

노농사,43) 동무사, 조선맑스·엥겔스·레닌연구소,44) 동심사,45) 사회과학연구회,46) 사회과학총서간행회,47) 신농민사, 신문예사,48) 우리문화사,49) 우리서원출판부,50) 인민문화사,51) 조선경제연구소,52) 적성문화사,53) 해방사,54) 해방출판사

이를 통해 좌익서적을 주로 출판했던 출판사라거나 또는 좌익서적을 출판했다는 것만으로 관련 출판사들이 모두 조선좌익서적출판협의회에 참여한 것이 아님을 알 수 있다. 그러나 대표적인 좌익서적 출판물을 출판했던 위의 출판사들이 조선좌익서적출판협의회의 멤버로 참여한 것은 중요한 의미를 갖는다. 〈표 41〉과 〈표 42〉를 검토해 보면, 1945년과 1946년에 조선좌익서적출판협의회의 멤버들이 출판한 맑스주의 원전의 비율은

물 뒤 () 안의 출판사는 필자가 조사하여 첨부한 것이다.
43) 니코라이·레닌, 勞農社 譯, 1945,『카ー르·맑스』, 勞農社,「판권」참조.
44) 레닌, 朝鮮맑쓰·엥겔스·레닌硏究所 譯, 1946,『레닌선집』제2권, 朝鮮맑쓰·엥겔스·레닌硏究所,「내지 날인」참조; 레닌, 朝鮮맑쓰·엥겔스·레닌硏究所 譯, 1946,『레닌선집』제16권, 朝鮮맑쓰·엥겔스·레닌硏究所,「내지 날인」참조.
45) 칼·맑스, 성홍철 譯, 1947,『革命과 反革命』, 同心社,「판권」참조.
46) 엥겔쓰, 社會科學硏究會 譯, 1945,『科學的 社會主義』, 社會科學硏究會,「판권」참조; 레닌, 社會科學硏究會 譯, 1945,『國家論』, 社會科學硏究會,「판권」참조.
47) 레닌, 社會科學叢書 刊行會 譯, 1946,『국가와 혁명』, 社會科學叢書 刊行會,「판권」참조; 레닌, 印貞植 譯, 1946,『무엇을 할 것인가?』, 社會科學叢書 刊行會,「판권」참조.
48) 河上肇, 1945,『階級鬪爭의 必然性과 그 必然的 轉化』, 新文藝社,「판권」참조. 이 책은 河上肇의 1926년 책(河上肇, 1926,『階級鬪爭の必然性とその必然的轉化』, 弘文堂書房)을 일본어 그대로 1945년 11월 25일 발행한 것이다.
49) 엔·레닌, 朝鮮産業勞動調査所 譯, 1946,『社會主義와 宗敎』, 우리문화사,「판권」참조. 우리문화사는 조선공산당의 조사연구기관이었던 조선산업노동조사소가 직영한 출판사이다(高峻石, 정범구 옮김, 1989,『解放·1945~1950 - 공산주의운동사의 증언』, 한겨레, 84쪽).
50) 朝鮮左翼書籍出版協議會 飜譯部 譯, 1946,『中國共産黨 最近의 動向』,「판권」참조.
51) 1945,『朝鮮共産黨行動綱領』, 人民文化社,「판권」참조.
52) 朝鮮經濟硏究所 編, 1946,『十一月革命의 敎訓』, 朝鮮經濟硏究所,「내지 날인」참조.
53) 라비투스, 車東煩 譯, 1946,『唯物史觀經濟史』, 赤星文化社,「판권」참조
54) 피앳트닛키, 1946,『組織論』, 解放社,「판권」참조.

전체 25종 가운데 16종으로 64%를 차지하고 있기 때문이다. 특히 레닌의 저작의 경우는 15종 가운데 12종, 즉 80%가 조선좌익서적출판협의회의 멤버들이 출판한 책이었다. 이는 조선좌익서적출판협의회가 좌익서적의 출판을 통해 맑스·레닌주의를 대중에게 선전하고, 회원 출판사 사이의 중복 출판을 통제하고 조정하는 역할을 효율적으로 전개하는데 밑바탕이 되었다.

이러한 좌익서적 가운데 해방 후 1년 동안 가장 이채를 띠었던 것은 소책자의 형태로 발행된 사상관련 '팜플렛'이었다.[55] 이후 좌익서적의 출판은 '팜플렛'뿐 아니라 사회주의자들의 저술이나 번역서 등으로 확대되었다. 이렇게 발행되기 시작한 사회주의 사상 서적의 연장선에서 맑스주의 원전도 번역되어 출판되었다.

---

55) 崔暎海는 특히 해방 후 1년을 '政治思想 팜플렛 時節'이라고 회고하고 있다(崔暎海, 1946, 6쪽).

제 2 장
맑스주의 원전 번역의 양상과 특징들

해방 후 3년간 번역·출판된 맑스주의 원전의 양은 얼마나 되며, 어떤 저작들이 번역되어 출판되었을까? 다음의 〈표 40〉은 해방 후부터 1948년까지의 기간 동안 번역·출판된 맑스주의 원전 저작의 현황을 계량화한 것이다.

〈표 40〉 해방 후(1945~1948) 맑스주의 원전의 번역·출판 현황

저자/연도	1945	1946	1947	1948	合
맑스·엥겔스	7	5	5	5	22
레닌	2	13	6	1	22
合	9	18	11	6	44

〈표 40〉을 통해 이 기간 동안 맑스와 엥겔스의 저서 22종과 레닌의 저서 22종, 즉 모두 '44종'의 책이 번역되어 출판된 것을 확인할 수 있다. 이는 이 기간 동안 발행된 전체 단행본 '2,535종'[1)]의 1.73%에 해당되는 것으

---

1) 해방 후부터 1948년까지 발행된 단행본은 2,535종으로, 1945년 128종, 1946년 719종,

로, 번역·출판된 맑스주의 원전의 비율이 낮지 않음을 알 수 있다.

발행된 전체 단행본 가운데 맑스주의 원전이 차지하는 비율은 연도별로 1945년에는 7.03%, 1946년에는 2.5%, 1947년에는 1.48%, 1948년에는 0.63%를 차지한다. 이를 통해 그 해 발행된 단행본 가운데 맑스주의 원전이 차지하는 비율은 해마다 차이가 심한데, 1945년과 1946년만 해방 3년 동안의 평균인 1.73%를 상회하고 있음을 알 수 있다. 또한 그 비율은 1945년부터 1948년까지 지속적으로 하락하고 있음을 알 수 있다.

이러한 양상은 양적으로도 확인되는데, 맑스주의 원전의 월 평균 발행 종수는 1945년과 1946년에는 약 1.5권이던 것이 1947년과 1948년에는 각각 0.7권과 0.5권으로 급락하고 있다. 이는 맑스주의 원전의 번역·출판과 해방 공간의 정치적인 상황 변화가 밀접하게 연관되어 있었기 때문이다. 이와 관련하여 맑스주의 원전 번역 가운데 가장 늦게 출판된『평화혁명론(平和革命論)』의 출판 시점이 제2차 미·소공동위원회가 휴회되기 전인 1947년 7월이라는 점은 매우 시사적이다.[2] 한반도에서 단정수립정책을 전개하던 미국이 한반도 문제를 유엔으로 이관시키는 일면, 미군정을 통해 남조선노동당을 불법화하고 '반공'을 강조하는 흐름과 관련되어 있었기 때문이다.

그렇다면 이 기간 동안 실제로 어떤 맑스주의 원전들이 번역·출판되었

1947년 743종, 1948년 945종이 발행되었다고 한다(오영식, 2009, 17쪽). 이 수치는 프린트 본이나 출간된 단행본 가운데 누락된 것이 눈에 띈다는 점에서 일정한 한계를 갖는다. 그러나 이 조사가 현재까지 가장 방대한 자료를 정리하고 있다는 점과 일부 누락에도 불구하고 이 시기 출판의 전체적인 경향성을 유추하는데 문제가 없다는 점에서 이용하였다.

2)『平和革命論』출판 이후에도 1948년까지『資本論』(서울出版社)·『經濟學批判 序說』(正音社)·『반듀-링그론: 哲學篇』·『唯物論과 經驗批判論』(大成出版社) 등이 출판되었다. 그러나 좌익출판사들에 의한 맑스주의 원전 번역·출판은 1947년 중반을 기점으로 종언을 고하였다고 할 수 있다.

는가? 다음의 〈표 41〉과 〈표 42〉는 각각 이 기간 동안 번역·출판된 맑스와 엥겔스의 저작과 레닌의 저작을 정리한 것이다.

〈표 41〉 해방 후(1945~1948) 맑스와 엥겔스 저작의 번역·출판 현황

발행 연도	서명	역자	출판사
1945	『共産黨宣言』	勞動戰線 編輯部	勞動戰線社[3]
	『공산당선언』	조선 맑쓰·엥겔스·레닌·스탈린연구소	동무사
	『共産黨宣言』	新人社	新人社
	『공산당선언』	일신사	일신사
	『공산당선언』	혁명사	혁명사
	『共産主義 原則 - 共産黨宣言에 關한 草案』	朝鮮社會科學硏究所	民心社
	『科學的 社會主義』	社會科學硏究會	社會科學硏究會
1946	『社會主義의 發展: 空想에서 科學으로』	김상형	玄友社
	『임금노동과 자본』	조선학술연구회	동화출판사
	『賃勞動과 資本』	田元培	大成出版社
	『맑스·엥겔스 藝術論』[4]	朴贊謨	建設出版社
	『유물변증법과 맑쓰주의』	조선좌익서적 출판협의회	조선좌익서적 출판협의회
1947	『家族·私有財産 및 國家의 起源』	金相澄	玄友社
	『資本論』 第1卷 第1分冊	崔英澈·全錫淡·許東	서울출판사
	『資本論』 第1卷 第2分冊	崔英澈·全錫淡·許東	서울출판사
	『資本論』 第1卷 第3分冊	崔英澈·全錫淡·許東	서울출판사
	『革命과 反革命』	성홍철	同心社
1948	『經濟學批判 序說』	洪斗杓	正音社
	『반듀-링그론: 哲學篇』	田元培	大成出版社

	『資本論』第1卷 第4分冊	崔英澈·全錫淡·許東	서울출판사
	『資本論』第2卷 第1分冊	崔英澈·全錫淡·許東	서울출판사
	『資本論』第2卷 第2分冊	崔英澈·全錫淡·許東	서울출판사

〈표 42〉 해방 후(1945~1948) 레닌 저작의 번역·출판 현황

발행연도	서명	역자	출판사
1945	『國家論』	社會科學硏究會	社會科學硏究會
	『카-ㄹ·맑스』	勞農社	勞農社
1946	『레닌선집』 제5권 상부5)	朝鮮맑쓰·엥겔스·레닌 硏究所	創人社 出版部
	『레닌선집』 제16권6)	朝鮮맑쓰·엥겔스·레닌 硏究所	朝鮮맑쓰·엥겔스·레닌 硏究所
	『국가와 혁명』	社會科學叢書 刊行會	社會科學叢書 刊行會
	『맑스主義의 源泉과 構成』7)	노농사	노농사
	『무엇을 할 것인가?』8)	印貞植	社會科學叢書 刊行會
	『민주주의와 독재』	사회과학연구회	사회과학연구회
	『貧農에게』	李正一	民主文化社
	『史的唯物論體系』9)	鄭一然	三省社

3) 『共産黨宣言』의 발행소가 「판권」에는 '玄友社'로 되어 있다(칼-·맑스·프리-드리히·엥겔스, 勞動戰線 編輯部 譯, 1945, 『共産黨宣言』, 勞動戰線社, 「판권」 참조). 이로 인해 최근의 목록에서는 '玄友社'에서 출판된 것으로 정리하고 있다(오영식, 2009, 271쪽). 또한 1946년 '玄友社'에서 발행한 한 출판물 광고란의 '旣刊書籍' 목록에 『共産黨宣言』이 제시되어 있다(프리-드리히·엥겔스, 김상형 譯註, 1946, 『社會主義의 發展: 空想에서 科學으로』, 玄友社, 「광고」 참조). 그러나 1945년판의 경우 번역자가 '勞動戰線 編輯部'이고, 표지에 '勞動戰線社 發行'이라고 표기되어 있는 점 등을 고려하여 '勞動戰線社'로 비정하였다.
4) 본문은 모두 22개의 부분으로 구성되어 있다(맑스·엥겔스, 朴贊謨 譯, 1946, 『맑스·엥겔스 藝術論』, 건설출판社, 「後註」 참조). 각 부분의 말미에는 '註'가 달려 있는데, 인용 주이다. 인용된 부분은 1개를 제외하면 모두 맑스와 엥겔스의 저작에서 인용한 것이다.

	『社會主義와 宗敎』10)	朝鮮産業勞動調査所	우리문화사
	『帝國主義論』	印貞植	同心社
	『靑年에게 주는 演說』	朝鮮共産黨 靑年同盟 出版部	朝鮮左翼書籍 出版協議會
	『레닌선집』제2권11)	朝鮮맑쓰·엥겔스·레닌 硏究所	朝鮮맑쓰·엥겔스·레닌 硏究所
	『文化와 政治-꼴키-에게 보낸 레-닌 書簡集』	朝鮮文學社 出版部	朝鮮文學社
	『唯物論과 經驗批判論』上	印貞植	文友印書館 出版部
	『唯物論과 經驗批判論』中	印貞植	文友印書館 出版部
1947	『平和革命論』12)	黃啓周	民主文化社
	『國家와 革命』13)	政治經濟硏究會	서울출판사
	『맑스主義의 本質』14)	黃民15)	社會科學叢書 刊行會
	『唯物論과 經驗批判論』上	田元培	大成出版社
1948	『唯物論과 經驗批判論』下	田元培	大成出版社

5) 제5권 상부의 내용은 '1905~1907년 혁명의 성질·동력·전망'이다. 레닌선집은 전 20권으로 구성되어 있다(모스크바 맑쓰·엥겔스·레닌연구소 로문판 번역. 레닌, 朝鮮맑쓰·엥겔스·레닌硏究所 譯, 1946, 『레닌선집』제5권 상부, 朝鮮맑쓰·엥겔스·레닌硏究所, 「내지 標題」·「판권」참조).
6) 제16권의 내용은 '공산주의에 있어서의 '좌익'소아병'이다. '1934년 10월 5일 모스크바 외국노동자 출판부에서 발행'한 것을 '1946년 2월 10일 조선에서 한글 철자법으로 증정 간행' 했음을 밝히고 있다(레닌, 朝鮮맑쓰·엥겔스·레닌硏究所 譯, 1946, 『레닌선집』제16권, 朝鮮맑쓰·엥겔스·레닌硏究所, 「판권」참조).
7) 人民文庫 제1집으로, 「맑스主義의 三源泉과 三構成部分」·「카ㄹ·맑스의 學說의 歷史的 運命」·「맑스主義와 修正主義」·「歐羅巴 勞動運動에있서서의 意見의 差異」·「프리-드리히·엥겔스」로 구성되어 있다(레닌, 노농사 譯, 1946, 『맑스主義의 源泉과 構成』, 노농사 참조).
8) 레닌文庫 제3집으로 발행되었다. 이 책의 서지 사항은 秀文堂에서 '발행'되었다거나, 秀文堂 '編'이라고 되어 있는 기록이 있다(1949, 「出版目錄」, 『出版大鑑』, 朝鮮出版文化協會, 33·35쪽). 그러나 秀文堂은 '총판매소'이고(레닌, 印貞植 譯, 1946, 『무엇을 할 것인가?』,

맑스·엥겔스와 레닌 저작의 번역·출판 양상을 정리한 〈표 41〉과 〈표 42〉를 검토해 보면 다음과 같은 몇 가지 특징을 확인할 수 있다.

첫째, 동아시아에서 '맑스주의의 3대 경전(經典)'[16)]으로 평가되던 저작들이 모두 번역·출판되었다는 점이다. 식민지 조선에서 '무산계급의 삼대성서'[17)]로도 호칭되었던 세 저작은 『공산당선언』·『유토피아에서 과학

社會科學叢書 刊行會, 「판권」 참조), 社會科學叢書 刊行會에서 발행되었다. 모두 동일한 책이다.
9) 이 책은 '쏘베트高等專門學校敎科書'를 번역한 것이다(레-닌, 아드라츠키 編, 鄭一然 譯, 1946, 『史의唯物論體系』, 三省社, 「표지」 참조).
10) 「社會主義와 宗敎」·「宗敎에 對한 勞動者黨의 態度에 關해서」·「階級 及 黨의 宗敎 及 敎會에 對한 關係」·「戰鬪的 唯物論의 意義에 對하야」로 구성되어 있다(엔·레-닌, 朝鮮産業勞動調査所 譯, 1946, 『社會主義와 宗敎』, 우리문화사 참조).
11) 제2권의 내용은 '푸로레타리아의 헤게모니를 위한 투쟁'이다. '1934년 10월 5일 모스크바 외국노동자 출판부에서 발행'한 것을 '1946년 5월 10일 조선에서 한글 철자법으로 중정 간행' 했음을 밝히고 있고, 인쇄소는 조선정판사이다(레-닌, 朝鮮맑쓰·엥겔스·레닌硏究所 譯, 1946, 『레닌선집』 제2권, 朝鮮맑쓰·엥겔스·레닌硏究所, 「판권」 참조).
12) 「平和革命에 對하야」(野坂參三)·「맑스·엥겔스와 平和革命」(高沖陽造)·「標語에 對하야」(레닌)·「妥協에 對하야」(레닌)로 구성되어 있다(레-닌 외, 黃啓周 譯, 1947, 『平和革命論』, 民主文化社 참조).
13) 사회과학총서 간행회의 번역으로 사회과학총서 간행회가 1946년 발행한 『국가와 혁명』과 동일한 책으로, 단 표지만 상이하다. 사회과학총서 간행회가 발행 책 가운데 현재까지 확인되는 가장 늦게 발행된 것은 1947년 5월 발행된 『맑스주의의 본질』이다. 서울출판사의 『國家와 革命』은 1947년 6월에 발행되었다.
14) 레닌문고 제1집으로 발행되었다. 社會科學叢書 刊行會에서 발행한 레닌문고는 제3집(『무엇을 할 것인가?』)이 1946년 9월에 먼저 출간되었다. 제2집과 제4집인 『인민의 벗은 무엇인가?』와 『두 가지 戰術』이 '近刊'으로 예고되었지만(레-닌, 黃民 譯編, 1947, 『맑스主義의 本質』, 社會科學叢書 刊行會, 「標題」·「광고」 참조), 발행되지 못한 것으로 보인다.
15) '黃民 譯'이 아니라 '黃民 譯編'으로 표기되어 있는데, 이는 본문은 레닌 글의 번역인데 비해 부록은 엥겔스 글의 번역과 황민의 글로 구성되어 있기 때문이다. 본문은 「칼·맑스」·「맑스主義의 三源泉과 三構成部分」·「맑스主義의 本質」·「맑스主義의 歷史的 發展의 若干의 特質」·「맑스學說의 歷史的 運命」로 구성되어 있다. 부록은 「맑스의 歷史的 意義」(엥겔스), 「著者 레-닌에 對하야」(編譯者)로 구성되어 있다(레-닌, 黃民 譯編, 1947, 『맑스主義의 本質』, 社會科學叢書 刊行會).
16) 堺生, 1906, 「科學的社會主義」, 『社會主義硏究』 4, 1쪽.

으로의 사회주의의 발전』·『자본론』이다. 전술한 바와 같이 식민지 조선에서 공간된 것은 일월회 권독사가 출간한『유토피아에서 과학으로의 사회주의의 발전』이 유일하다. 전술한 바와 같이『공산당선언』은 1921년 경성과 상하이, 이르쿠츠크에서 비합법 출판물의 형태로만 출판되었고, 세 저작 가운데『자본론』은 결국 번역되지 못하였다. 대신 '대중판 소자본론'이라는『임금 노동과 자본』과『임금·가격·이윤』이 공식 출판되었다.

일제강점기에 공식적으로 출판되지 못했던『공산당선언』은 〈표 41〉에서 보는 바와 같이, 해방 후 1945년에만 모두 5종이 공식적으로 번역·출판되었다. 특히 1945년 11월 15일 해방 후 한국에서 처음 출판된 노동전선사(勞動戰線社) 판『공산당선언』은 패전 후 일본에서 처음으로 출판된 창고서원(彰考書院) 판『공산당선언』보다도 빠른 것이었다.[18] 이렇게『공산당선언』이 세인의 주목을 받은 것은『공산당선언』이 갖는 상징성 때문이다. 동아시아에서 번역된 최초의 맑스주의 원전도『공산당선언』이었고, 식민지 조선에서 처음 번역된 맑스주의 원전도 3종의『공산당선언』이었다.

노동전선사 판『공산당선언』의 역자가 쓴 다음「서문」은 맑스주의 원전의 번역·출판에서『공산당선언』이 갖는 의미의 일단을 잘 보여준다.

『共産黨宣言』, 이것이 出版된다는 것도 朝鮮이 日本 帝國主義의 羈

---

17) 엥겔스, 勸讀社 譯編, 1926,『科學的社會主義』, 勸讀社出版部,「序」, 2쪽.
18) 彰考書院版『공산당선언』은 '해방문고' 제1집으로 1945년 12월 20일 공식적으로 처음 출간되었다(マルクス・エンゲルス, 堺利彦·幸德秋水 譯, 1945,『共産黨宣言』, 彰考書院,「판권」참조). 堺利彦과 幸德秋水의 공역으로 엥겔스가 쓴「1888년 영어판 서문」이 첨부되어 있다.

絆을 벗게 된 惠澤의 所産의 하나다. 그리고 이『宣言』은 마르크스와 엥겔스 自身이 말한 것과 같이 …… "根本的인 點은 지금도 正確한 것"이므로『宣言』이 一大 轉換期에 當面한 朝鮮 民衆에게 줄 크다란 功獻은 出版의 惠澤에 報答하고도 남음이 있을 것이다.19)

즉 맑스주의 원전의 번역·출판이 해방 후 새로운 국가 건설 과정에서 '근본적인 점', 즉 사회주의 건설이라는 지향과 밀접한 관계를 갖고 있다는 점을 강조한 것이다. 이는 일제강점기 맑스주의 원전의 번역·출판을 통한 맑스주의의 수용과 선전이 민족해방과 사회주의를 지향했던 것과 맥을 함께 하는 것이다.

둘째, 번역의 대상이 기본 입문서에서 이론서로 이동하고 있다는 점이다. 1945년과 1946년에는『과학적 사회주의』·『사회주의의 발전: 공상에서 과학으로』·『임노동과 자본』·『카-ㄹ·맑스』·『맑스주의의 원천과 구성』등 기본 입문서의 성격을 갖는 책이 주로 번역되었다. 그러나 1947년에 들어가면서 부터는『반듀-링그론: 철학편』·『유물론과 경험비판론』·『자본론』등과 같은 이론적 저작이 번역된 것이다. 이는 맑스주의에 대한 심화된 이해와 관련되는 것으로, 새로운 번역자 군(群)의 출현이라는 문제와도 연관되어 있다.

해방 후 맑스주의 원전 번역은 개인이 아니라 출판사 편집부나 연구소·연구회와 같은 단체의 이름으로 진행되는 것이 일반적이었다. 그러나 1946년부터 개인 번역자가 등장하기 시작하였고, 1947년 이후는 개인 번역자가 대세를 이루었다. 이러한 번역자들 가운데 주목되는 이들이 대학교 등

---

19) 칼 맑스·프리드리히 엥겔스, 勞動戰線 編輯部 譯, 1945,『共産黨宣言』, 勞動戰線社,「譯序」1쪽.

에 적을 둔 사회주의 연구자들이다. 사회과학총서 간행회의 레닌문고 편집자로 활동하면서 『무엇을 할 것인가』・『제국주의론』・『유물론과 경험비판론』 등 레닌의 저작을 번역한 인정식(印貞植)과 『자본론』 제1권과 제2권을 6권의 분책으로 공동 번역한 최영철(崔英澈)・전석담(全錫淡)・허동(許東) 등이 대표적이다.20) 또한 대성출판사에서 『임노동과 자본』・『반듀링그론: 철학편』・『유물론과 경험비판론』 등 3종의 맑스주의 원전을 번역한 전원배(田元培)도 흥미로운 인물이다.21) 이러한 현상은 일제강점기 맑스주의 원전 번역이 사회주의 운동가들에 의해 행해졌던 것과 비교되는 양상이다.

셋째, 중역이 가장 큰 비중을 차지하는 가운데, 원문을 직접 번역하는 비중이 증가하고 있다는 점이다. '37종'22)의 책 가운데 실제로 번역 대본을 확인할 수 있는 책은 24종인데, 그 가운데 원문을 번역한 것은 모두 6종으로 25%이다.23) 일제강점기에 번역・출판된 맑스주의 원전이 모두 중역이었다는 점과 비교하면, 이러한 현상은 사회운동의 발전과 함께 이론의 심화가 요구되면서 나타나는 현상이라고 할 것이다.

중역된 18종을 살펴보면, 일역본과 영역본을 번역 대본으로 사용한 것

---

20) 印貞植과 全錫淡에 대해서는 임영태, 1989, 「북으로 간 맑스주의 역사학자와 사회경제학자들」, 『역사비평』 가을호 참조. 崔英澈・全錫淡・許東 등은 모두 京城商業專門學校 교수를 지냈고, 全錫淡과 許東은 이후 국민대로 자리를 옮겼다(李基俊, 1983, 『敎育韓國經濟學發達史』, 一潮閣 참조).
21) 田元培에 대해서는 박종린, 2013, "해방 후~1950년대 철학과의 설치・운영과 교양철학 강의", 『한국근현대사연구』 67, 163-164쪽 참조.
22) 『資本論』과 『唯物論과 經驗批判論』(印貞植 譯), 『唯物論과 經驗批判論』(田元培 譯) 등 分冊된 책의 경우를 각각 1종으로 계산하였다.
23) 『賃勞動과 資本』과 『家族・私有財産 및 國家의 起源』은 독어를 번역한 것이고, 『革命과 反革命』은 영어를 번역한 것이다. 『레닌선집』 제2권과 제5권 상부, 제16권은 러시아어를 번역하였다.

이 각각 6종이고, 독역본이 그 다음인 3종이다. 또한 번역할 때 함께 참고한 번역본의 경우는 일역본이 8종이고, 영역본과 독역본이 각각 4종이다. 여기서 주목되는 것은 18종의 중역본 가운데 78%인 14종이 번역 대본이나 참고용으로 일역본을 이용하고 있는 것이다. 이는 해방 후에도 맑스주의 원전 번역에 일역본의 영향력이 지속되고 있음을 보여 주는 것이다. 이러한 양상은 비단 맑스주의 원전 번역뿐만 아니라 이 시기 번역 전반의 현상이었다.

넷째, 복간본이 없다는 점이다. 복간본의 존재는 해방 공간 출판계의 가장 큰 특징이라고 할 수 있다. 일례로 1945년에 발행된 한국통사서 12종 가운데 6종과 한국사 책 5종 모두가 복간본일 정도로 일반적인 현상이었기 때문이다.[24]

그렇다면 이 시기 번역·출판된 맑스주의 원전의 경우 복간본이 존재하지 않았던 이유는 무엇일까? 그것은 일제강점기에 발행된 맑스주의 원전의 경우 팜플렛 형태로 발행된 것이 대부분이었다는 점과 일제의 탄압으로 '지형' 자체가 존재하지 않았기 때문이다. 또한 해방 후 발행된 맑스주의 원전 가운데 일제강점기에 공식적으로 출간되었던 저작은 『임금 노동과 자본』·『유토피아에서 과학으로의 사회주의의 발전』·『카-ㄹ·맑스』 등 3종에 불과했다는 점도 영향이 있을 것이다.

---

[24] 이에 대해서는 박종린, 2014b, "해방 직후 한국통사서와 『增訂 中等朝鮮歷史』", 『민족문화연구』 64 참조.

결론

이상에서 사회주의체제의 기원과 형성의 문제를 사상사적으로 해명하기 위한 일환으로, 1910년대 중반부터 1948년까지의 시기를 대상으로 식민지 조선과 한국에 수용된 사회주의사상의 내용과 특징을 검토하였다. 이는 한국근현대사에서 사회주의사상이 갖는 역사적 의미는 무엇이며 사회주의사상 수용의 한국적 특징은 무엇인가 하는 문제의식에서 출발한 것이다. 이를 위해 사회주의자들의 맑스주의 인식을 '주체'와 '텍스트'의 관계 속에서 검토하였다. 특히 공산주의그룹이 공간한 맑스주의 원전 번역물에 주목하였다. 이러한 검토를 통해 밝힌 이 시기 사회주의사상의 내용과 특징을 정리하면 다음과 같다.

삼일운동 이후 식민지 조선에 이른바 '열린 공간'이 생기자 전국적 규모의 대중운동 단체들이 조직되었고, 그 이면에는 맑스주의를 수용한 몇 개의 공산주의그룹이 비밀결사의 형태로 활동하였다. 삼일운동 이후부터 1921년까지 기간에 서울에는 '서울공산단체', '조선공산당', 사회혁명당, '맑스주의 크루조크' 등 4개 정도의 공산주의그룹의 존재가 확인된다.

1920년대 초는 다양한 사회주의사상이 수용되는 가운데 민족해방운동과 관련하여 맑스주의가 점차 주도적인 위치를 점하던 시기였다. 즉 맑스주의가 운동과 사상의 두 측면에서 모두 사회주의의 현실적 주류로 등장한 것이다. 공산주의그룹은 급속한 양적 팽창을 이룬 사회주의운동을 이론적으로 뒷받침하기 위해 맑스주의 관련 논저를 적극적으로 연구하고 소개하였다.

그 과정에서 맑스주의 원전에 대한 번역이 시도되었고, 가장 먼저 번역되어 공간된 것은 『정치경제학비판을 위하여』 서문의 '유물사관요령기'이다. 1921년 3월과 4월 사회혁명당의 윤자영과 '조선공산당'의 신백우에 의해 각각 번역된 '유물사관요령기'는 모두 사카이 도시히코의 일역본을 저본으로 한 중역이다.

맑스주의 원전 가운데 이 시기 '유물사관요령기'만이 여러 차례 번역되었고 여러 매체를 통해 집중적으로 소개되었다. 그것은 식민지 조선의 사회주의자들이 '유물사관요령기'를 통해 역사는 발전하는 것이며, 그 진행은 자본주의가 극복되고 사회주의가 필연적으로 도래하는 것으로 인식했기 때문이다. 그리고 그 연장선에서 일본제국주의에 의해 지배되는 식민지 조선은 자본주의사회이며, 제국주의 일본도 필연적으로 붕괴될 수밖에 없다고 인식하였다.

일본에서 맑스주의 연구와 선전활동을 전개한 '대중시보사그룹'은 '맑스주의 크루조크'의 구성원들이 도일하여 재일조선인 사회운동가들과 결합한 모임이다. 맑스주의자들과 아나키스트들로 구성된 '대중시보사그룹'은 '반자본주의'라는 기치 아래 함께 하였다.

'대중시보사그룹'은 1921년 가을 무렵 '맑스주의 크루조크'가 '재일본조선인공산단체'로 재조직되는 과정에서 해체되었다. 그러나 '대중시보사그룹' 구성원들은 해체 후에도 각자의 조직을 중심으로 활동하면서도 혹도회의 조직이나 김윤식사회장 반대운동과 같은 지향하는 바가 동일한 경우는 공동 행동을 전개하였다.

'맑스주의 크루조크'는 1920년 식민지 조선에서 맑스주의의 유물사관을 선전하고 자본주의를 지양하기 위한 '진리의 성전'으로 노동운동을 강조하였다. 그러나 1921년『대중시보』를 통해서는 맑스주의 자체에 대한 선전보다는 자본주의의 지양이라는 '반자본주의'를 강조하였다. 그것은 '대중시보사그룹' 구성원 가운데 아나키스트들을 고려했기 때문이다.

1922년 이후 부르주아 민족주의세력과 민족해방운동의 주도권을 둘러싸고 경쟁하는 일면, 사회주의운동의 주도권을 장악하기 위한 공산주의그룹 상호간의 대립이 전개되었다. 김윤식사회장과 물산장려운동 과정에서 가시화된 공산주의그룹 사이의 논쟁은 사회주의사상이 맑스주의로 전일화된 이후 맑스주의에 대한 상이한 인식 차를 극명하게 보여주는 것에 다름 아니었다.

1921년 말 통일전선의 대상을 둘러 싼 의견 차이로 국내 상해파 내부에서 김명식을 중심으로 한 일군의 사회주의자들이 조직적인 분리를 감행하여 신생활사그룹을 형성하였다. 이들은 '신흥계급의 전위'를 자처하면서 독자적인 공산주의그룹으로서 자기 활동을 전개하였다. 신생활사그룹은 자유와 평등이 없는 식민지 조선의 사회는 개조가 필요하며, 그러한 개조를 위해서는 생활의 개조를 위한 신생활의 신운동이 필요하다고 주장하였다. 그리고 그러한 신운동을 '평민문화의 건설'과 '자유사상의 고취'라는 슬로건으로 표현하였다.

신생활사그룹이 건설하고자한 평민문화란 '노동문화'에 다름 아니었는데, 이는 자본주의 체제의 지양을 전제로 하고 있었다. 식민지 조선의 현실을 타개하기 위한 또 하나의 방법은 신사상의 소개를 통한 '자유사상의 고취'였다. 이들이 가장 적극적으로 소개한 신사상의 중심은 맑스주의였다. 그리고 맑스와 함께 대표적인 신사상으로 크로포트킨과 슈티르너 그리고 라파르그와 모리스를 소개한 것은, 이들의 사상이 불합리하고 권위주의적인 현존 자본주의 체제에 대한 비판의 기제가 된다고 생각했기 때문이다.

맑스주의에 대한 소개는 신생활사그룹이 가장 주력한 활동이었다. 『신생활』을 통해 맑스주의를 '정파'라고 공개적으로 천명한 신생활사그룹이 맑스주의 가운데 가장 적극적으로 소개한 것은 계급투쟁과 관련된 내용이었다. 이들은 자본주의 체제에서 계급투쟁은 자본주의를 지양하고 사회주의를 지향하는 노동자들에 의해 가능하다고 주장하였다. 즉 '이행'의 '동력'으로 혁명적 노동계급을 설정한 것이다. 그리고 그들의 능동성에 기반한 계급투쟁을 통해 역사발전을 이룩할 수 있다는 점도 강조하였다.

이러한 신생활사그룹의 맑스주의에 대한 인식은 종래 '사회주의의 필연성' 그 자체가 원론적으로 강조되는 단계에서, 그 이행 동력의 문제에 주목하면서 계급투쟁을 통한 역사 발전이 강조되는 단계로 나아간 것이다. 이는 이후 그 '동력'을 어떻게 조직화할 것인가 하는 문제로 나아가는 계기를 마련하였다.

신생활사그룹은 맑스주의자로 자임했음에도 불구하고, 맑스주의는 체화된 것이라기보다는 '주류적 경향성'으로 존재한 것이었다. 바로 이러한 경향성의 존재가 이 시기 식민지 조선의 맑스주의와 맑스주의자들의 성격을 규정하는 하나의 특징이라고 할 수 있다. '주류적 경향성'으로 존재하던 맑스주의는 사회주의운동의 발전과 함께 맑스주의 원전이나 맑스주의자들의 저작에 대한 이해가 심화되면서 점차 체화되어 갔다.

　1923년 9월 경성에서 조직된 민중사는 신생활사그룹을 중심으로 물산장려운동에 반대했던 경험을 가진 신진 사회주의자들이 조직적으로 결집한 조직이었다. 민중사는 출판물의 간행을 통해 맑스주의를 선전하고자 하였다. 실제로 『임금 노동과 자본』과 『임금·가격·이윤』 등 맑스주의 원전 두 종을 번역하여 '민중사 팜플렛'으로 발행하였고, 『개벽』에 사카이 도시히코의 『社會主義學說大要』를 번역 게재하는 등 맑스주의 대중화를 위한 선전 활동에 주력하였다.

　민중사가 민중사 팜플렛으로 발행했던 『賃金·勞働及資本』과 『價值·價格及利潤』은 맑스주의 원전 번역을 통해 맑스주의를 선전하려는 적극적인 시도라는 점에서 매우 주목되는 작업이다. 특히 민중사 팜플렛 제1집으로 발행된 『賃金·勞働及資本』은 『정치경제학비판을 위하여』 서문의 '유물사관요령기'에 이어 식민지 조선에서 공간된 두 번째 맑스주의 원전 번역물이자, 첫 번째 단행본이라는 의미를 갖는 저작이다. 또한 『賃金·勞働及資本』은 가와카미 하지메와 사카이 도시히코의 일역본을 기본으로, 거기에 영역본을 참조하여 번역한 것이다. 이는 맑스주의 원전의 번역 방식이 일역본을 단순히 중역하는 단계에서 벗어나고 있음을 보여주는 것이다.

　이 저작들의 번역·출판은 민중사의 구성원들이 깊이 관여했던 1923년 물산장려운동 과정의 물산장려논쟁과 밀접하게 연관되어 있다. 맑스주의 혁명론을 둘러싼 인식의 대립이라고 할 수 있는 물산장려논쟁에서 민중사는 국내 상해파의 생산력 증대를 통한 혁명 '대기주의'에 반대하였다. 그리고 '능동성'을 강조하면서 계급투쟁을 통한 혁명과 그를 통한 생산력 증대를 주장하였다. 이러한 논쟁 과정에서 자본주의 사회에 대한 단순한 비판이 아니라 자본주의 체제의 메커니즘에 대한 본질적 이해와 분석, 그리고 그에 대한 선전의 필요성이 제기되었다. 그리고 그 필요에 답한 것이 바로『자본론』을 대신하여 맑스의 경제학설을 잘 정리하고 있다고 평가되는『임금 노동과 자본』과『임금·가격·이윤』의 번역인 것이다.

『社會主義學說大要』의 번역·출판은 일본의 대표적인 맑스주의자인 사카이 도시히코의 저작을 통해 맑스주의를 인식하려는 시도였다. 또한 민중사가『社會主義學說大要』를 통해 주목한 계급투쟁의 강조는 '사회주의의 필연성' 문제가 강조되던 1921년『정치경제학비판을 위하여』서문의 '유물사관요령기'의 번역 단계에서 그러한 필연성의 문제에 더하여 '계급투쟁'을 통한 사회주의로의 혁명적 이행을 강조하는 단계로 강조점이 변화하고 있음을 보여주는 것이다.

물산장려논쟁의 연장선에 위치한 민중사의 이러한 문제의식은 1924년 이후 공산주의그룹들의 전위당 '조직'을 위한 활동 및 논의와 맞물린다는 점에서 의미를 갖는다.

1925년 조직된 일월회는 민족해방운동을 경제적 싸움이자 정치적 싸움인 동시에 사상적 싸움으로 규정하였다. 이러한 이론투쟁에 대한 인식에 기반하여 과학적 이론의 연구와 선전에 활동을 집중하였는데, 특히 맑스주의 원전의 번역과 소개에 주력하였다. 1925년 3월 창간호부터 1926년 1월 편집방침 변경 전까지『사상운동』에 실린 맑스주의 원전 번역물은 7종이었는데, 1925년까지 식민지 조선에서 공간된 맑스주의 원전 번역물이 모두 3종이었던 사실과 비교해보면『사상운동』을 통한 맑스주의 원전의 번역·소개가 얼마나 활발했는지 알 수 있다.

1926년 1월『사상운동』의 편집방침 변경 후 '과학적 이론의 소개와 선전'은 권독사가 담당하였다. 권독사는 1927년까지 모두 9종의 팜플렛을 간행하였다. '권독사 팜플렛'은 번역서 중심이었는데, 이는 일월회와 권독사의 구성원들이 맑스주의에 대한 자신들의 '인식'을 자신들의 '언어'로 정리하는 것보다 맑스나 레닌, 또는 일본의 맑스주의자의 저작을 번역하여 소개하는 것이 '과학적 이론의 소개'라는 취지에 맞는다고 생각했기 때문이다. 권독사 팜플렛의 내용은 크게 두 가지로 구분되는데, 맑스주의적 분석 틀로 자본주의의 메커니즘을 분석한 책과 맑스주의 원전 번역물이 그것이다.

1926년 레닌의『칼 맑스』를 번역한『맑스와 맑스주의』와 엥겔스의『유토피아에서 과학으로의 사회주의의 발전』을 번역한『科學的社會主義』를 출간하였다. 일월회는 레닌주의를 제국주의시대의 맑스주의로 규정하였다. 또한 맑스의 학설과 방법으로 이론적 실천적 문제를 해결하여 맑스주의를 더욱 풍부하게 한 '진정한 맑스주의'로 인식하고 있었다. 레닌주의를 맑스주의의 체계 속에서 인식하고 위치지운 이러한 인식에 기반하여 엥겔스의 『유토피아에서 과학으로의 사회주의의 발전』과 함께 레닌이 맑스주의를 개괄적으로 정리한『칼 맑스』를 번역한 것이다.

『유토피아에서 과학으로의 사회주의의 발전』이 식민지 조선에서 처음 번역·게재된 것은 1925년이다. 신춘의 번역으로 일월회의 기관지『사상운동』에 '제Ⅲ장'만「과학적사회주의」라는 제목으로 연재되었다. 영역본을 저본으로, 사카이 도시히코와 가와카미 하지메의 일역본을 함께 참조한 것이 특징적이다. 이는 맑스주의 원전 번역이 일역본을 단순히 중역하던 단계와 일역본을 기본으로 번역자가 독해할 수 있는 다른 언어의 번역본을 비교하던 단계를 거쳐, 영역본을 기본으로 일역본을 참조하는 단계로 변화한 것을 보여 준다.

『유토피아에서 과학으로의 사회주의의 발전』은 1926년 4월 권독사 편집부에 의해『科學的社會主義』라는 제목으로 출판되었는데, 이는 식민지 조선에서 번역·공간된 맑스주의 원전 가운데 최초의 엥겔스 저작이다. 영역본을 저본으로, 사카이 도시히코와 가와카미 하지메의 일역본을 함께 참조한『科學的社會主義』는 주요 개념의 번역에 사카이와 가와카미의 번역어를 취사선택하였다. 그러나 일부는 권독사 편집부의 독자적인 번역어를 사용하였다.

또한 단순한 번역에서 벗어나 37개의 '주'를 활용하여『유토피아에서 과학으로의 사회주의의 발전』의 이해를 돕고자 하였다. 그리고 일역본에 삭제되었거나 복자(伏字)로 처리된 부분을 영역본에 기반하여 모두 살려 번역하였다. 이러한 권독사 편집부의 번역은 전체적으로 신춘의 번역과는 상이한 것이었다.

『科學的社會主義』는 사회주의운동의 발전에 따라 과학적 이론에 대한 요구가 강렬해진 상황에 부응하기 위한 것이었다. 즉 그를 위해 맑스주의의 요령을 간략하면서도 가장 대중적으로 잘 정리하고 있는『유토피아에서 과학으로의 사회주의의 발전』을 번역·출판한 것이다. 이는 종래 사카이 도시히코의 저작 등을 통해 맑스주의의 체계를 이해하는 단계에서 벗어나 맑스주의 원전을 통해 맑스주의의 체계를 인식하려한 시도였다는 점에서도 주목되는 것이다.

사회과학연구사는 1926년 경성에서 조직되어 1927년까지 활동한 서울파 계열의 사회주의 사상운동단체이다. 사회과학연구사는 맑스주의에 대한 연구와 저작 및 번역, 그리고 출판과 강연 등을 주요 활동 목표로 천명하였다. 사회과학연구사의 저작 및 번역은 '사회과학연구사 팜플렛'이라는 이름으로 간행되었다. '사회과학연구사 팜플렛'은 모두 10종이 발행되었는데, 가장 큰 특징은 번역서가 압도적이라는 점이다. 이는 '사회과학연구사 팜플렛'만의 특징이라기보다는 민중사나 권독사의 출판물에서도 공통적으로 확인할 수 있는 사실이다. 이 시기 사회주의 사상운동단체가 발행한 출판물에서 번역서가 차지하는 비중이 압도적인 이유는 식민지 조선의 맑스주의자들이 자신들이 '인식'한 맑스주의를 자신들의 '언어'로 전달하는 것보다, 체계적으로 잘 정리된 맑스주의 원전이나 일본 맑스주의자들의 책을 '번역'하여 대중들에게 선전하려 했기 때문이다.

'사회과학연구사 팜플렛'은 사카이 도시히코와 야마카와 히토시 등 일본 맑스주의자의 저작을 번역한 것과 그들이 일역한 맑스주의 원전을 '중역'한 것이 대다수이다. 이는 식민지 조선의 맑스주의 형성에 일본 맑스주의자들의 맑스주의에 대한 인식이 주요하게 작용할 수밖에 없음을 보여주는 것이기도 하다. 사회주의사상의 수용 과정에서 앞선 일본의 연구나 번역을 참고하고 다시 '중역'할 수밖에 없었던 식민지 조선의 상황은 사회주의사상 수용에 있어 한국적 특질의 하나로 작용하였다.

'사회과학연구사 팜플렛' 가운데 사회과학연구사의 맑스주의에 대한 인식을 잘 보여 주는 가장 이채로운 것은 박형병의 저술인『社會進化論』이다. 박형병은『社會進化論』에서 맑스주의, 특히 유물사관에 대한 인식을 바탕으로 경제사와 인류생활의 발전단계를 검토하고 사회진화의 필연적 법칙을 논하고 있다. 그리고 사회진화의 필연적 법칙을 발견하기 위해 맑스의 유물사관설과 '유물사관요령기' 그리고 '변증법적 사고법'이 필요함을 역설한다. 결론적으로 자본주의사회의 필연적 붕괴와 사회주의사회의 필연적 도래에 대한 강조, 바로 이것이 박형병이 말하고자 하던 바였다.

1927년 10월 맑스의 저작인 『임금·가격·이윤』이 박형병의 번역에 의해 『價値·價格及利潤』으로 출간되었다. 『價値·價格及利潤』은 영어 원저인 *Value, Price and Profit*를 번역의 저본으로 하여 가와카미의 일역본과 사카이의 일역본을 참고하여 번역한 것이다. 이는 이전 맑스주의 원전의 번역이 일역본을 단순히 중역하거나, 일역본을 기본으로 독해할 수 있는 다른 언어의 번역본과 비교를 통해 진행된 것과는 상이한 것이다. '중역'과 원저를 통한 번역은 매우 의미있는 차이를 내포한다는 점에서 맑스주의 원전 번역 방식의 이러한 변화는 주목되는 것이다. 번역 방식의 변화는 사회주의운동의 발전과 함께 증대하는 맑스주의에 대한 이론적 논구(論究)의 요구를 반영한 것이다.

『임금·가격·이윤』의 번역·출판은 맑스주의 경제학설의 요령을 소개하기 위함이었다. 이는 단순히 자본주의 사회를 비판하는 차원을 넘어 자본주의 체제의 메커니즘 그 자체를 이해하고 그것의 붕괴를 선전하는 것과 관련된 문제이다. 이러한 문제의식은 『價値·價格及利潤』을 출간한 사회과학연구사가 자신들의 임무로 설정한 것이기도 하였다. 맑스주의 경제학설에 대한 체계적이고 계통적인 이해를 위해 맑스의 『자본론』을 번역할 수 있는 상황이 아니었던 식민지 조선의 주객관적 조건 속에서, 박형병으로 대표되는 맑스주의자들이 현실적 대안으로 선택한 것이 바로 『임금·가격·이윤』의 번역·출간이었던 것이다.

1928년 12월 10일 코민테른은 파벌투쟁의 청산과 노동자·농민을 기반으로 한 전위당 조직을 내용으로 한 「조선 농민 및 노동자의 임무에 관한 결의」를 채택하였다. 이른바 '12월 테제'로 불리는 이 결정서는 식민지 조선의 사회주의운동을 조선공산당 재건운동으로 전화시켰다. 그러나 조선공산당 재건운동 과정에서 맑스주의자들은 종래 출간되었던 일부 서적의 재출간 이외에 맑스주의 원전이나 사회주의 서적의 번역·출판을 통한 맑스주의의 대중화 문제는 거의 백안시하였다. 또한 취학률의 증가와 함께 일본어 해독 가능자가 증가한 것도 번역본의 필요성을 더욱 감소시켰다. 이러한 주객관적 상황으로 인해 맑스주의 원전의 번역을 통해 맑스주의를 대중화하고 현실의 문제를 해결하는 움직임은 '해방'을 기다려야 했다.

검열이라는 외적 규제가 사라졌음에도 불구하고, 해방과 함께 출판계는 말 그대로 최악의 상황에 직면하였다. 책에 대한 폭발적인 수요에 대응할 수 없었기 때문이다. 그럼에도 불구하고 한글 책에 대한 폭발적인 수요는 출판계를 성장시켰다. 출판사의 급증은 출판물의 폭발적인 증가로 이어졌다. 이 시기 출판물 가운데 가장 큰 영향력을 미친 것이 좌익서적이다.

출판사의 속출과 출판물의 범람이라는 현상 속에서 1945년 10월 말 조선좌익서적출판협의회가 조직되었다. 조선좌익서적출판협의회는 좌익서적을 출판하던 노농사, 동무사, 조선맑스·엥겔스·레닌연구소, 동심사, 사회과학연구회, 사회과학총서간행회, 신농민사, 신문예사, 우리문화사, 우리서원출판부, 인민문화사, 조선경제연구소, 적성문화사, 해방사, 해방출판사 등 15개 출판사의 협의체로 구성되었다.

조선좌익서적출판협의회는 좌익서적의 출판을 통해 맑스·레닌주의를 대중에게 선전하는 활동에 주력하였다. 그리고 효율적인 활동을 위해 회원 출판사 사이의 중복 출판을 통제하고 조정하였다. 조선공산당과 밀접한 관계를 가지고 있었던 조선좌익서적출판협의회는 효율적인 통제와 조정의 기능을 수행하였고, 출판사 등록을 통해 독자적인 출판 활동도 전개하였다.

해방 후 3년 동안 맑스와 엥겔스의 저서 22종과 레닌의 저서 22종 등 모두 44종의 맑스주의 원전이 번역·출판되었다. 발행된 전체 단행본 가운데 맑스주의 원전이 차지하는 비율은 1.73%였는데, 해마다 편차가 심하였다. 1945년과 1946년에는 해방 3년 동안의 평균인 1.73%를 상회하였지만, 그 비율은 1945년부터 1948년까지 지속적으로 하락하였다. 이는 맑스주의 원전의 번역·출판이 해방 공간의 정치적인 상황 변화와 밀접하게 연관되어 있었기 때문이다.

이 시기 맑스주의 원전 번역의 양상과 특징으로『공산당선언』·『유토피아에서 과학으로의 사회주의의 발전』·『자본론』등 동아시아에서 '맑스주의의 3대 경전'으로 평가되던 저작들이 모두 번역되었다는 점과 번역의 대상이 기본 입문서에서 점차 이론서로 이동하고 있다는 점이 눈에 띈다. 중역이 가장 큰 비중을 차지하는 가운데서도 원문의 번역 비중이 증가하고 있다는 점과 해방 공간 출판계의 가장 큰 특징이라고 할 수 있는 복간본이 없다는 점 또한 특징의 하나라고 하겠다.

남북분단 이후 전개된 극심한 이데올로기적 대립으로, 한국에서 맑스주의 원전의 유통과 번역은 그 자체가 '불온'과 동일시되었다. 1980년대 중반까지 지속되던 이러한 상황은 민주화운동 과정에서 급변하였다. 이후 가히 폭발적인 속도로 맑스주의 원전이 번역·출간되었다. 그러나 이에 대한 체계적인 정리나 분석은 아직 초보적인 상태에 머물러 있다. 일제강점기 이래 현재까지 맑스주의 원전 번역에 대한 정리가 필요한 시점이다. 이에 우선 해방 이후부터 한반도에 두 개의 체제가 현실화된 1948년까지

북에서의 맑스주의 원전 번역의 문제와 해방 공간에서 번역된 서울출판사판 『자본론』의 번역 문제를 다음 과제로 언급하는 것으로 글을 마무리하고자 한다.

참고문헌

1. 1차 자료[1]

(1) 한글 단행본, 팸플릿

堺利彦, 鄭栢 譯, 1925, 『社會主義學說大要』, 開闢社出版部.
_____, 鄭栢 譯, 1929, 『社會主義學說大要』, 開闢社出版部.
_____, 李丙儀 譯, 1927, 『辯證法的唯物論』, 社會科學硏究社.
_____, 車載貞 譯, 1926, 『巴里콤뮨』, 社會科學硏究社.
金明植, 1922, 『露國革命史와 레닌』, 新生活社出版部.
레-닌, 李珖 編譯, 1926, 『맑쓰評傳: 맑쓰와 맑씨씀의 梗槪』, 社會科學硏究社.
朴衡秉, 1927, 『社會進化論』, 社會科學硏究社.
北澤新次郎, 李承駿 譯, 1926, 『社會改造의 諸思潮』, 勸讀社出版部.
安光泉 編, 1926, 『通俗社會主義經濟學』, 勸讀社出版部.
엥겔스, 勸讀社 譯編, 1926, 『科學的社會主義』, 勸讀社出版部.
카-ㄹ 맑스, 民衆社 編輯部 譯, 1923, 『賃金·勞働及資本』, 民衆社.
칼 맑스, 朴衡秉 譯述, 1927a, 『賃金·勞働及資本』, 社會科學硏究社.
_____, 朴衡秉 譯註, 1927b, 『價値·價格及利潤』, 社會科學硏究社.
크로포트킨, 勸讀社 編輯部 譯, 1925, 『靑年에게 訴함』, 勸讀社出版部.
平林初之輔, 勸讀社 編輯部 編述, 1926, 『資本主義의 解剖』, 勸讀社出版部.

칼 맑스·프리드리히 엥겔스, 최인호 외 역, 1991~1997, 『칼 맑스 프리드리히 엥겔스 저작선집』 1~6, 박종철출판사.
프리드리히 엥겔스, 나상민 옮김, 2006, 『공상에서 과학으로』, 새날.

(2) 일어 단행본, 팸플릿

堺利彦, 1912, 『賣文集』, 丙午出版社.

---

[1] 해방 후 출판된 맑스주의 원전 번역서와 사회주의 관련 서적은 제4부의 〈표 39〉·〈표 41〉·〈표42〉와 본문의 '각주'로 대치함.

_____, 1922, 『社會主義學說の大要』, 建設者同盟出版部.

_____, 1925a, 『パリ・コンミユンの話』, 無産社.

_____, 1925b, 『社會主義學說大要』, 無産社.

_____, 1926, 『辯證法的唯物論』, 無産社.

_____, 1928, 『改版 社會主義大意』, 大邱靑年同盟.

大杉栄, 1920, 『クロポトキン研究』, アルス.

北澤新次郞, 1921, 『新社會の建設』, 同人社書店.

_____, 1923・1924, 『社會改造の諸思潮』, 科學思想普及會.

_____, 1927, 『社會改造の諸思潮』, 嚴松堂書店.

山川菊榮, 1922, 『メ-デ-』, 水曜會出版部.

山川均 述, 1908, 『動物界の道德』, 有樂社.

_____, 1922, 『歷史を創造する力』, 三德社.

_____, 1924, 『勞働組合組織論』, 科學思想普及會.

_____, 1966, 『山川均全集』 1~2, 勁草書房.

河上肇, 1920, 『近世經濟思想史論』, 岩波書店.

_____, 1921, 『唯物史觀硏究』, 弘文堂書房.

幸德秋水, 1903, 『社會主義神髓』, 朝報社.

_____, 1953, 『社會主義神髓』, 岩派書店.

レ-ニン, 1925, 『マルクス評傳』, 社會思想社.

マルクス, 堺利彦 譯, 1922a, 『利潤の出處』, 無産社.

_____, 堺利彦 譯, 1922b, 『勞働と資本』, 無産社.

マルクス・エンゲルス, 堺利彦・幸德秋水 譯, 1945, 『共産黨宣言』, 彰考書院.

エンゲルス, 堺利彦 譯, 1922, 『空想的及科學的社會主義』, 大鐙閣.

_____, 堺利彦 譯, 1924, 『空想から科學へ: 空想的及科學的社會主義』, 白揚社.

_____, 堺利彦 譯, 1927, 『社會主義の發展: 空想的社會主義から科學的社會主義へ』, 白揚社.

_____, 遠藤無水 譯, 1920, 『科學的社會主義』, 文泉堂.

カアル・マルクス, 河上肇 譯, 1922, 『賃勞働と資本・勞賃, 價格及び利潤』, 弘文堂書房.

カアペンター, 堺利彦 譯, 1915, 『自由社會の男女關係』, 東雲堂書店.

クロポトキン, 山川均 譯, 1921, 『動物界の道德』, 三德社.

ピイタア クロポトキン, 大杉栄 訳, 1917, 『相互扶助論: 進化の一要素』, 春陽堂.

パンネコツク, 堺利彦 譯, 1923, 『社會主義と進化論』, 無産社.
Karl Kautsky, 堺利彦 譯, 1913, 『社會主義倫理學』, 丙午出版社.
_____, 堺利彦・山川均 共編, 1920, 『マルクス傳』, 大鐙閣.

(3) 러시아 현대사 문서보관 연구센터 자료

『붉은 군사』.
「內地黨事業報告」第一.
「첨부 2: 공고」, ф.495 оп.135 Дело 63.
Доклад делагата ТЕНУ, 「История и деятельность нейтральной Коркомпартии」 (대표자 전우의 보고, 「중립 조선공산당의 역사와 활동」), #ф.495 оп.135 Дело 64.
「ИЗДАТЕЛЬСКАЯ ДЕЯТЕЛЬНОСТЬ ЧО СЕН КОНГ САНДАНГ/Кор-ейскойкомму нистической Пар-тии/」(조선공산당의 출판활동), ф.495 оп.135 Дело 70.
「서울靑年會에 對한 報告」, ф.495 оп.135 Дело 198.
K.H.黨(北風會內 共産主義 秘密結社) 代表 辛鐵・金泳雨, 1926. 2. 11, 「國際共産黨執行委員會貴中」.
高津正道, 1923, "The J.C.P. and the Koreans", ф.495 оп.127 Дело 74.
金思國, 1924. 3. 17, 「보고 1: 조선에서 공산주의조직의 출현 및 활동의 사적 개관」.
_____, 1924. 3. 18. 「보고 2: 조선의 모든 공산주의 단체 상황」.
김영만・최창익, 1926. 2, 「서울청년회내 공산주의단체 고려공산동맹 전권대표 김영만・최창익이 코민테른 집행위원회에 제출한 보고」.
辛鐵・金泳雨, 1926. 2. 11, 「國際共産黨執行委員會貴中」, ф.495 оп.135 Дело 125.
田友, 1922, 「중립조선공산당의 역사와 활동」.
____, 1922. 10. 15, 「전우동지의 이름으로 조선에서 온 조선어 암호 보고」.
____, 1923. 12. 12, 「報告」.
제관(金翰), 1922. 11. 25, 「제관으로부터 서울에서의 통신」.

(4) 중국어 단행본

馬格斯・安格爾斯, 陳望道 譯, 1920, 『共産黨宣言』, 社會主義研究社.

(5) 서양어 단행본

Marx-Engels-Lenin Institute, 1935, *Value, Price and Profit: Addressed to Workingmen*, International Publishers.

Friedrich Engels, traduction francaise par Paul Lafargue, 1880, *Socialisme Utopique et Socialisme Scientifique*, Derveaux Libraire-Éditor.

_____, 1882, *Die Entwicklung des Sozialismus von der Utopie zur Wissenschaft*, Druck der Schweizerischen Genossenschaftdruckerei.

_____, 1891, *Die Entwicklung des Sozialismus von der Utopie zur Wissenschaft*, Verlag der Expeditipon des 'Vorwärts' Berliner Volksblatt.

_____, translated by Edward Aveling, 1892, *Socialism: Utopian and Scientific*, Swan Sonnenschein & Co; Charles Scribner's Sons.

_____, translated by Daniel De Leon, 1892, *The Development of Socialism from Utopia to Science*, New York Labor News Company.

_____, translated and edited by Austin Lewis, 1907, *Landmarks of Scientific Socialism*, Charles H. Kerr & Company.

_____, translated by Edward Aveling, 1908, *Socialism: Utopian and Scientific*, Charles H. Kerr & Company.

Karl Marx, 1891, *Lohnarbeit und Kapital*, Verlag der Expedition des "Vorwärts".

_____, translated by J. L. Joynes, 189?, *Wage-Labour and Capital*, Charles H. Kerr.

_____, translated by H. E. Lothrop, 1902, *Wage-labor and capital*, New York Labor News.

_____, 1908, *Value, Price and Profit: Addressed to Workingmen*, Socialist Labour Party.

_____, 1908, *Value, Price and Profit: Addressed to Workingmen*, Charles H. Kerr.

_____, 1919, *Lohnarbeit und Kapital*, Buchhandlung Vorwärts P. Singer.

(6) 정기간행물

『獨立新聞』
『獨立新報』
『東亞日報』

『每日申報』
『時代日報』
『自由新聞』
『朝鮮日報』
『朝鮮中央日報』
『中央新聞』
『中外日報』
朝鮮總督府 警務局 圖書課, 1932a『諺文新聞差押記事輯錄: 東亞日報』
朝鮮總督府 警務局 圖書課, 1932b『諺文新聞差押記事輯錄: 朝鮮日報』

『學之光』
『共濟』
『朝鮮勞動共濟會報』
『我聲』
『開闢』
『今至』
『新生活』
『東明』
『産業界』
『朝鮮之光』
『彗星』
『現代評論』
『東光』
『三千里』
『近代思潮』
『大衆時報』
『前進』
『靑年朝鮮』
『思想運動』
『理論鬪爭』
『新興科學』

『階級鬪爭』
『朝鮮出版警察月報』
『思想月報』
『平民新聞』
『木鐸』
『直言』
『經濟論叢』
『社會主義硏究』
『解放』
『新社會』
『社會問題硏究』
『大原社會問題硏究所雜誌』
『美軍政廳 官報』

(7) 회고록, 사사, 사전, 자료집, 목록

『日政時代 退社職員錄』, 東亞日報社.
강만길·성대경 엮음, 1996, 『한국사회주의운동사 인명사전』, 창작과비평사.
高峻石 지음, 정범구 옮김, 1989, 『解放·1945~1950 – 공산주의운동사의 증언』, 한겨레.
金相萬, 1975, 『1920-1945 東亞日報社史』 1, 東亞日報社.
김성칠, 1993, 『역사 앞에서』, 창작과비평사.
大韓出版文化協會 編, 1987, 『大韓出版文化協會 40年史』, 大韓出版文化協會.
民主主義民族戰線 編, 1946, 『朝鮮解放年報』, 文友印書館.
박갑동, 1983, 『박헌영』, 인간사.
박인도 外 6人, 1990, 『삶을 묻는 그대에게』, 世代.
三千里社 編, 1933, 『朝鮮思想家總攬』, 三千里社.
오영식, 2009, 『해방기 간행도서 총목록 1945-1950』, 소명출판.
柳光烈, 1969, 『記者半世紀』, 瑞文堂.
이경훈, 1993, 『속·책은 만인의 것 – 그 후 10년, 책 문화 현장을 편력하며』, 普成社.
李錫台 編, 1948, 『社會科學大辭典』, 文友人書館.
朝鮮出版文化協會, 1949, 『出版大鑑』, 朝鮮出版文化協會.
趙誠出, 1997, 『韓國印刷出版百年』, 寶晉齋.

한국정신문화연구원 현대사연구소 편, 1999, 『遲耘 金錣洙』, 한국정신문화연구원 현대사연구소.

黃宗洙, 1990, 『나의 出版小話』, 普成社.

徽文校友會 編, 2001, 『同硯錄』, 徽文校友會.

內藤赳夫 編, 1930, 『アルヒ-フ』 3, 大原社會問題研究所.

北澤新次郎, 1969, 『回顧八十年 歷史の齒車』, 靑木書店.

(8) 일제 자료

『倭政時代人物史料』.

內務省 警保局, 1919, 『禁止出版物目錄』.

日本外務省, 1922, 『不逞團關係雜件: 朝鮮人ノ部 - 在西比利亞(13)』.

朝鮮總督府警務局, 1922, 『朝鮮治安狀況』.

京畿道 警察部, 1925, 『治安槪況』.

京畿道 警察部, 1928, 『治安槪況』.

慶尙北道 警察部, 1934, 『高等警察要史』.

朝鮮總督府警務局 編, 1941, 『朝鮮總督府 禁止單行本目錄』, 朝鮮總督府警務局.

坪江汕二, 1966, 『改訂增補 韓國民族獨立運動秘史』, 嚴南堂書店.

朴慶植 編, 1975, 『在日朝鮮人關係資料集成』 1, 三一書房.

韓國歷史硏究會 編, 1992, 『日帝下社會運動史資料叢書』 4, 高麗書林.

2. 저 서

金基承, 1994, 『韓國近現代社會思想史硏究』, 신서원.

김명섭, 2008, 『한국 아나키스트들의 독립운동: 일본에서의 투쟁』, 이학사.

김성보, 2000, 『남북한 경제구조의 기원과 전개』, 역사비평사.

金容燮, 1992, 『韓國近現代農業史硏究: 韓末・日帝下의 地主制와 農業問題』, 一潮閣.

_____, 2002, 『증보판 韓國近現代農業史硏究: 韓末・日帝下의 地主制와 農業問題』, 지식산업사.

김윤식, 1999, 『개정・증보 이광수와 그의 시대 2』, 솔출판사.

김은석, 2004, 『개인주의적 아나키즘』, 서울, 우물이 있는 집.
김인덕, 1996, 『식민지시대 재일조선인운동 연구』, 국학자료원.
金俊燁·金昌順, 1986, 『韓國共産主義運動史』 1~5, 淸溪硏究所.
박홍규, 2007, 『윌리엄 모리스 평전』, 개마고원.
방기중, 1992, 『韓國近現代思想史硏究』, 역사비평사.
성대경 엮음, 2000, 『한국현대사와 사회주의』, 역사비평사.
손인수, 1992, 『원한경의 삶과 교육사상 - H. H. 언더우드의 선교교육과 한국학 연구』, 연세대학교출판부.
역사학연구소 편, 1997, 『한국 공산주의운동사 연구』, 아세아문화사.
오장환, 1998, 『한국 아나키즘운동사 연구』, 國學資料院.
유재천, 1990, 『한국 언론과 이데올로기』, 文學과知性社.
李基俊, 1983, 『敎育韓國經濟學發達史』, 一潮閣.
李起夏, 1976, 『韓國共産主義運動史 1-3』, 國土統一院.
이준식, 1994, 『농촌사회변동과 농민운동: 일제침략기 함경남도의 경우』, 민영사.
이중연, 2005, 『책, 사슬에서 풀리다 - 해방기 책의 문화사』, 혜안.
이중한·이두영·양문길·양평, 2001, 『우리 출판 100년』, 현암사.
이현주, 2003, 『한국 사회주의세력의 형성: 1919-1923』, 일조각.
이호룡, 2001, 『한국의 아나키즘 - 사상편』, 지식산업사.
임경석, 2003, 『한국 사회주의의 기원』, 역사비평사.
전명혁, 2006, 『1920년대 한국사회주의운동연구』, 선인.
전상숙, 2004, 『일제시기 한국 사회주의 지식인 연구』, 지식산업사.
鄭文吉, 1987, 『에피고넨의 시대: 靑年헤겔派唯와 칼 마르크스』, 文學과知性社.
_____, 1994, 『마르크스의 사상 형성과 초기 저작: 『독일이데올로기』와 『마르크스·엥겔스 전집』 연구』, 문학과지성사.
_____, 2011, 『독일 이데올로기의 문헌학적 연구 - 초고의 해석과 편찬』, 문학과지성사.
정우택, 2008, 『황석우 연구』, 박이정.
지수걸, 1993, 『일제하 농민조합운동 연구』, 역사비평사.
朝鮮歷史編纂委員會, 1949, 『朝鮮民族解放鬪爭史』, 金日成綜合大學.
한국근현대사회연구회 편, 1991, 『일제말 조선사회와 민족해방운동』, 일송정.
한국역사연구회 1930년대 연구반, 1991, 『일제하 사회주의운동사』, 한길사.

宮川透・荒川幾男 엮음, 이수정 옮김, 2001, 『일본근대철학사』, 생각의 나무.
브라니츠기, 이성백・정승훈 옮김, 2012, 『맑스주의의 역사』(1), 서울, 중원문화.
에드워드 파머 톰슨, 윤효녕・이순구・김재오・조애리・엄용희・하애경・정남영・김나영・이선주・임보경・성은애 역, 2012, 『윌리엄 모리스: 낭만주의자에서 혁명가로』 1・2, 한길사.

家永三郎, 1959, 『近代日本思想史講座』1, 筑摩書房.
岡本宏, 1968, 『日本社會主義史研究』, 成文堂.
_____, 1988, 『日本社會主義政黨論史序說』, 法律文化社.
建設者同盟史刊行委員會, 1979, 『早稻田大學 建設者同盟の歷史 - 大正期のヴ・ナロ-ド運動』, 日本社會黨 中央本部 機關紙局.
橋川文三・鹿野政直・平岡敏夫, 1971, 『近代日本思想史の基礎知識』, 有斐閣.
大內兵衛, 1966, 『河上肇』, 筑摩書房.
木村毅, 1955, 『日米文化交渉史』4, 洋洋社.
朴慶植, 1979, 『在日朝鮮人運動史: 8・15 解放前』, 三一書房.
絲屋壽雄, 1973, 『幸德秋水』, 淸水書院.
三田剛史, 2003, 『甦る河上肇 - 近代中國の知の源泉』, 藤原書店.
生田弘治・本間久雄, 1920, 『社会改造の八大思想家』, 東京堂書店.
石坂浩一, 1979, 『近代日本の社會主義と朝鮮』, 社會評論社.
細井肇, 1921, 『鮮滿の經營 - 朝鮮問題の根本解決』, 自由討究社.
小林漢二, 1994, 『河上肇』, 法律文化社.
小野容照, 2013, 朝鮮獨立運動と東アジア:1910-1925, 思文閣出版.
小泉信三, 1921, 『社会組織の経済理論的批評』, 下出書店.
守屋典郎, 1980, 『日本マルクス主義の歷史と反省』, 合同出版.
林癸未夫, 1923, 『国際労働運動史』, 早稲田大学出版部.
林尙男, 1987, 『評傳『堺利彦』』, オリジン.
住谷悅治・山口光朔・小山仁示・淺田光輝・小山弘健, 1966a, 『明治社會思想の形成』, 芳賀書店.
_____, 1966b, 『大正デモクラシ-の思想』, 芳賀書店.
川口武彦, 1983, 『日本マルクス主義の源流』, ありえす書房.

坂本武人, 1984, 『幸德秋水: 明治社會主義一等星』, 淸水書院.
坪江汕二, 1966, 『改訂增補 韓國民族獨立運動秘史』, 巖南堂書店.
平野力三 編, 1922, 『社會思潮十講: 建設者同盟講演集』, 同人社書店.
狹間直樹, 1976, 『中國社會主義の黎明』, 岩波書店.
黑岩比佐子, 2010, 『パンとペン - 社會主義者・堺利彦と'賣文社'の鬪い』, 講談社.
F.G.Notehelfer, 竹山護夫 譯, 1971, 『幸德秋水: 日本の急進主義者の肖像』, 福村出版.
M.Stirner, 片岡啓治 譯, 1968, 『唯一者とその所有』, 現代思想社.
シドニー・ウエッブ・ビアトリス・ウエッブ, 荒畑勝三・山川均 訳, 1920, 『労働組合運動史』, 叢文閣.

中共中央馬克思恩格斯列寧斯大林著作編譯局馬恩室編, 1983, 『馬克思恩格斯著作在中國的傳播』, 人民出版社.

Allen Ruff, 2011, *"We Called Each Other Comrade": Charles H. Kerr & Company, Radical Publishers*, Oakland, PM Press.

Brian Lloyd, 1997, *LEFT OUT: Pragmatism, Exceptionalism, and the Poverty of American Marxism, 1890-1922*, The Johns Hopkins University Press.

Dae-Sook Suh, 1967, *The Korean Communist Movement: 1918~1945*, Priceton University Press.

Evelyn McCune・Heather Thompson, 2009, *Michigan to Korea: Arthur L. Becker, 1899-1926*, N.C, Lulu.com.

Mark Pittenger, 1993, *American Socialists and Evolutionary Thought, 1870-1920*, The University of Wisconsin Press.

Pyotr Alexeyevich Kropotkin, 1902, *Mutual Aid: A Factor of Evolution*, William Heinemann.

Robert A. Scalapino & Chong-Sik Lee, 1972, *Communism in Korea I ~ II*, University of Califonia Press.

Sidney Webb・Beatrice Webb, 1894, *The history of Trade Unionism*, Green and Co.

William Morris, 1891, *News from Nowhere or An Epoch of Rest, Being Some Chapters from a Utopian Romance*, Reeves & Turner.

3. 논문

김기승, 1991, "1920년대 안광천의 방향전환론과 민족해방운동론", 『역사와 현실』 6.
김수행, 2004, "학계에서 마르크스주의 경제이론의 연구와 전파", 『한국에서 마르크스주의 경제학의 도입과 전개과정』, 서울대학교출판부.
류시현, 2010, "1920년대 전반기「유물사관요령기」의 번역·소개 및 수용", 『역사문제연구』 24.
朴鍾隣, 1998, "1920年代 '統一'朝鮮共産黨의 結成過程", 『韓國史研究』 102.
_____, 1999, "꺼지지 않은 불꽃, 송산 김명식", 『진보평론』 2, 현장에서 미래를.
_____, 2000, "'김윤식사회장' 찬반논의와 사회주의세력의 재편", 『역사와 현실』 38.
_____, 2003, "1920년대 전반기 사회주의사상의 수용과 물산장려논쟁", 『역사와 현실』 47.
_____, 2007, 『日帝下 社會主義思想의 受容에 關한 研究』, 延世大學校 大學院 博士學位論文.
_____, 2008a, "1910년대 재일유학생의 사회주의사상 수용과 '김철수그룹'", 『史林』 30.
_____, 2008b, "바쿠닌과 슈티르너의 아나키즘과 식민지 조선", 『동양정치사상사』 7-1.
_____, 2009, "1920년대 초 정태신의 마르크스주의 수용과 '개조'", 『역사문제연구』 21.
_____, 2013, "해방 후~1950년대 철학과의 설치·운영과 교양철학 강의", 『한국근현대사연구』 67.
_____, 2014a, "1920년대 초 반자본주의사상과 '대중시보사그룹'", 『한국사상사학』 47.
_____, 2014b, "해방 직후 한국통사서와 『增訂 中等朝鮮歷史』", 『민족문화연구』 64.
_____, 2016, "1920년대 사회주의사상의 수용과 『社會改造の諸思潮』의 번역", 『역사문제연구』 35.
_____, 2017, "해방 후 맑스주의 원전 번역과 조선좌익출판협의회", 『역사문화연구』 61.
박철하, 1998, "북풍파 공산주의 그룹의 형성", 『역사와 현실』 28.
_____, 2003, 『1920年代 社會主義 思想團體 研究』, 崇實大學校 大學院 博士學位論文.
송건호, 1987, "분단 42년과 나의 독서편력", 『역사비평』 1.
이애숙, 1998, "1922~1924년 국내의 민족統一戰線운동", 『역사와 현실』 28.
李正馥, 1984, "한국에서의 마르크시즘 소개 현황", 『마르크시즘 100년 – 사상과 흐름』, 文學과知性社.
임경석, 1992, "일제하 공산주의자들의 국가건설론", 『大東文化研究』 27.

_____, 1998a, "총론: 공산주의 운동사 연구의 의의와 과제", 『역사와 현실』 28.
_____, 1998b, "서울파 공산주의 그룹의 형성", 『역사와 현실』 28.
_____, 2005, "운양 김윤식의 죽음을 대하는 두 개의 시각", 『역사와 현실』 57.
_____, 2006, "1922년 상반기 재 서울 사회단체들의 분규와 그 성격", 『史林』 25.
임영태, 1989, "북으로 간 맑스주의 역사학자와 사회경제학자들", 『역사비평』 가을호.
정문길, 2004, "한국에서의 마르크스・엥겔스 연구 – 저작의 번역과 연구 현황을 중심으로", 『한국 마르크스학의 지평 – 마르크스・엥겔스 텍스트의 편찬과 연구』, 문학과지성사.
홍성찬, 1996, "한국 근현대 이순탁의 정치사상연구", 『역사문제연구』 1.
홍영두, 2003, "마르크스주의 철학사상 원전 번역사와 우리의 근대성: 20세기 초엽부터 1953년까지를 중심으로", 『시대와 철학』 14권 2호.

大原慧, 1970, "幸德秋水の社會主義: 秋水著『社會主義神髓』を中心に", 『東京經大學會誌』 69・70.
朴慶植, 1981, "在日思想團體北星會・一月會について", 『在日朝鮮人 私の青春』, 三一書房.
中村勝範, 1968, "明治社會主義意識の形成", 『法學研究』 41卷 7號.

Park Jong-rin, 2009, "Irwolhoe and the Introduction of Marxism into Korea in the 1920s", *Korea Journal* 49-1.

색인

■ 주제색인 ■

㉠

『가치·가격급이윤』 110~111, 145, 188, 197, 202~203, 206~211, 245, 250

『개벽』 72~73, 84, 87, 110, 112, 127~129, 133, 186, 245

건설자동맹 124

경성콤그룹 224

경제학설 46, 114, 201, 204, 211~212, 246, 250

계급투쟁 51, 59, 63, 77, 101~107, 123~124, 138, 192, 195, 244~246

고려공산동맹 23, 82, 128, 187

『고타강령비판』 104

『공산당선언』 33, 105, 129~130, 138, 151~152, 157, 163, 181, 221, 231~232, 234~235, 252

공산주의그룹 9, 23~26, 31~33, 45, 51, 53~55, 58, 82, 101, 128, 138, 241~243, 246

『공상적 사회주의』 148, 150, 173~174

『공제』 31~32, 34, 36, 40, 44, 52, 54, 72~73, 82

『과학적 사회주의』 147~148, 150, 162, 168, 171, 173~181, 231, 236, 247~248

국내 상해파 23, 37, 63, 82, 102, 106, 109, 123, 138, 243, 245

권독사 27, 147~149, 151, 168, 170~171, 173~181, 183~185, 197~198, 235, 247~249

『근대사조』 52, 55

기독교사회주의 37

길드 사회주의 37, 124

김윤식사회장 62~63, 82, 102, 243

김철수그룹 35

까엔당 53~54

㉡

남조선노동당 224, 230

ⓒ

『대중시보』 34, 49~54, 56~59, 61, 63~66, 68~73, 243

대중시보사그룹 26, 49, 51~57, 61, 64, 66, 70, 72~73, 242~243

『독일이데올로기』 98

동성사 144

동우회선언 62~63

ⓛ

레닌주의 27, 143, 154~157, 191, 247

ⓜ

맑스·레닌주의 219~220, 228, 251

『맑스와 맑스주의』 150, 153, 197, 247

맑스주의 9, 21, 24~28, 31, 33~34, 36~39, 45~48, 53~54, 56, 58, 70, 72~74, 77, 94, 96, 99, 101~102, 104~114, 123, 125, 132, 138~139, 143, 149~157, 160, 163, 182~184, 188, 190~192, 194~195, 197~198, 201~202, 204, 211~212, 234, 236, 241~252

맑스주의 원전 9~10, 25~28, 38~39, 43~44, 46, 109, 111~112, 116, 120, 123~124, 130, 139, 144~145, 150~151, 154, 157, 161, 163, 172~173, 176, 181~182, 188, 197~200, 208, 211~212, 220, 227~230, 235~238, 241~242, 244~253

맑스주의 크루조크 31, 33~34, 54~55, 57~58, 71~74, 241~243

『맑스평전: 맑쓰와 맑씨쓤의 경개』 187~188, 197, 199

메이지 사회주의 69~70

『무산계급의 역사적 사명』 184~188

무산자동맹회 32, 63

물산장려논쟁 106, 109~110, 123, 138, 199, 245~246

물산장려운동 109~110, 123, 243, 245

민주주의민족전선 221, 224

민중사 26~27, 81, 108~112, 114, 119, 121~124, 128, 138~139, 145, 149, 154, 170, 184~185, 198, 212, 245~246, 249

ⓑ

반자본주의 26, 55~57, 64, 69~70, 72~73, 242~243

변증법적 유물론 72, 157, 190~191

『변증법적 유물론』 187, 190~191

북성회 52, 143, 199

북풍회 53

(ㅅ)

『사상운동』 33, 144~147, 149, 151~153, 156, 168~170, 172~173, 175~176, 183, 246~247

『사회개조의 제사조』 148, 150

사회과학연구사 27~28, 183~189, 191, 197~199, 202, 206, 208, 212, 248~250

『사회문제연구』 40, 42~44, 115, 118, 162, 202~203, 206

『사회주의신수』 69~70

『사회주의연구』 40~43, 45, 47, 67~68, 70, 72, 147, 150, 162, 165, 180, 202

『사회주의학설대요』 110, 112, 124~126, 133~134, 136, 138~139, 154, 182, 198, 245~246

『사회진화론』 188, 191~192, 194~196, 249

사회혁명당 31, 34~37, 45, 54, 81~82, 241~242

상해파 고려공산당 23, 37, 52, 55, 57, 81~82

상호부조론 37

『상호부조론』 95~96

서울 공산단체 31~32, 241

서울청년회 81, 128, 187, 191

『신생활』 77~78, 80~91, 93~94, 97~99, 101~102, 104~106, 109~110, 127, 130, 186, 244

신생활사그룹 26, 77, 83, 87, 89~92, 94, 99, 101~102, 106~107, 109~110, 127, 130, 138, 186, 243~245

신아동맹당 34~35

(ㅇ)

『아사회주의』 69

『아성』 31~32, 36, 40, 44, 95

『에코토피아뉴스』 99

『오이겐 뒤링 씨의 과학 변혁』 157~160, 164

『유물론과 경험비판론』 230, 233, 236~237

유물사관 40~41, 44, 46, 48, 72~73, 98, 103~105, 125, 139, 153, 183, 190~191, 193~194, 243, 249

『유물사관연구』 40, 42~43, 132, 162, 165, 170, 176

유물사관요령기 26, 36~37, 39~41, 43~48, 72, 105, 112, 120, 130~132, 136, 138, 145, 170, 190, 194, 196, 242, 245~246, 249

『유일자와 그 소유』 98

『유토피아에서 과학으로의 사회주의의 발전』 116, 150, 153~155, 157~165, 168~169, 171~174, 176~179, 181~182, 234~235, 238, 247~248, 252

의권단 52, 61

이르쿠츠크파 고려공산당 23, 32~33

『이상향』 100

인간의 능동성(능동성) 104, 106, 123, 245

일월회 27, 33, 143~148, 151, 153~157, 168, 197, 235, 246~247

『임금·가격·이윤』 110, 116, 124, 197, 200~203, 205~206, 209, 211~212, 235, 245~246, 250

『임금·노동급자본』 110~112, 114~115, 118~121, 145, 170, 187, 197, 245

『임금 노동과 자본』 110, 112~115, 117~118, 121, 123~124, 197, 202~203, 212, 221, 231, 235, 238, 245~246

잉여가치 93, 114, 152~153, 193, 201

〈ㅈ〉

『자본론』 123~124, 157, 163, 181, 201, 212, 218, 230~232, 235~237, 246, 250, 252~253

재동경신인동맹 62~63

'재일본조선인공산단체' 34, 58~59, 61~63, 74, 242

『전진』 52, 58

『정치경제학비판을 위하여』 서문 26, 37, 39, 43, 48, 72, 105, 112, 120, 130~131, 136, 138, 145, 170, 194, 196, 242, 245~246

조선공산당 23~24, 187, 224~225, 227, 251

'조선공산당' 31~33, 45, 241~242

조선공산당 재건운동 22, 251

조선노동공제회 31~34, 50, 53~54, 79, 81

『조선노동공제회보』 34

조선좌익서적출판협의회 215, 219~228, 231, 233, 251

『조선지광』 84, 108, 110, 183, 191~192

조선청년회연합회 31, 78~79, 81

조선출판문화협회 215, 219~220

지방 정가　217

㉮

『철학의 빈곤』　114

『청년에게 소함』　147~148, 151

『청년조선』　52, 57, 63

춘경원당　198~199

㉠

『칼 맑스』　150, 153~156, 197, 232, 236, 238, 247

㉤

통일조선공산당　198~199

㉦

『파리콤뮨』　183, 185~190, 199

페비안이즘　37

평민사　46

『평민신문』　33, 129, 163

『프랑스내전』　104

㉭

행림서원　224~225

혁명 '대기주의'　106, 138, 245

흑도회　52, 62~63, 242

■ 인명색인 ■

㉠

가와카미 하지메　40~46, 115~123, 132, 162~164, 169~172, 176~179, 202~211, 245, 247~248, 250

가타야마 센　69

강매　77~80, 88

고이즈미 신조　100

고토쿠 슈스이　33, 69, 129, 163, 235

기타자와 신지로　124, 148, 150

김달현　32

김명식　35~37, 50, 77, 79~83, 86~88, 92~93, 243

김사국　32, 64, 82

김삼룡　224

김순룡　224

김약수　33, 50, 52~55, 57~58, 60~65, 71, 143

김원벽 77~80, 88

김일수 35

김종철 35

김철수 35, 37

김한 32, 63

김형식(혁암) 86

ⓝ

나경석 34

ⓓ

다니엘 드 레온 160~161

다윈 48, 152~153

도관호 35

도용호 35

ⓡ

레닌 145, 148~150, 153~156, 186~187, 197~198, 218, 223, 228~229, 231~232, 234, 237, 247, 252

리차드 일리 67, 69

ⓜ

막스 슈티르너 97~99, 244

맑스 39, 41, 48, 69, 72, 94, 98, 101~102, 104~105, 110, 112~115, 117, 122, 124, 138, 145, 148~150, 152~155, 161, 187~188, 190, 192~194, 197, 200~201, 203, 206~207, 210~212, 218, 229, 231~232, 234, 236, 244, 246~247, 249~250, 252

민관식 77, 79~80

ⓑ

박열 62~64

박헌영 225

박형병 185~188, 191~199, 206~212, 249~250

박희도 77~80, 88

배성룡 24

백남운 24

백아덕 77, 79~80, 83, 88~89

베라 쿤 155~156

베아트리스 웹 103

변희용 50, 52~54, 56~58, 61, 64~66, 110

ⓢ

사사하라 초후 115~117

색인 271

사카이 도시히코 33, 40~46, 67~68,
　　72, 99~100, 109~110, 112, 115~121,
　　123~125, 128~133, 136~139, 154,
　　160, 162~166, 169~172, 174, 176~
　　180, 182~183, 186~187, 189~190,
　　198, 203~211, 235, 242, 245~250

서천민 32

손두환 44

송봉우 62

송언필 33, 145, 147~149, 151, 173

시드니 웹 103

신백우 32~33, 40, 44~45, 48, 86, 242

신일용 81~83, 88, 102~104, 110, 130

신춘 145, 168~171, 175~177, 247~248

쓰지 준 98

◎

아라하타 칸손 102~103

안광천(호우생) 24, 143, 148~149,
　　173, 182~183

야마지 아이잔 41

야마카와 기쿠에 186

야마카와 히토시 41, 45, 67~68, 72,
　　95, 102~104, 149~180, 186~190, 202,
　　249

엄주천 35

에드워드 벨라미 67

에드워드 에이블링 160~161, 164,
　　169~171, 176~177, 200

엔도 무스이 162~165, 180

엘리노어 200

엥겔스 67~69, 98, 112~113, 116, 118,
　　120, 138, 145, 148~150, 152~155,
　　157~159, 161~162, 168, 173, 179~
　　180, 190, 192~193, 200, 223, 229,
　　231~232, 234, 236, 247~248, 252

여운형 33

염상섭 86~87, 97

오스키 사카에 95~96

온낙중 222, 224

원우관 32, 63

원종린 52~57, 61~66, 68, 72

원한경 77, 79~80

윌리엄 모리스 69, 94, 99~100, 244

유진희 35~37, 50, 82~83, 110

윤덕병 32

윤자영 35~37, 40, 44~45, 48, 242

이강윤 77, 79

이경호 77~80

이광 185, 187, 197, 199

이광수 86~87

이낙영 187, 189, 198

이병의 185, 187~188, 190, 198

이병조 77~79

이봉수 35, 37, 50, 82

이성태 81, 83, 87~88, 94~96, 109~110

이승준 77~80, 88, 148, 186

이여성 57, 60~61, 66, 143

이영 32

이증림 35, 37

이철 224

이쿠다 쵸지 100, 124

이혁로 60, 83

인정식 232~233, 237

ⓧ

장덕수 35, 37, 50, 63, 82

쟌 스텐 154

적선풍 145, 152

전석담 231~232, 237

전원배 231, 233, 237

정노식 35, 37

정백(노초, 백작) 81~83, 88, 97, 99~100, 108~110, 112, 127~133, 136, 138, 186

정운해 33, 53

정재달 32, 61

정태신(우영생, 정양명) 33, 52~58, 60~66, 71~73

조명희 61

주종건 35, 37, 108~110

ⓧ

차재정 183, 185, 187, 189

최승우 224

최영철 231~232, 237

최창익 108~110

최팔용 35, 37, 50

최혁 35

ⓚ

카우츠키 41, 116, 180

카펜터 186

크로포트킨 33, 37, 94~97, 99, 147~148, 151, 244

색인 273

ⓣ

토마스 커컵   67~69

ⓟ

파네콕   186~187

폴 라파르그   67, 94, 100~101, 158, 160, 244

ⓗ

하야시 키미오   102~103

하필원   147

한위건   37

허동   231~232, 237

혼마 히사오   100

홍도   35, 37

황석우   34, 52~55, 61~65, 70~72

후쿠다 토쿠조   116